城市发展研究系列：**巨人的力量**

超越

创造价值，绽放光华
——世界百杰发展力研究

冯天韬 编著

企业管理出版社

图书在版编目（CIP）数据

超越：创造价值，绽放光华：世界百杰发展力研究/冯天韬编著．—北京：企业管理出版社，2023.7

ISBN 978-7-5164-2863-4

Ⅰ.①超… Ⅱ.①冯… Ⅲ.①人物—列传—世界 Ⅳ.① K811

中国国家版本馆 CIP 数据核字（2023）第 131516 号

书　　名：	超越：创造价值，绽放光华——世界百杰发展力研究
书　　号：	ISBN 978-7-5164-2863-4
作　　者：	冯天韬
策划编辑：	侯春霞
责任编辑：	侯春霞
出版发行：	企业管理出版社
经　　销：	新华书店
地　　址：	北京市海淀区紫竹院南路 17 号　　邮编：100048
网　　址：	www.emph.cn　　电子信箱：pingyaohouchunxia@163.com
电　　话：	编辑部 18501123296　　　发行部（010）68701816
印　　刷：	北京厚诚则铭印刷科技有限公司
版　　次：	2023 年 8 月第 1 版
印　　次：	2023 年 8 月第 1 次印刷
开　　本：	710mm×1000mm　　1/16
印　　张：	20 印张
字　　数：	240 千字
定　　价：	89.00 元

版权所有　翻印必究·印装有误　负责调换

献给

渴望吸纳能量，创造价值，让生命光华璨发者

序言 PREFACE

与圣贤同行，让生命向上，其道大光

——追踪圣贤创新业，超越绽放向未来

我写这本书的本愿是提炼、浓缩、揭秘世界一百多位杰出人物的价值追求和精神内核，以便于启发期冀生命向上的人有更优化的路径探索事业的高度和生命的风采！

有人在晚年洞悉世事后感慨地说："如果人不是从1岁活到80岁，而是从80岁活到1岁，将会有更多的人成为圣人。"这种颠倒生理规律的假设，虽然在科学上是不可能的，但倒过来活的本质是，提升认知起点，实现认知跨越，丰富人生体验，实现更好发展。

如果有人渴望提早参透圣贤之道，以伟人为参照系，站到巨人的肩上，系统性放眼谋划，高瞻远瞩地选择未来，掌握丰富的间接经验，以成者为师，以败者为鉴，训练四两拨千斤之法，使人生豁然开朗，少走弯路，那就可以从这本书中找到一些答案，汲取一点营养。

与圣贤同行，其道大光

对世界百杰发展力进行系统性研究，解开其成功之谜，恰恰就是基于这样的出发点。我纵越三千年，横跨五大洲，在古今中外人类文明的璀璨长河里，从政治、经济、文化、科技、军事等领域选择了一百多位非同凡响的杰出人物作为样本，从他们绽放的万丈光芒背后，努力挖掘成败因果。他们身上基因深厚，力量强大，凝聚着"大愿力、事业驱动力、时空力、目标赋能力、组织力、魄力、创造力、坚毅力、积极力、全景式心智力、平衡力、乾坤亨泰发展力"。我将这十二种力量概括为创造与发展力，拥有这十二种力量将淬炼成"金刚发展能量场"，从而在遇到任何困难时，都会积极向上，刚柔相济，无坚不摧，所向披靡。在本书中，我详细阐述了这十二种卓越发展力量的具体内涵。

我还从一百多位杰出人物取得的成就和精彩的故事中，总结提炼了他们成长发展的共同规律，形成十六字秘诀——"事业驱动，目标赋能，守正出奇，心向光明"。他们靠事业激活精气神威，创造价值，华彩飞扬；遇矛盾逼出德能勤绩，盛德大业，日新月彰。

他们构建事业驱动系统，把生命与事业捆绑，把生命与一群人共同追求美好绑定，生命在、事业在，追求美好事业成为他们人生的使命，让心振奋；他们以为社会创造优质物质精神产品为目标，世间相关资源就会为其追求宏伟目标赋能，成全目标；他们善于守正出奇，主动走出舒适区，自觉革故鼎新，敢于挑战、颠覆固有认知，创造让人眼前一亮的优质产品，为人类服务；他们境界高远，心向光明，积极探求人类三大主题——解放、发展、自由，立足于实现自我解放及解放他人、追求自我发展及发展他人、寻求自我向上向善的自由及实现他人向上向善的自由。他们让生命产生持续丰富的高峰体验，获得美感和奖赏。

革故鼎新，大亨以正

人的所有追求最后都表现在价值观上。通过本次研究，我非常兴奋地发现，世界各国杰出人物以不同的形式追求"解放、发展、自由"，这些浓

序言 与圣贤同行，让生命向上，其道大光

缩为现代文明的价值观，而这些价值观与我们国家倡导的"富强、民主、文明、和谐、自由、平等、公正、法治、爱国、敬业、诚信、友善"的社会主义核心价值观，内容十分接近或一脉相承。其中，追求"富强"不容置疑地居于价值观首位。改革开放初期，邓小平同志清晰地向人民定义"贫穷不是社会主义"。2020年7月21日，习近平总书记在与企业家座谈时专门引用《周易·系辞上传》中"富有之谓大业，日新之谓盛德"的价值追求，以激励企业家创造财富、创新发展。伟人精进不止，目的是为社会创造价值，带来显著的物质精神利益，努力追求永无止境的解放、发展、自由。

创造价值与立德立功立言是古今中外杰出人物相同的追求。被誉为"万世师表"的孔子也不回避追求富贵。有言为证："子曰：'富而可求也，虽执鞭之士，吾亦为之。如不可求，从吾所好。'"北宋政治家司马光面对国家治理中的经济压力，在《资治通鉴》中摘引了子思对孟子的辩驳，具有很强的资治借鉴意义。孟子曰："君子所以教民者，亦仁义而已矣，何必利！"子思曰："仁义固所以利之也。上不仁则下不得其所，上不义则下乐为诈也，此为不利大矣。故易曰：'利者，义之和也。'又曰：'利用安身，以崇德也。'此皆利之大者也。"在子思的逻辑里，利益不是什么可耻的东西，反而应当大力追求，利益是仁义的承载基础和所追求的目标，富有会让道德崇高。孔子和他的孙子子思以其清晰的论述，反驳和颠覆了"为富不仁"的认知。好高骛远者空谈仁义道德，谈利色变，讳莫如深。其实，仁义和利益具有一体性、一致性，并不矛盾。自古至今凡离开现实利益空谈仁义的，有一例外不是伪君子吗？高尚的道德动机未必能直接转化为道德行为，"初念是圣贤，转念是禽兽"。

伟人们光明正大地追求正当合法的名利，亦不忘修身净心，做圣贤事，

这对现代社会也有巨大启发。有功利心不是错误，多数人在所难免。正如爱因斯坦所指出的，大部分科学家从事研究不外乎是为了功利，或参与脑力竞赛。"能以美利利天下，不言所利"的本质是，价值创造出来了，因优质产品之美，故能利天下。正如袁隆平所愿："我一直有两个梦想，一个是禾下乘凉梦，一个是杂交水稻覆盖世界梦。"让人吃饱饭就是"能以美利利天下"！

现代社会发明了GDP，追求财富增长，追求共同富裕，国家设立"功勋"等各种奖励，以激励人创造价值，以美的价值、美的功能服务人，利天下人。

在研究中我发现，事业驱动力既含功利之俗，又融使命之雅，大俗大雅，雅俗共赏并进，推动着人类文明进步，真盛德大业！

无论伟人还是凡人都将面对人生四大具体任务，即传递基因、创造价值、享受生活、感悟生命意义，这是人生苦乐的源泉。伟人区别于凡人的特点是他们有清晰的三条升华线：生活线、事业线、梦想与灵魂线。不让生活的琐碎苟且影响了追求事业的精彩；也不让追求事业的苦恼、困境、焦虑阻碍了追求解放、发展、自由的梦想；在事业之上从不忘追求人格、人设和灵魂的崇高，在脚踏实地中仰望星空，实现人生目标，探索发现人生意义，创造生命向上的多层次美好。犹如画面的景深，丰富幽远深邃，格局超然物外，真大境也！

人活不过岁月，岁月也带不走英雄的姓名。伟大的事业、高尚的灵魂与日月同辉、永垂青史。明此大理，超凡脱俗。

取法乎上，一骑绝尘

中国古人认为，不读《周易》不可以为将相。即使圣人孔子也对《周易》推崇备至，他感慨道："加我数年，五十以学易，可以无大过矣。"《周易》被称为"六经之首"，在中华文明中的地位是不言而喻的，但因其晦涩难懂让人望而却步。西方文明经典浩如烟海，汗牛充栋，但其光明的精神无非是科学、理性、创新、开放、市场、法治、自由、监督。东西方文化有许多精髓是相通的，万川归海，世界大同。我基于《周易》和西方文明经典，结合杰出人物成长成就，取其精华，去其糟粕，删繁就简，探索提炼了一种学术观点：乾坤亨泰发展学。乾坤二法，刚柔相济，阴阳和合，其核心目标是促成元亨利贞，避免悔吝厉咎凶。要义是乾坤并建，与时偕行，见机而作，品物咸亨。敢担当，受命如响，大乾能成伟丈夫；善谋事，综数通变，至坤方行真君子！

乾坤亨泰发展学，即大美大安学，其将中西科学文化合璧，简明扼要，定位是研究人才、组织的成长发展规律。乾坤亨泰发展学运用乾坤之法，追寻大美大安，实现精进发愿、充分发挥、超越发展，呈现外在强大与内心中和之气象，从而发现价值，定义人生，拥抱未来，创造意义！

"乾坤"是指时空、规律、方法、格局、资源、刚柔、阴阳、东方文明和西方文明等，深含德道势法术、明能智胆新，使人权衡利弊，勇往直前，变化万端。①乾：积极向上，"天行健，君子以自强不息"；②坤：宽阔稳妥，"地势坤，君子以厚德载物"；③"乾坤"即统筹比选最优方案，以中和之象示内圣外王之法；④"亨泰"，指目标与气势，"亨者，嘉之会"，"泰"者，大且安，是指目标、过程、状态、结果；⑤发展是人生的终极追求，即不苟活于世，绽放存在的价值，涉及发展认知、发展选择、发展动力、发展定位、发展目标、发展步骤、发展资源、发展方法、战略布局、发展绩效、发展价值观、发展评价、发展美学、创造意义等。乾坤亨泰发展学意在为有志者提供借鉴，提升其认知境界与行动能力，让人们主动创造价值，以利天下，从容不迫地攀登人生新高峰，实现人生亨泰发展。当然，这种探索发现还在初级阶段，十分粗糙，需要不断进化、升华。

我们当代人在充分享受人类创造的丰富文明成果的同时，应该像先贤圣哲那样清醒地发问：人生始于被服务，终于被服务，在以服务开始、以服务结束的生命时间段里，该如何回馈这种服务？"我每天上百次地提醒自己：我的精神生活和物质生活都依靠别人（包括生者和死者）的劳动，我必须尽力以同样的分量来报偿我所领受了的和至今还在领受着的东西。"——爱因斯坦这样自省。"先天下之忧而忧，后天下之乐而乐。""吾遇夜就寝，即自计一日饮食奉养之费及所为之事，果自奉之费与所为之事相称，则鼾鼻熟寐；或不然，则终夕不能安眠，明日必求所以称之者。"——范仲淹这样自励。"每遇幸事，常念天之过厚于我。"——曾国藩这样自勉。这是东西方杰出人物的自律、自觉，正因如此，他们才成为杰出人物。

世间万事的基本逻辑是对等性：想得到幸福，先给别人幸福。这一因果把个人对成功、财富和幸福的追求，转化为创造财富、服务社会和推动文明进步的动力。

"长江后浪推前浪，一代新人胜旧人。"毋庸置疑，我们现代人已站在无数历史巨人的肩膀上。人生公平，百年都享31.536亿秒。每个时代在前进中都需要领航者、担纲者、驾辕者。未来谁的名字和事业镶嵌在人类发展史上？谁是下一批伟人？由哪些人组成新一批"人类群星"，照亮未来？

有志者应当仁不让地接过文明创造者的接力棒，让人生追逐梦想，发现自我，建设自我，追踪圣贤，构建领航者、担纲者、驾辕者的精进系统，全力做文明产品创造者，实现充分发展。谁甘愿做领航之舵、驾辕之马、领犏之牛，勇于担当，负重前行，持续创造超越性价值，持续绽放时代新光华，谁已前进在当代圣贤的路上。

序言 与圣贤同行，让生命向上，其道大光

含弘光大，正道流芳

这项研究得到了山东省潍坊市奎文区人大常委会和区工会的支持，首先报以感谢！工会是为劳动者服务的机关，书中一百多位杰出人物可谓世界级劳动模范，如果对正奋战在一线的各级劳动模范开眼界提境界拓边界、增知识长见识强胆识有所裨益，从而做成更美的事业，我将万分感动。

我的同事孙军、张月奇、王文斌、潘杰在繁忙的工作间隙，帮助校正文稿，我女儿百和也帮助查阅有关医学专业的术语，对他们的劳动，我报以真诚的感谢！

期待读者提出不同意见，批评纰漏谬误，完善我的观点，互为提高，我将以十分开放的心态积极吸纳！

耳顺之年，悟道虽迟，但慕先贤、弃凝滞、去细碎、除嫌吝，桑榆未晚。今后不妄不废，心有寄托，探赜索隐，向远焕新，踏实可及，亦怡然。

冯天韬　谨上
2022 年 9 月 9 日

目录

第一篇　与圣贤同行，让生命向上　　　　　　　1

　第一章　大愿力之美：理想引领发展，
　　　　　追求创造价值　　　　　　　　　　　3

第二篇　事业驱动，乘势时空　　　　　　　　 25

　第二章　事业驱动力之美：事业承载理想，
　　　　　富有之谓大业；探索推动发展，日
　　　　　新之谓盛德　　　　　　　　　　　 27

　第三章　时空力之美：天时地利人和，形成
　　　　　事业发展的乘数效应，实现发展加
　　　　　速度　　　　　　　　　　　　　　 61

第三篇　目标赋能，凝聚精英　　　　　　　　 81

　第四章　目标赋能力之美：围绕最佳目标，
　　　　　高度聚焦资源，敢于自我挑战，努
　　　　　力实现人生新超越　　　　　　　　 83

　第五章　组织力之美：建设充满活力的组织，
　　　　　凝聚精英，充分发挥积极性，合作
　　　　　助推成大业　　　　　　　　　　　101

第四篇　守正出奇，能为天下先　　　　　　115

- 第六章　魄力之美：有勇气运用智慧，敢为天下先，实现跨越发展　　117
- 第七章　创造力之美：守正出奇，革故鼎新　　135
- 第八章　坚毅力之美：磨砺淬坚韧，锻造成大器　　157

第五篇　取法乎上，其道大光　　　　　　177

- 第九章　积极力之美：积健为雄，能以美利利天下　　179
- 第十章　全景式心智力之美：突破认知天花板，打造全景式心智模型　　194

第六篇　大亨以正，心怀昌明　　　　　　229

- 第十一章　平衡力之美：控制风险，正道流芳　　231
- 第十二章　乾坤亨泰发展力之美：奋力超越，大美大安，做优质新产品的提供者，追寻生命的最高意义　　253

后记　　276

附录　书中人物简介　　279

第一篇

与圣贤同行,让生命向上

第一章

大愿力之美：理想引领发展，追求创造价值

丹麦宗教哲学心理学家、现代存在主义哲学的创始人索伦·克尔凯郭尔（1813—1855年），22岁时在日记中写有这样一段发人深省的自问："我真正缺少的东西，就是要在我内心里弄清楚：我到底要做什么事情？问题在于，要找到一个对于我来说'确实的'真理，找到一个我能够为此而生、为此而死的信念。"

我研究的一百多位杰出人物，多数也曾遇到这种追寻的困惑。人生就是在一次次的优化选择中实现目标，提高能级。

人应该找到这个具有更大目的、更大意义、产生崇高感的心中理想和信仰，心甘情愿为之纵身一跃，奋斗一生！人生在世就应当发个大愿，成为尼采笔下的超人："自己成为自己的主人，用自己的生命意志去创造，……最终确立和实现自己的生命意义。"

人的生命是有限的，而理想是无限的，要把有限的生命投入到无限的理想中去，向崇高的理想攀登，以超越个人自私自利的琐碎与卑微。正如花的价值在于绽放灿烂芬芳，展示馥郁美丽，为世间增添美好。高层次的人就要有大抱负，追求高价值，创造新增值，超越自我，绽放光华，能以美

利利天下，推动发展，这样生命才有滋有味。这是人呈现生命的最美方式，这样度过才不枉此生。20世纪最伟大的心灵导师和成功学大师戴尔·卡耐基说："最重要的，不是他人有没有爱我们，而是我们值不值得被爱。"

让自己值得被爱！

一、发愿立志是人生进阶的基础，立志圣则圣，立志贤则贤

通过研究世界百杰的发展轨迹，我有四个重大发现：一是人类过去的神话几乎都已经实现，已"可上九天揽月，可下五洋捉鳖"，并正处在实现新追求的征途中；二是伟大的人物推动、引导和启发了人类的发展；三是总结多数人的一生可知，人在青年时期的梦想只要持之以恒去追寻，基本都实现了，也验证了"心有多大，舞台就有多大"；四是成功者看上去很酷很靓，其实在前进道路上很辛苦很劳累，平庸者看上去悠闲自在，但无所事事，只能悲守穷庐。

这个结论也符合期待效应（皮格马利翁效应），就是期待什么就会得到什么。如果对一些人赋予了强烈的期待，那这些人就会朝着希望的方向发展。它给我们这样一个启示：期待具有一种能量，它能改变人的行为，增强自我价值，使人变得自信、自尊，获得一种积极向上的动力，并尽力达到期待，以避免失望，从而维持这种社会支持的连续性。

明代思想家王阳明在《教条示龙场诸生》中提出："立志而圣则圣矣，立志而贤则贤矣。"意思是立志成为圣人，砥砺精进，就有可能成为圣人；立志成为贤人，就有可能成为贤人。

1. 有追求就具有了战略性主动，就会自觉给自己加油加压上螺丝，为实现追求而撸起袖子加油干

古今中外无数案例都证明，人的发展首先在于发愿立志。发愿立志对

外是呼应天地的召唤，对内是自我挑战。陈祎自小聪明，立志为僧，但年龄太小，不符合条件。他就找到组织选拔的衙门，然后在外面走动，引起主考官的注意。主考官询问他：哪里人？叫什么名字？出家后想干什么。陈祎说出一句很有名的话："意欲远绍如来，近光遗法。"意思是，远的来说是继承如来的事业，就近的来说是光大佛祖传下来的佛法。主考官很惊讶，觉得陈祎是个难得的人才，同意他剃度出家。"玄奘"这个法号，就是这时获得的。玄奘的目标只有一个，就是找到一套无懈可击的佛学理论。他为此奋斗一生：历尽艰辛西行取经，回到大唐开坛讲经、昼夜译经，实现夙愿，推动了佛法真经典在中华大地的广泛传播。（参考中华书局2019年出版的《玄奘》，作者：马明博）

2. 发愿立志，等于确立了人生价值观。愿力就是价值观。支配人的力量是"三观"，或是追求的"意义""主义"

人只有把自己纳入到一个更大的意义系统当中，为那些"大于自身"的目标而奋斗，才能获得真正的满足。亚伯拉罕·马斯洛是美国著名社会心理学家，第三代心理学的开创者。他大学毕业后就立志将自己的一生投入到与非理性的斗争中去，并且运用自己的理智和知识去创造一个更完美的世界。他发誓要把这项任务作为自己的使命。他写道："我有一种强烈的奉献感，这就是我所需要的事业，我想要完成的任务。我发誓，我要去这样做，就像是在宗教典礼上许愿和把自己奉献于祭坛上一样，我将全心全意地投身于这项事业……"最后，马斯洛成为精神分析领域开宗立派的大师！（参考中国人民大学出版社2014年出版的《马斯洛传：人的权利的沉思》，作者：爱德华·霍夫曼）

3. 发愿立志，能激发起内心深处的伟大与崇高感

通过研究世界百杰发现，他们一生的实践与对社会的贡献回答了这样一个重要问题：怎样成为杰出人物以及杰出人物是用什么样的方式服务社会、推动发展的。伟人的意义或价值是，在更大范围、更宽领域推动经济、社会、文化、科技的解放、发展、自由，或叫自由发展，这是他们追寻的最大人生意义。他们总是在展望未来、筹划未来、成就未来。

从轴心时代的贤哲来看，孔子十五有志于学，最后创立了儒学；释迦牟尼不甘心做丰衣足食的王子，创立了度一切苦厄的佛教；苏格拉底开创了西方哲学；老子领悟天地大道，以《道德经》开示世人。伟大和平庸最大的区别是什么？我的答案是追求和期望不同。伟人为主义奋斗，以利天下为己任，不谋私利，可谓大哉；而平庸者只看眼前利益、一己之利，可谓小哉。伟人乘风破浪，拥抱大海，平庸者沉醉于眼前的蝇头小利，迷恋小鱼小虾的腥荤。最伟大的人，在为主义奋斗，不盯着眼前的微利，而是向着星辰大海前行，实现人生的意义。

个体心理学创始人阿德勒认为，真正束缚一个人能力的是他自己的思想。

《人类群星闪耀时》的作者，奥地利著名犹太作家斯蒂芬·茨威格在第一次世界大战的初期，在他三十二岁的时候便决定，他要为世界民族之间的和谐而奋斗终身。

事实上，茨威格也是这样做的。"一战"期间，他自愿入伍，从事战时新闻服务，将他所看到的战争的残酷一五一十地告知民众。后来又和他的朋友，法国和平主义作家罗曼·罗兰共同写作反战文章。他还创作了抨击战争的戏剧《耶利米》，并在中立国瑞士的苏黎世首演。可以说，茨威格为了促成民族和谐而贡献出了一个作家的全部力量。

理想是人生的主线，决定所走的道路与攀登的高度。我们要为人生的使命发愿，找到自己人生的北极星，攀登生命的高峰。

4. 杰出人物的成就都是他们曾经的渴望，他们实现的只能是渴望

理想引领，要及早唤醒自己内心深处的渴望。人追求什么，行动付出什么代价，几乎就能获得什么结果。

稻盛和夫是日本著名的企业家，有"日本经营之神"的美誉。他管理的三家公司日本京瓷、电信公司KDDI和日航都成为世界500强公司，他也曾出版企业经营哲学著作《活法》《干法》《阿米巴经营》等。稻盛和夫认为，自己内心不渴望的东西，它不可能靠近自己。亦即，能够实现的，只能是自己内心渴望的东西，成功的基础是强烈的愿望。也许有人认为这种说法不科学，是单纯的精神论，有唯心主义嫌疑。但是，通过不断地想，不断地去思考，我们就会在头脑中"看见"即将实现的现实。"不想可不行呀"！

一而再、再而三地产生某种强烈愿望，希望这样或是那样，就会在大脑中反复进行模拟实验，心中推演种种迈向成功的过程。这就像棋手，每走一步都要慎重推敲，思考多种棋步，一次又一次地在大脑中模拟到达目的地的过程，不达目的的棋步就从棋谱里删去。如此锲而不舍，反复思考，成功的道路就好像曾经走过似的"逐步清晰"了。那些只出现在梦想里的东西会逐步接近现实，不久梦想与现实的界限消失，似乎已成现实，实现的形态、完成的形态都能在头脑中或在眼前清晰地显现。相反，在不能清晰看见完成形态之前，假若事先没有强烈的愿望，不深思，不认真开展活动，那么创造性的工作和成功的人生就是没有把握的。

愿力是一粒种子，播下什么种子，就可能结出什么果子。"心不唤物，物不至。"

5. 理想能在"锅里煮"。理想远大的人基本都是前程似锦，不仅精神生活丰富，而且也会物质丰裕，不为柴米油盐酱醋茶苟且

齐白石在八岁那年，到外祖父的私塾读书，他也是这时候开始喜欢画画的。祖母见他总写写画画，就劝他："文章能放在锅里煮吗？可惜你生错了人家。"于是，他就把书挂在牛角上，一边砍柴，一边背书。就这样又执着地奋斗了二十多年，到三十岁时，齐白石已经可以靠画画养活一大家子人了。他祖母对他说："阿芝，现在我看到，你的画能在锅里煮了！"由于坚持在艺术上革新变法，齐白石成为中国文化巨匠。"锅里煮"是生存的基本需求，当技能提高后，一切能力都可以放在"锅里煮"出美味佳肴。

6. 发愿立志，大音希声，人生就不易迷茫、不易摇摆，以内力战胜外部压力

人生在世就该为美好的愿景、迷人的蓝图所吸引，并坚定地实践，直至实现。不要被反对者缠住。追随内心，付出努力，必有收获！现在自己周围发生的所有现象，都不过是自己心灵的反映，只有主动追求的东西才可能到手。一项心理学研究告诉我们："只有当你的积极情感与消极情感的比例达到或超过3∶1的时候，你的大脑才会发挥出全部机能。"

据统计，从小到大，一个人听到"不"的次数大概是40000次，而听到"是"的次数仅仅只有约5000次，听到"不"的次数是"是"的次数的8倍。这就意味着：得到一个人肯定的同时，就会有8个人极力否定你；一个人鼓励你走上探索和创造的道路，但会有8个人把你拖入大众里，让你亦步亦趋；创造性思维想让你的梦想插上飞翔的翅膀，但8倍的守旧重量却向下拖拽你，打压你飞翔的愿望。

这些理论成果指导我们认清：人生时间有限，所以不要为别人而活。不要为教条所限，不要活在别人的观念里。不要让别人的意见左右自己内心的声音。最重要的是，勇敢地去追随自己的心灵和直觉，只有自己的心灵和直觉才知道自己的真实想法，其他一切都是次要的。

7. 发愿立志无早晚，既有自古英雄出少年的无数案例，也有大器晚成的无数案例

比尔·盖茨和乔布斯二十多岁创业；俞敏洪三十一岁时创办新东方；任正非四十四岁创立华为；张忠谋五十六岁成立台积电；云南白药创始人六十岁时曾在一间破庙创业，他就是大名鼎鼎的"皮康王"的创始人周家礽；褚时健七十五岁才开始种下橙子树苗；马哈蒂尔·穆罕默德九十二岁时再次当选马来西亚总理。

这些案例都证明，青年可以追求梦想，中年可以追求梦想，老骥伏枥，照样可以志在千里。创造生命价值的征途，任何时间都可以加入。

诸葛亮在《勉侄书》中教导他的侄子，也总结了成功人士的基本特征："夫志当存高远，慕先贤，绝情欲，弃凝滞，使庶几之志，揭然有所存，恻然有所感。忍屈伸，去细碎，广咨问，除嫌吝；虽有淹留，何损美趣？何患于不济？若志不强毅，意不慷慨，徒碌碌滞于俗，默默束于情，永窜伏于凡庸，不免于下流矣。"

二、好运是奋斗出来的，命由我造，主宰人生

愿力改变命运、决定命运，好运是奋斗出来的。有一项研究发现，人生有四种好运：第一种好运可以叫作"盲目的随机性"，这是人人都有的，最不可控，用处也最小；第二种好运是"跑出来的机会"，这是由行动决定的，它任何时候都可以争取，用处也最多；第三种好运是"有准备的头脑"，这取决于知识积累，它不能通过临时突击得到，比的都是以前的功夫；第四种好运可以称为"人设的吸引力"，这是自我奋斗和历史行程共同的产物，不努力不行，光努力也不行，它取决于使命的召唤。重大成就往往是四种好运综合作用的结果，是随机性、主动性、特殊性、客观性的统

一。想明白哪些是可以争取的，哪些是必须等待的，哪些取决于别人，哪些取决于自己，我们也许会多掌握一点对命运的主动权。

发愿立志是每个人的权力，而且是最大的权力。唯有踏踏实实地奋斗，才能让命运更好，唯有奋斗是可靠和可控的。

通过对一百多位杰出人物的研究，我发现成功与出身的关系并不密切。很多成功者来自中产阶级，接受了当时较好的教育，因此主要结论就是理想决定命运，行动改变命运。随着时代的变迁，技术与智慧越发平等，越来越多平民出身的人走到时代的浪尖。近几年世界富豪排行榜的前几名，像如雷贯耳的乔布斯、马斯克等，很多出身平民或中产阶级。

世界杰出人物也都深刻地洞悉了这个道理。"自古英雄多磨难，从来纨绔少伟男。"约翰·戴维森·洛克菲勒是19世纪第一个亿万富翁，被称为"石油大王"。他通过自己的亲身经历告诉儿子：命运靠自己设计。在这个方面，东方文化与西方文化如出一辙。在《了凡四训》中，书生张曰："既是命，如何转变？"道者曰："造命者天，立命者我。力行善事，广积阴德，何福不可求哉？""古语云：'有志于功名者，必得功名；有志于富贵者，必得富贵。'人之有志，如树之有根，立定此志，须念念谦虚，尘尘方便，自然感动天地，而造福由我。"

我经常被建筑大师贝聿铭的一句话激励和点燃："我一直沉浸在如何解决我自己的问题中。"贝聿铭沉浸于解决自己的问题，也为世界解决问题。他的奋斗得到了美好的回报：他的人生是高密度的，是功德圆满的。他是"现代主义建筑的最后大师"，他的作品是20世纪全球文化的重要符号；同时，他成功地运营着自己的大型事务所，是全球政要巨富们竞相结识的人物；他的家庭生活幸福和谐，享年102岁。他的同龄人、文学家木心说："贝聿铭先生一生的各个阶段，都是对的；我一生的各个阶段，全是错的。"这是木心的苦涩自嘲；而在贝聿铭，还真是如此。他毕生坚持的方向，做出的重大选择，的确都是"对的"。（参考湖北人民出版社2008年出版的《贝聿铭传》，作者：廖小东）

人只能靠发上等愿、做圣贤事改善命运，完善自我。"士不可以不弘毅，任重而道远。"北宋大家张载著名的横渠四句，充分表达了士大夫的崇高理想："为天地立心，为生民立命，为往圣继绝学，为万世开太平。"

三、如何发愿立志

发愿立志是深度思考后的选择，是人生升华的基础性动力，是推动人生发展的巨大能量。

1. 从吾所好，达到理想与天赋的一致性；从吾所好，就容易找到工作甜蜜区

理想和热情是一种能量，它来源于一个人的内部动机，内部动机越强，能量就越大。杰奎琳·杜普蕾4岁时第一次在收音机里听到了大提琴的声音，她一下子就着迷了，对妈妈说："那是我想创造出来的声音。"后来，她成了英国传奇的大提琴表演艺术家。杜普蕾惊人的天赋是什么呢？为其撰写人物传记的作家威尔森总结说，"就是由衷的热爱"。热爱最了不起的地方是它没有有效期。不管是在生命初期，还是晚期，只要热爱被唤起，它就能改变我们的生活和工作，让我们充满活力。难怪乔布斯说，热爱是成就事业的唯一途径。

热爱或者热情为什么会这么神奇呢？这里提出一个概念："心流状态"。心理学研究证明，人们一旦全身心投入某事时，会专心致志，忘掉时间的存在，从而进入心流状态。

"飞人"乔丹参加1992年NBA总决赛时，率领公牛队与开拓者队交手。乔丹连续投中六个三分球，这个成绩神奇到令人不可思议。从心理学的角度来看，当时的乔丹就是进入了心流状态。人在这种状态下，就会激发出最大的潜力和创造力，而热爱往往就能引导人进入心流状态。但如果只有热爱，也不见得能够带来更多创造力。首先，这种热爱要是主动的；然后，热爱和灵感是一对连体婴儿，不应该被分开来看。只有这两者之间的互动才能够促进创造力的出现。例如，作家越热爱写作这份工作，越勤奋，灵感的火花就越多；反过来，更有灵感的作家写起来更卖力，他会觉得有一种神秘的力量在推动自己。热爱和灵感就是这样相辅相成的。我们每个人只要有新的东西呈现给世界，就都可以成为天才。

如何找到爱好呢？一是屏蔽干扰。通过独处来让自己内在的世界安静下来，听一下自己内心深处的声音。可以通过冥想理清思绪，和真正的自己对话。二是变换角度。可以通过一些小工具来弄清楚自己真正的愿望。譬如给自己做一个愿景板，把自己想要的东西写在上面，然后把它放到一个随处可见的地方。如果还不知道自己想要什么，可以用自由书写来帮助寻找。即把脑子里随时蹦出来的想法通通写下来，不用考虑逻辑，也别管对错。过一段时间以后，再把它们拿过来放到一起看，可能就会从中发现一些重复的事情，然后从这些事情中归纳出自己的愿望。三是勇敢尝试。热爱和天分是试出来的，对什么有兴趣就不妨大胆地去试一试，试过了以后才知道自己做得怎么样，才知道自己行不行。

如何确保拥有快乐的职业生涯？美国行为科学家赫茨伯格的研究心得是："人生的强大动力，并不是源自金钱，而是源于获得学习的机会，在责任中成长，能够为他人做贡献，以及拥有获得他人认可的成就。"这段话对"颠覆性技术"这一理念的首创者克莱顿·克里斯坦森的人生选择产生了巨大影响。他从哈佛大学毕业后，先选择了投身商业实践。但有一天他意识到，自己从事商业所获得的奖赏，远不及成就他人所带来的满足感。于是他放弃商业，重回哈佛大学攻读博士，立志做一个管理学家。他确实做到了，成为1995年度麦肯锡奖得主。他的研究和教学领域集中在新产品和技术开发管理以及如何为新技术开拓市场等方面，代表作为《创新者的窘境》和《创新者的解答》。美国少了一位可能出色也可能平庸的商人，但全世界多了一位载入史册的管理思想家，他成就了无数的企业和个人。很显然，他在做出人生选择的那一刻，颠覆了自己，不是基于短期物质利益，而是基于长远的目标和能力，重新规划了自己的人生。

这个案例提醒人们，不要把时间和精力浪费在追逐短期可见的成就上，而忽视了真正重要的东西。

一个人得到满足的重要途径就是去做自己信念中伟大的事业，而要成就伟大的事业就必须钟爱所做的工作。如果还没有找到，请继续寻找，不要停下脚步。时时刻刻地注意自己感兴趣的事，碰到了就不妨大胆地试一下，说不定就能找到热情所在。

2. 科学评估优势，努力聚焦优势，放大优势

可以用SWOT模型分析法发现优势。其中，S代表优势，包括所有能动用的资源；W代表弱势，最好的办法就是找到互补的人进行合作，让一个团队的能力达到最佳；O代表机遇，明白做哪些事、认识哪些人、去哪个地方可以让自己做成这个事的概率更大一些，这些都是机遇；T代表风险，如果风险太大或者失败了就没有再来一次的机会了，那最好就别做这个事。在使用SWOT方法时，最重要的一点是要保持客观和真实。把自己先抽离出来，对自己的境况只做客观的判断，不做任何评价，通过最真实的语言来描述现在的生活、现在的状态、现在的经济情况，包括现在手上能掌握的资源,然后把这些列出来,一条一条写清楚,这样就可以更好地认清楚要怎么出发。

人的最大资源和优势就是自身内在可以调动的资源与天赋。天赋其实就是每个人的潜能,虽然发掘它的过程比较艰难,但是不管什么时候,只要它被发掘出来,生命就会从那个点开始发光。

天赋的种类有很多,大类都包含在政治、经济、社会、文化、科技领域。发现天赋不是一件唾手可得的事情,需要一个漫长的过程。个体资源禀赋即天分可以笼统地分为八种,称作人类的八种智能。

(1)语言智能。能够有效地用语言文字表达自己或者是理解他人,天生阅读、写作和沟通能力比较强,比如莎士比亚、曹雪芹。

(2)逻辑数字智能。对于数字和逻辑推理比较敏感,善于用数字工具来理解事物,比如柏拉图、牛顿。

(3)视觉空间智能。可以准确地识别出视觉空间的结构,比较善于把他们看到的、感觉到的,用有具体形状的东西表现出来,代表人物有毕加索、罗丹。

(4)音乐智能。比如有一些孩子三岁就能在钢琴上弹肖邦的曲子。

(5)人际智能。可以很敏锐地察觉别人的情绪、动机,这种人善于和别人合作,特别讨人喜欢。

(6)内省智能。这类人自我反省能力、自我分析能力特别强,能够向内观测到自己的行为和动机,例如苏格拉底、亚里士多德。

(7)运动智能。这类人善于运动,善于用动作来表达情绪,有很强的运动欲望,比如有些人天生喜欢跳舞,喜欢户外运动。

(8)自然观察智能。这类人喜欢观察外部环境,例如达尔文、法布尔、袁隆平。

可以对照着这八个方面，想一想自己哪一方面或哪几个方面的能力比较强。不一样的天分组合起来就有很多种可能。

我们还要认识到自己的生命是独一无二的。从生物学的角度来看，我们每个人的基因组合都是独一无二的，我们每个人的存在都是一个小概率事件，我们每个人可以说都是一个奇迹。从文化的角度来看，我们每个人的价值观和行为模式也是独一无二的。在探寻自己天赋的时候，要审视自己所处的文化环境，思考现在能获得的成长机会。

同时要相信自己可以创造属于自己的人生，英雄不问出处，每个人都有创造崭新人生的机会。

还要清楚生命是一个有机体，没有人能完全预测他人的生活，因为生活不是线性的，而是随机的，我们的生活就是一个不断即兴创作、不断调试的过程。

一个人发现自己同时拥有好几项优势，怎么办呢？这就要说到更重要的一点，就是聚焦优势，才能放大优势，取得更好的成果。想练就一项过人的技能，必须把精力聚焦到一件最擅长的事情上，有所取舍，千万不能平均用力。

譬如，"文艺复兴后三杰"之一的米开朗琪罗多才多艺，在绘画、雕塑、建筑艺术方面都达到了大师级别，还写得一手好诗。不过，米开朗琪罗清醒地认识到，自己最大的优势在于雕塑，所以他尽量排除其他干扰，专注于雕塑事业。米开朗琪罗和西斯廷教堂签订天顶壁画合同时，用的签名就是：雕塑家米开朗琪罗。

作为对比，"文艺复兴后三杰"的另一位大人物达·芬奇，他的兴趣就过于发散，虽然做了很多事情，但最后真正完成的很少。有人认为，如果达·芬奇能把自己限定在最具优势的领域里，那么可以取得更大的成就。

只有选择和聚焦个人擅长的事,才能前途无量。以大名鼎鼎的物理学家霍金为例,他和达·芬奇一样,本来没有主动聚焦优势的意识,但是命运的阴差阳错让他不得不被动聚焦优势,从而成就了自己。

霍金属于少年天才型人物,本科读的是牛津大学。他仗着自己聪明过人,整个大学期间热衷于喝啤酒、读小说、搞学生运动。按照这样一种放纵不羁的性格,霍金很难安心坐在书斋里潜心搞学问,再成功也就是一个普通社会精英而已。

然而天有不测风云,霍金在21岁的风华正茂之年,被确诊患有渐冻症。这一下把摆在霍金面前的其他可能性全部堵死了,他只能放弃所有其他活动,一心一意研究宇宙学。他被困在了轮椅上,直至76岁去世,他的思想一直遨游到宇宙尽头,这种巨大的反差,让霍金的人生更显传奇。除了发现黑洞辐射现象之外,他还在宇宙大爆炸、量子力学等多个方面做出过重要贡献。这些研究成果都被他以比较简单明了的形式,写进了他的"霍金三部曲":《时间简史》《大设计》《果壳中的宇宙》。他给无数人带来了生命的激励,究其根本,或许就是因为他的那个信念:"无论生活看起来多么艰难,你总有自己的方式发光。"可以说,如果霍金没有患上渐冻症,他不一定能成为伟大的物理学家。天才如霍金,也必须聚焦优势,才能有所成就,更何况我们普通人。这就是聚焦优势的重要性。(参考中国宇航出版社2017年出版的《发现天赋:成就最好的自己》,作者:史蒂夫·哈维)

3. 培养爱好与热情

一个人走向成熟的关键就在于:能勇敢地走出舒适区,而不是逃避自我改变。英国前首相丘吉尔也曾经有过类似的观点:"不要尝试做你喜欢的事,要去喜欢你正在做的事。"

斯坦福大学的一项研究表明，比起"寻找兴趣"，培养自己对一件事的兴趣更重要。原因很简单，"寻找兴趣"会让人误解真正做好这件事的难度。相信"寻找兴趣"的人认为，一旦寻找到自己真正的兴趣，其他领域就可以忽略。当命中注定要去做某件事，这件事就应该能让人兴趣盎然，自然而然地废寝忘食、孜孜不倦，从一个胜利走向另一个胜利，根本不该出现难以克服的困难。"被难倒"和"失去兴趣"都是证据，证明这件事不是自己的"命中注定"。不过，这种想法只是美好的想象。现实里，有时候的确会出现专注又有收获的心流状态，但更多时候出现的是挫折和磨难。对一件事情怀有热情，也绝不等于从此有了无穷无尽的动力，时刻都干劲十足。

研究者总结，"培养兴趣"比"寻找兴趣"更有效。兴趣只是一颗种子，即使机缘巧合获得了种子，也需要多年付出不懈的努力，才能让它真正枝繁叶茂。"培养兴趣"指的就是这样的过程，当感觉某个领域有意思，认为自己能有所作为时，就花时间、花精力，全心投入，在遭遇各种挫折时，最终靠着坚持付出，亲手塑造兴趣和未来。经历过这一切再回看时，才会看到"兴趣"和"意义"所在。

用乔布斯在斯坦福大学毕业典礼演讲中的话来说就是："唯一做伟大工作的方法就是爱你所做的事情。"因此，要热爱自己所做的事情，克服困难，培养驾驭和处理复杂问题的能力，走出舒适区，进入终身学习发展区。

四、发何种愿、立何种志，才能找到人生的意义

诗人臧克家有句著名的诗句谈到人的价值："有的人活着，他已经死了；有的人死了，他还活着。"他提醒人们，人活着就要创造价值，"为了

多数人更好地活"，人生不能空手而归！

乔布斯说："活着就是为了改变世界，难道还有其他原因吗？我的动力是什么？我想大多数创造者都想为我们得以利用前人取得的成就表达感激。我并没有发明我用的语言或数学。我的食物基本都不是我自己做的，衣服更是一件都没做过。我所做的每一件事都有赖于人类的其他成员，以及他们的贡献和成就。我们很多人都想回馈社会，在这股洪流中再添上一笔。这是用我们的专长来表达的唯一方式——因为我们不会写鲍勃·迪伦的歌或汤姆·斯托帕德的戏剧。我们试图用我们仅有的天分去表达我们深层的感受，去表达我们对前人所有贡献的感激，去为这股洪流加上一点儿什么。那就是推动我的力量。我想说的是，我们一直在享用。因此，创造一点什么去回馈全人类的经验和知识，是非常带劲的一种感觉。"

我通过研究发现，人们发愿立志遵循五理：生理、心理、物理、事理、天理。志向随着资源的积累会不断调整递进。志向不断升级，实现四级跳：自食其力的生存愿；立功立言的功名愿；责任召唤的使命愿；"能以美利利天下，不言所利"的天下愿。发愿立志不设上限，直至最高境界。

1. 人生需要攀登两座山

著名作家戴维·布鲁克斯在其畅销书《第二座山》中，创造了人生"双峰模式"和"第二座山"的概念模型，用来解释不同的人生层次，提出人应该摒弃过于自我的生活方式，过一种更有利他精神的生活，并从职业、婚姻、哲学与信仰、社区四个维度给出了具体的解决方案，告诉我们如何过一种能够拥有永恒快乐的道德生活。他在书里把人生比作登山，第一座山是为了获取个人成就，为了外在的名利和享乐；而第二座山则是关于奉献的，它强调摆脱自我、舍弃自我，因受到某种召唤，去帮助需要帮助的人。不过，攀登第二座山的人并不反感世俗的快乐，他们也可以喜欢美食或美景，但他们在追求道德快乐的过程中，已经超越了世俗之乐，"他们的生活在向着某种终极的善靠拢"。布鲁克斯认为，选择职业时应该遵循内心，要去审视自己的生活，找到自己真正爱的是什么，是什么让灵魂感到振奋。要听从使命的召唤，因为它关乎人生的意义和目的，是需要做一辈子的事情。只有这样才会为它全力付出，为它忍受各种痛苦，把它做到极致，同时也才有可能为社会贡献超额的价值。

所以，事业有两方面的价值，一方面是为个人的生命找到意义，另一方面是为社会贡献价值。

2. 利于群体

一个伟大的政治家、科学家、企业家能够提出伟大的愿景，以此激励团队和员工。愿景是"对战略的心理描述"，它是一种灵感、一种意向、一种对组织的未来想象。愿景具有延展性和灵活性，它总能随机应变、因势利导，不断从自身经验中学习，不断校准自己的目标。比尔·盖茨当年给微软定下的愿景是"让每个家庭、每张办公桌上都有一台电脑"。而现在，这个愿景早已变成了事实，微软的新愿景变成了"赋能全世界的人和企业"，号召团队和员工用一技之长，回馈和造福社会。社会生物学通过研究得出的结论是，人应当以利他主义为核心，就是个体按有利于群体的方式来行动。

3. 发愿立志献身于某种使命，以利他主义者的精神成就伟业，为人生创造意义，获得高峰体验

中国有一副非常励志的对联，那就是蒲松龄的自勉联："有志者事竟成，破釜沉舟，百二秦关终属楚；苦心人天不负，卧薪尝胆，三千越甲可吞吴。"

我研究发现，特别杰出的伟大人物，仿佛就是为使命而生，因为他们的发愿，世界发展变化得更好更快。乔布斯不仅自己认为人要"为改变世界而生"，而且他还以此梦想来动员他人："你是卖一辈子糖水呢，还是和我一起去改变世界?"

马克思17岁时在《青年在选择职业时的考虑》中写道:"如果我们选择了最能为人类福利而劳动的职业,那么,重担就不能把我们压倒,因为这是为大家而献身;那时我们所感到的就不是可怜的、有限的、自私的乐趣,我们的幸福将属于千百万人,我们的事业将默默地、但是永恒发挥作用地存在下去,面对我们的骨灰,高尚的人们将洒下热泪。"

人生就是不断建设自我、管理自我、发展自我、奉献自我、绽放自我的过程,最终凝结成两件大事:吸纳与输出。超然物外,能从容即圆满,四海皆可信步。

4. 能以美利利天下

"能以美利利天下"是中国几千年来士大夫追求的最高境界。当代科学家袁隆平曾说:"愿天下人都有饱饭吃。"

彼得·德鲁克(Peter F. Drucker,1909—2005年),被称为"现代管理学之父",其著作影响了数代追求创新以及最佳管理实践的学者和企业家们,各类商业管理课程也都深受其思想的影响。他能取得这样辉煌的成就,与不断发愿立志关系密切。有两个关于德鲁克立志的故事足以证明。

第一个故事发生在1922年,年仅13岁的德鲁克和同学们一起被老师提问:"将来你们过世后,最希望被人怀念的是什么?"一时间,所有孩子都鸦雀无声。老师接着说道:"我不期望你们现在就能给出答案,但如果你们到了50岁还是回答不上来,那就是白活了。"这段话对德鲁克一生的影响很大,这让他在很小的时候就开始思考人的生存意义,而这也促使他这一生都在不断地进行追求与自我更新。

第二个故事发生在1950年元旦,当时已过不惑之年的德鲁克陪伴父亲去拜访著名经济学家熊彼特。熊彼特对德鲁克的父亲说:"到了我这个年纪，人们只知道我写了几部著作，发明了一些理论，我认为这是不够的。如果我们没能改变人们的生活，就不能说我们已经改变了世界。"熊彼特的这些话使德鲁克的人生下半场发生了改变。他说："我从来不曾忘记过这段话，相反地，我将它作为自己后半生追求的目标。"

5. 发愿立志，才能不断超越，不断创新，"参赞天地之化育"，促进人类不断进化

一是以先贤为榜样，从而超越先贤。司马迁在《史记·孔子世家》中说："'高山仰止，景行行止。'虽不能至，然心向往之。"找到人生榜样，往往是实现发展和超越的前提。譬如18世纪伟大的哲学家大卫·休谟（1711—1776年），比牛顿小68岁，但他划时代的著作《人性论》的动笔直接来自牛顿自然哲学的鼓舞。牛顿的科学原理在当时也属于哲学范畴，解决了人类认识自然世界因果必然性以及相关真理的问题。而在社会领域，牛顿意义上的科学却空缺着。当时跑到法国潜心研究和写作的休谟觉得，在社会领域建立一个普遍的哲学原理，不仅必要也是可能的。休谟企图揭开人性的奥秘，决心建立一个有关人的"完整的科学体系"，这就是人性学，并且要在这个范围里取得牛顿那样的成就和影响。经过努力，休谟完成了《人性论》，梦想成真，彪炳史册。美国思想家吉尔克曾说："如果你想寻找西方18世纪精神的化身，休谟是最好的代表。"

二是促进人类探赜索隐，不断创新。创新是自古以来的话题。儒家经典《大学》系统地总结了创新："汤之盘铭曰：'苟日新，日日新，又日新。'《康诰》曰：'作新民。'《诗》曰：'周虽旧邦，其命维新。'是故君子无所不用其极。"

"苟日新，日日新，又日新"是商朝开国君主成汤的座右铭，代表人类不断发展和积极进取的精神，是关于人类思想进步和物质创新的哲学。通过"日日新，又日新"，既要克服井底之蛙的盲目自信、自得冲动，又要避免致命的"理性的自负"。革故鼎新，推陈出新，不断更新、不断创新，才能生机勃勃，实现超越和发展。

三是发愿立志才能"参赞天地之化育"。"参赞"有弥补的意涵，"参赞天地之化育"即弥补天地化育之不足。女娲补天，是中国上古神话传说之一。女娲补天的故事和女娲造人的故事一样，都是中国人家喻户晓的。相传在远古时代，天塌地陷，世界陷入巨大灾难。女娲不忍生灵受灾，于是炼五色石补好天空，折神鳖之足撑四极，平洪水杀猛兽，通阴阳除逆气，万灵始得以安居。女娲抟土造人，并化生万物，使天地不再沉寂，是古老相传的大母神。正因为如此，女娲才被奉为中华民族的母亲，华夏民族人文先始，福佑社稷之正神。

所以，人们对美好生活的新向往、新追求，都是我们每个人"参赞天地之化育"的好机会。

6. 为实现愿力而奋斗，才能找到人生的意义与甜蜜点

发大愿立大志，以使命召唤为乐，才能以苦为乐，快乐工作，从而提境界、开眼界、拓边界。凡事只要想法看法做法一变，高处立、宽处行、格局大，自然焕然一新、胸怀四海、视通万里。西方现代思想家查尔斯·泰勒认为，追随内心，忠于内心，创造独特性价值，这本身是一种积极的道德理想，是现代文化的重要成就。

从很多案例中我们可以推断出爱好与幸福密切相关。幸福不仅是一种物质状态，还是一种心灵状态，是一种内在的愉悦感，它伴随着一种生活美好并且有价值的感受。当找到自己的爱好，会有一种强烈的目标感，感觉到自己做的事情是有意义的，感觉自己似乎和某种力量的源泉连接上了，有源源不断的动力在推着自己向目标前进。当认为做的事情是一份天职的时候，这个过程是非常享受的，能持续地感受到幸福，内心充满喜悦。

发愿立志即选择未来的力量，一切美好希望从这里开始。大愿力是伴随人生的终身信息提示——现实与理想有距离，要战胜怠惰，不懈奋斗！

总之，发愿立志给人希望，给人力量，对自己来说可以创造生活之美，对社会来说可以创造奉献之美。这难道不是人生的最大意义吗？

第二篇

事业驱动,乘势时空

第二章

事业驱动力之美：事业承载理想，富有之谓大业；探索推动发展，日新之谓盛德

"富有之谓大业，日新之谓盛德"出自《周易·系辞上传》，意思是：广泛创造物质财富和精神财富叫作宏大功业，持续永远地日日增新叫作盛美德行。

2020年7月21日，习近平总书记在企业家座谈会上专门引用了这句话，以启发企业家树立更远大的追求。他说："'富有之谓大业，日新之谓盛德。'企业家创新活动是推动企业创新发展的关键。美国的爱迪生、福特，德国的西门子，日本的松下幸之助等著名企业家都既是管理大师，又是创新大师。改革开放以来，我国经济发展取得举世瞩目的成就，同广大企业家大力弘扬创新精神是分不开的。"

一、评价人物遵循的标准：按贡献与结果，评价其达到的高度

古代社会等级森严，但即使贵为皇子，若只是声色犬马，无所建树，也只能被人鄙视为纨绔子弟、败家子，江山社稷就毁在这类人手上。现代

社会倡导人生而平等,这是一种政治平等,起点平等。但无可否认,让人与人拉开距离的是各自成就的事业,评价人物优秀程度的标准是其对社会的贡献和人生的结果,而非其他。

我们按照一个人的贡献和影响力,大致可以将人分为以下类别。

(1)常人,有七情六欲,能自食其力。20世纪存在主义哲学创始人马丁·海德格尔认为,大多数人过着"常人"的生活,那是一种没有经过思考,别人做什么我也做什么的状态。反过来,一味追求所谓的"个性"或者"新奇",别人都做的事情我偏不做,别人不做的事情我偏要做,这其实也是"常人",因为坐标系和别人是一样的,只不过做的是反向选择。

(2)能人,即有才能、有本事的人,在某一方面专业、精通、有独到之处。

(3)贤人,就是有才有德的人。行事能顺应天地之道、洞悉人性、尊重客观规律,处理问题能够标本兼治,尤其注意从根本上解决。身为平民时有志向、有抱负,身居高位时为人造福。

(4)伟人,是在一定的历史条件下,在某个领域或几个领域,通过自身和团队的奋斗,做出了普通人不能做出的伟大业绩的人。这些卓尔不群的业绩对当时或者后世产生了积极的影响,对国家、民族乃至于全人类都是有益的。只有真正经得起历史的考验,受到大多数人敬仰的人,才能进入伟人行列。

(5)圣人,指品德最高尚、智慧最高超的人。圣人是可以影响一个国家甚至整个世界的大善之人。在中国传统文化中,圣人指知行完备、至善至美之人。

"圣"的繁体字是"聖",上左有"耳"以表闻道,通达天地之正理;

上右有"口"以表宣扬道理，教化大众；下边的"王"代表统率万物为王之德，德行遍处施行。圣人是透察人性人心，制定人的道德行为准则规则的人，如孔子，这类人可谓是凤毛麟角。

（6）神人，不死之人谓神，这里的不死不是躯体不死，而是思想永恒。世上总有极少数人像天上的星辰，沿着高尚的轨道运行，没有什么困难可以动摇他们的意愿，他们为世人指引光明未来。神人是精神境界极高的圣贤、哲人，他们是人类精神的领航者，如佛教创立者释迦牟尼。

人类能级金字塔如图2-1所示。

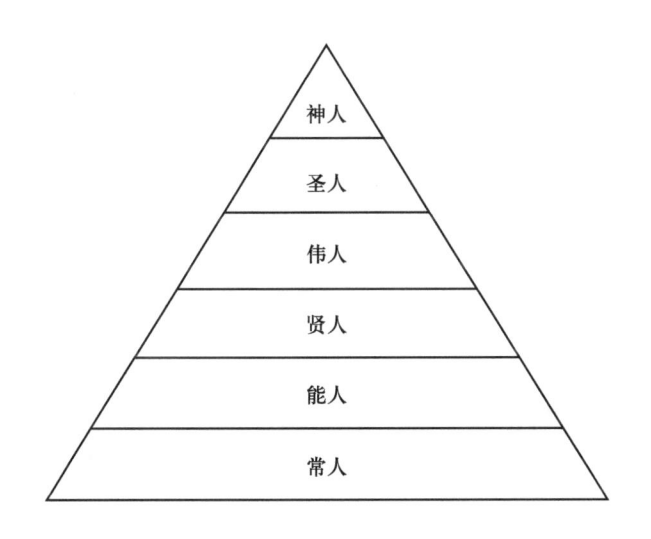

图2-1　人类能级金字塔

多数人在心中是用事业的高度评价人物，因为一目了然，清晰可辨。所以，追求事业的高度成为人人向往的目标。

很多青史留名的人物，都是建立不朽功勋者。我选择了古今中外的一百多位杰出人物进行研究，考察是什么力量推动他们成功。世界百杰研究样本摘录如表2-1所示。

表2-1 世界百杰研究样本摘录

序号	1	姓名	诸葛亮
国籍	中国（汉末—蜀）	生卒年	181—234年
出身	官吏之家	职业及身份	政治家、军事家、外交家、文学家、书法家、发明家
受教育情况		性格	心胸宽广、足智多谋、生性谨慎、谦逊有礼、忠心耿耿
主要成果	在世时被封为武乡侯，死后追谥忠武侯，东晋政权因其军事才能特追封他为武兴王。其散文代表作有《出师表》《诫子书》等。曾发明木牛流马、孔明灯等，并改造连弩，可一弩十矢俱发。诸葛亮一生"鞠躬尽瘁，死而后已"，是中国传统文化中忠臣与智者的代表		
低谷（失败）	六次北伐失败		
影响及评价	刘备："孤之有孔明，犹鱼之有水也。" 司马懿："真乃天下奇才也！""亮虑多决少。""亮志大而不见机，多谋而少决，好兵而无权，虽提卒十万，已堕吾画中，破之必矣。" 孙中山："诸葛亮很有才能，所以在西蜀能够成立很好的政府，并且能够六出祁山去北伐，和吴魏鼎足而三。"		
序号	2	姓名	苏轼
国籍	中国（北宋）	生卒年	1037—1101年
出身	文人世家	职业及身份	文学家、书法家、画家
受教育情况	中进士乙科	性格	率真孤傲
主要成果	苏轼是宋代文学最高成就的代表，并在诗、词、散文、书、画等方面取得了很高的成就。其诗题材广阔，清新豪健，善用夸张比喻，独具风格，与黄庭坚并称"苏黄"；其词开豪放一派，与辛弃疾同是豪放派代表，并称"苏辛"；其散文著述宏富，豪放自如，与欧阳修并称"欧苏"，为"唐宋八大家"之一。苏轼亦善书，为"宋四家"之一；工于画，尤擅墨竹、怪石、枯木等。有《东坡七集》《东坡易传》《东坡乐府》等传世		

续表

低谷（失败）	熙宁四年（1071年），苏轼上书谈论新法的弊病。王安石颇感愤怒，于是让御史谢景在神宗面前陈说苏轼的过失。苏轼于是请求出京任职，被授为杭州通判。元丰二年（1079年），因"乌台诗案"，被贬为黄州团练副使，"本州安置"，受当地官员监视。元丰八年（1085年），他对旧党执政后暴露出的腐败现象进行了抨击，由此又引起了保守势力的极力反对，于是又遭诬告陷害。绍圣元年（1094年），新党再度执政，再次被贬至惠州
影响及评价	苏轼在文、诗、词三方面都达到了极高的造诣，堪称宋代文学最高成就的代表。而且苏轼的创造性活动不局限于文学，他在书法、绘画等领域内的成就都很突出，在医药、烹饪、水利等方面也有所贡献

序号	3	姓名	王阳明
国籍	中国（明朝）	生卒年	1472—1529年
出身	家世显赫	职业及身份	思想家、文学家、教育家、军事家，心学集大成者
受教育情况	二甲进士	性格	勤奋、隐忍、知行合一、淡泊名利、高风亮节、刚正不阿
主要成果	（1）政治：平定为患江西数十年的民变祸乱，平定洪都的宁王朱宸濠之乱，平定西南部的思恩、田州土瑶叛乱和断藤峡盗贼。 （2）文学：《古文观止》中收录有王阳明的名篇《瘗旅文》《教条示龙场诸生》。 （3）书法：王阳明将心学融入书法，丰富了中国的书法理论。 （4）思想：阳明学又称王学、心学，作为儒学的一门学派，是由王阳明发展的儒家学说。王阳明继承南宋陆九渊"心即是理"之思想，反对程颐、朱熹通过事事物物追求"至理"的"格物致知"方法，因为事理无穷无尽，格之则未免烦累，故提倡"致良知"，从自己内心中去寻找"理"，"理"全在人"心"，"理"化生宇宙天地万物，人秉其秀气，故人心自秉其精要。在知与行的关系上，强调要知，更要行，知中有行，行中有知，所谓"知行合一"，二者互为表里，不可分离。知必然要表现为行，不行则不能算真知。 （5）著作：《大学问》《王阳明全集》《传习录》。作品收录于《明史》《古文观止》

续表

低谷（失败）	明武宗正德元年（1506年）冬，宦官刘瑾擅政，并逮捕南京给事中御史戴铣等二十余人。王阳明上疏论救而触怒刘瑾，被杖四十，谪贬至贵州龙场（贵阳西北七十里，修文县治）当龙场驿栈驿丞。同时，他的父亲王华也被赶出北京，调任南京吏部尚书
影响及评价	余秋雨："中国历史上能文能武的人很多，但在两方面都臻于极致的却廖若晨星，好像一切都要等到王阳明的出现，才能让奇迹真正产生。" 当年明月："他的心学，是中华文明史上的一朵奇葩，是值得我们每个人为之骄傲的财富，他吹响了人性解放的号角，引领了明代末期的思想解放潮流，他的思想流传千古，近代的康有为、孙中山等人都从其中受益匪浅。" 杜维明："王阳明继承和发扬光大了中国儒学特有的人文精神。他提出'仁者要以天地万物为一体'，就是要创造人与自然的和谐；他提出'知行合一'，就是要创造人与社会的和谐；他提出'致良知'，就是要创造人与自身的和谐。"
序号	4	姓名	张居正
国籍	中国（明朝）	生卒年	1525—1582年
出身	秀才家庭	职业及身份	政治家、改革家，万历时期内阁首辅
受教育情况	进士	性格	敢于改革、勇于创新
主要成果	张居正在任内阁首辅十年中，实行了一系列改革措施。财政上清丈田地，推行"一条鞭法"，总括赋、役，皆以银缴，"太仓粟可支十年，周寺积金，至四百余万"。军事上任用戚继光、李成梁等名将镇北边，用凌云翼、殷正茂等平定西南叛乱。吏治上实行综核名实，采取"考成法"考核各级官吏，"虽万里外，朝下而夕奉行"，政体为之肃然
低谷（失败）	嘉靖二十九年（1550年），张居正因病请假离开京师来到故乡江陵。归乡时，张居正处于人生低谷，对于国家政局和自身仕途感到彷徨和困惑。在归乡期间，他一面寄情山水，一面关注国计民生，形成了自己的经世哲学和治国之策，彻底从文人转化为政客，成就了辉煌的"江陵柄政"时期

续表

影响及评价	梁启超:"明代唯一的大政治家。" 黄仁宇:"世间已无张居正。" 陈泽敏:"张居正有着天使与恶魔这两面。他也是一个真正的英雄,是一个孤独的英雄。即使是现在又有多少人能够懂他。"		
序号	5	姓名	威廉·莎士比亚
国籍	英国	生卒年	1564—1616年
出身	富裕家庭	职业及身份	剧作家、诗人
受教育情况	在文法学校接受基础教育,后因家道中落而辍学	性格	善于观察,充满智慧和正义感
主要成果	莎士比亚戏剧传入德、法、意、俄、北欧诸国,然后渐及美国乃至世界各地,对各国戏剧发展产生了巨大、深远的影响,并已成为世界文化发展、交流的重要纽带和灵感源泉。莎士比亚用词超过两万个。他广泛采用民间语言(如民谣、俚语、古谚语和滑稽幽默的散文等),注意吸收外来词汇,还大量运用比喻、隐喻、双关语,可谓集当时英语之大成。莎士比亚的戏剧中有许多语句已成为现代英语中的成语、典故和格言。相对而言,他早期的剧作喜欢用华丽铿锵的词句;后来的成熟作品则显得更得心应手,既能用丰富多样的语言贴切而生动地表现不同人物的特色,也能用朴素自然的词句传达扣人心弦的感情和思想		
低谷(失败)			
影响及评价	本·琼生:"时代的灵魂,不属于一个时代而属于千秋万代。" 德莱登:"莎士比亚有一颗通天之心,能够了解一切人物和激情。" 雨果:"莎士比亚这种天才的降临,使得艺术、科学、哲学或者整个社会焕然一新。他的光辉照耀着全人类,从时代的这一个尽头到那一个尽头。" 歌德:"我读到他的第一页,就使我一生都属于他了;读完第一部,我就像一个生下来的盲人,一只奇异的手在瞬间使我的双眼看到了光明……感谢赐我智慧的神灵。"		
序号	6	姓名	本杰明·富兰克林

续表

国籍	美国	生卒年	1706—1790 年
出身	手工业家庭	职业及身份	出版商、印刷商、记者、作家、慈善家、思想家、社会活动家、外交家及发明家
受教育情况	上了两年学	性格	勤奋、永不满足的求知欲、从容不迫、乐于接受新事物
主要成果	"他从苍天那里取得了雷电，从暴君那里取得了民权。" （1）电学贡献：最早提出电荷守恒定律，揭开了雷电现象的秘密，制作了避雷针。 （2）数学贡献：创造了 8 次和 16 次幻方。 （3）热学贡献：改良了取暖的炉子，使其能够节省四分之三的燃料。 （4）光学贡献：发明了老年人用的双焦距眼镜。 （5）其他贡献：发明了摇椅；改进了路灯；发现了墨西哥湾的海流；制定了新闻传播法；最先绘制暴风雨推移图；发现人们呼出气体的有害性；最先解释清楚北极光；最先组织了消防厅；创立了近代的邮信制度；创立了议员的近代选举法；发现感冒的原因；发明了颗粒肥料；设计出夏天穿的白色亚麻服装；设计了最早的游泳眼镜和蛙蹼		
低谷（失败）			
影响及评价	富兰克林不仅是一位优秀的科学家，而且还是一位杰出的社会活动家。他特别重视教育，兴办图书馆、组织和创立多个协会都是为了提高各阶层人的文化素质。独立战争爆发后，他参加了第二届大陆会议和《独立宣言》的起草工作。1776 年，七十岁的富兰克林出使法国，赢得了法国和欧洲人民对北美独立战争的支援。1787 年，他积极参加了制定美国宪法的工作，并组织了反对奴役黑人的运动，深受美国人民的崇敬。他是美国第一位驻外大使（法国），所以在世界上也享有较高的声誉。1753 年，富兰克林获得了哈佛大学和耶鲁大学的名誉学位。1756 年，富兰克林获得威廉玛丽学院的荣誉学位。他是美国历史上第一位享有国际声誉的科学家和发明家		

续表

序号	7	姓名	乔治·华盛顿
国籍	美国	生卒年	1732—1799 年
出身	富有家庭	职业及身份	政治家、军事家、革命家，美国开国元勋、首任美国总统
受教育情况	小学学历，但一直坚持自学	性格	沉稳、坚定、具有雄心
主要成果	1789 年，他得到全体选举团无异议的支持而成为美国第一任总统。华盛顿在美国独立战争和建国中扮演了最重要的角色，故被尊称为"美国国父"，又称为"合众国之父"。学者们将他和亚伯拉罕·林肯、富兰克林·罗斯福并列为美国历史上最伟大的总统。乔治·华盛顿被美国的权威期刊《大西洋月刊》评为影响美国的 100 位人物第 2 名		
低谷（失败）	在 1776 年 8 月 22 日输掉了长岛战役，接下来他又输掉了几次战役，使得军队仓促混乱地撤离了新泽西州，此时美国革命的未来岌岌可危。在 1777 年 9 月 11 日的布兰迪万河战役中遭受惨败		
影响及评价	亨利·李："他是一个公民，他是战争中的第一人，也是和平时代的第一人，也是他的同胞们心目中的第一人。"		

序号	8	姓名	拿破仑
国籍	法国	生卒年	1769—1821 年
出身	没落贵族家庭	职业及身份	法兰西第一共和国第一执政，法兰西第一帝国皇帝
受教育情况	军官学校毕业	性格	自我、自信、骄傲与残酷

续表

主要成果	拿破仑于1804年11月6日加冕称帝，把共和国变成帝国。对内他多次镇压反动势力的叛乱，颁布了《拿破仑法典》，完善了世界法律体系，奠定了西方资本主义国家的社会秩序。对外他率军五破英、普、奥、俄等国组成的反法联盟，打赢五十余场大型战役，沉重地打击了欧洲各国的封建制度，捍卫了法国大革命的成果。他在法国执政期间多次对外扩张，发动了拿破仑战争，成为意大利国王、莱茵邦联的保护者、瑞士联邦的仲裁者、法兰西帝国殖民领主（包含各法国殖民地、荷兰殖民地、西班牙殖民地等）。在最辉煌的时期，欧洲除英国外，其余各国均向拿破仑臣服或与其结盟，形成了庞大的拿破仑帝国体系，创造了一系列军政奇迹与短暂的辉煌成就
低谷（失败）	1812年率57万大军远征俄国，最后回到法国的只有不到3万人。1814年巴黎被占领，拿破仑退位后被流放到地中海上的厄尔巴岛。1815年拿破仑兵败滑铁卢，被流放到圣赫勒拿岛
影响及评价	雨果："拿破仑是战争中的米开朗琪罗。他是重建废墟的宗师巨匠，是查理大帝、路易十一、亨利四世、黎塞留、路易十四、公安委员会的继承者，他当然有污点，有疏失，甚至有罪恶，就是说，他是一个人；但他在疏失中仍是庄严的，在污点中仍是卓越的，在罪恶中也还是有雄才大略的。" 马克思："拿破仑已经了解到现代国家的真正本质；他已经懂得，资产阶级社会的无阻碍的发展、私人利益的自由运动等等是这种国家的基础。他决定承认和保护这一基础。"

序号	9	姓名	贝多芬
国籍	德国	生卒年	1770—1827年
出身	贫寒家庭	职业及身份	作曲家、钢琴家、指挥家
受教育情况	到处拜师学音乐	性格	不屈、坚韧、与不公的命运进行抗争

续表

主要成果	（1）在交响曲的发展和创新上：将高度浓缩的音乐动机进行扩展，又保持全曲的严谨统一；扩充了展开部，使其成为烘托作品内在矛盾、动力性张扬和戏剧性冲突的重心；将谐谑曲（Scherzo）引入交响曲的第三乐章，取代了具有宫廷典雅气质的小步舞曲；并将人声加入到交响曲中，扩大了作品的表现力。 （2）在钢琴奏鸣曲上：他的 32 首钢琴奏鸣曲在奏鸣曲结构上做出了重大贡献，同时还在钢琴力度对比、戏剧化因素、不同音区的色彩变化上做出了重大发展，从而成为与巴赫《十二平均律钢琴曲集》齐名、在音乐史上有突出贡献的作品。 （3）在音乐表现上：解放了音乐艺术，表达了他那个时代的精神实质，作品展现了从斗争到胜利，从黑暗到光明，从苦难到欢乐的精神历程。他的旋律继承海顿式动机展开的手法，又吸收莫扎特旋律的深情，从而形成简洁、粗犷、质朴、热情的特征
低谷（失败）	4 岁的贝多芬被父亲逼着学习钢琴、小提琴，其父愚蠢地想用强制性手段将他培养成莫扎特式的神童。从 1796 年至 1800 年整整 4 年，贝多芬的耳朵日夜作响，这是耳聋的前兆。贝多芬 26 岁时听力开始减弱，中年失聪
影响及评价	贝多芬是古典音乐的忠实实践者，又是浪漫主义的强力开拓者。罗曼·罗兰在《名人传》中说："这是一个被命运捉弄的，最终耳聋的音乐家，一个用痛苦换来欢乐的英雄。这个表面狂傲的人，在事实却有着不为人知的一面。音乐家最重要的器官损坏了，他不敢表露出来，不敢让人知道他的弱点，只好选择离群索居。他没有知音，甚至连朋友都没有。但是，贝多芬接受了现实，承受了上天给予他的痛苦的命运。因此他也成为作者心目中的英雄。"
序号	10	姓名	达尔文
国籍	英国	生卒年	1809—1882 年
出身	医生家庭	职业及身份	生物学家、博物学家
受教育情况	剑桥大学毕业	性格	敢于冒险、探索，孤僻，有忍耐力

续表

主要成果	英国生物学家，进化论的奠基人。曾经乘坐贝格尔号舰做了历时5年的环球航行，对动植物和地质结构等进行了大量的观察和采集。出版《物种起源》，提出了生物进化论，从而摧毁了各种唯心的神造论以及物种不变论。除了生物学外，他的理论对人类学、心理学、哲学的发展都有不容忽视的影响
低谷（失败）	
影响及评价	达尔文创立了科学的生物进化学说，以自然选择为核心，第一次对整个生物界的发生、发展做出了唯物的、规律性的解释，推翻了特创论等唯心主义形而上学在生物学中的统治地位，使生物学发生了一个革命性变革。"进化论"被恩格斯列为19世纪自然科学的三大发现之一（其他两个是细胞学说、能量守恒转化定律），对人类有杰出的贡献

序号	11	姓名	丘吉尔
国籍	英国	生卒年	1874—1965年
出身	贵族家庭	职业及身份	英国首相、政治家、历史学家、画家、演说家、作家、记者
受教育情况	军校毕业	性格	性格坚韧、无所畏惧、意志坚定、敏锐果断
主要成果	两度出任英国首相，被认为是20世纪最重要的政治领袖之一。在第二次世界大战中，他领导英国人民取得了抗击德国法西斯战争的胜利。他写的《不需要的战争》获1953年诺贝尔文学奖，著有《第二次世界大战回忆录》16卷、《英语民族史》24卷等。丘吉尔是历史上掌握英语单词数量最多的人之一（12万多），被美国杂志《人物》列为近百年来世界最有说服力的八大演说家之一，曾荣获诺贝尔和平奖提名		
低谷（失败）	1915年5月，被排挤在政治圈之外的丘吉尔决定辞职，赶赴法国前线亲自参加战争。1922年的大选中自由党惨败，丘吉尔本人也在自己的选区中意外失利。1923年的选举中丘吉尔再度失败。1924年3月的补选中，丘吉尔还是以43票之差落选。		

续表

	1929年5月英国再度举行大选，这次选举中丘吉尔本人虽然险胜，但是保守党和自由党在全国范围内惨败，拉姆齐·麦克唐纳的工党政府重新执政。这段被称为"在野岁月"的日子是丘吉尔政治生涯中的最低潮		
影响及评价	丘吉尔是在第二次世界大战期间带领英国人民取得伟大胜利的民族英雄，是与斯大林、罗斯福并立的"三巨头"之一，是矗立于世界史册上的一代伟人。 丘吉尔的声望没有因为他的去世而有丝毫的暗淡。时至今日，丘吉尔依然被大多数英国人看作是最伟大的首相。在2002年由BBC主办的"最伟大的100名英国人"票选活动中，丘吉尔高居榜首		
序号	12	姓名	爱因斯坦
国籍	瑞士、美国	生卒年	1879—1955年
出身	犹太家庭	职业及身份	物理学家
受教育情况	毕业于苏黎世联邦理工学院，获苏黎世大学物理学博士学位	性格	善良、富有正义感、聪明好学、认真刻苦、有毅力
主要成果	爱因斯坦提出光子假设，成功解释了光电效应，因此获得1921年诺贝尔物理学奖。1905年创立狭义相对论。1915年创立广义相对论。爱因斯坦为核能开发奠定了理论基础，开创了现代科学技术新纪元，被公认为是继伽利略、牛顿以来最伟大的物理学家。1999年12月26日，爱因斯坦被美国《时代》周刊评选为"世纪伟人"		
低谷（失败）			
影响及评价	爱因斯坦的理论最初受到许多人的反对，就连当时一些著名物理学家也对这位年轻人的论文表示怀疑。然而，随着科学的发展，大量的科学实验证明爱因斯坦的理论是正确的，爱因斯坦这才一跃成为世界著名的科学家		
序号	13	姓名	戴高乐
国籍	法国	生卒年	1890—1970年

续表

出身	知识分子家庭	职业及身份	军事家、政治家、外交家、作家，法兰西第五共和国的创建者
受教育情况	军校毕业	性格	刚毅、不屈于人下、高傲自尊
主要成果	戴高乐制定泛欧洲外交政策，努力减少美国和英国的影响，促使法国退出北约，反对英国加入欧洲共同体，承认中华人民共和国，这一系列思想和政策被称为"戴高乐主义"。1945年11月13日，戴高乐当选法国总统。1958年5月31日，法国请戴高乐再度出山。2005年，法国国家二台"法国十大伟人榜"评选结果揭晓，电视观众评选已故法国领导人戴高乐为法国历史上最伟大的人		
低谷（失败）	1916年至1918年经历了长达三十二个月的监禁生活；1946年辞职后经过了一段时间的沉寂；对于戴高乐来说，1955年至1958年这段时间无异于"荒漠孤烟"时期，他隐于法国东部的小村庄科隆贝双教堂的寓所里，在拉布瓦瑟里撰写他的《战争回忆录》		
影响及评价	在关系国家存亡的历史关头，戴高乐站到斗争的最前列，为反法西斯战争的胜利和法国的解放做出了重要贡献。他在"二战"后一直维护着法国的尊严，提高了法国的国际地位，不愧为自由法国的旗手		
序号	14	姓名	褚时健
国籍	中国	生卒年	1928—2019年
出身	农民家庭	职业及身份	企业家
受教育情况	15岁休学	性格	精益求精、勤劳大方、乐观积极、胆大心细
主要成果	1979—1994年，褚时健成功将红塔山打造成中国名牌香烟，使玉溪卷烟厂成为亚洲第一、世界前列的现代化大型烟草企业。1994年，褚时健当选全国"十大改革风云人物"。褚时健成为"中国烟草大王"。 2012年11月，85岁的褚时健种植的"褚橙"通过电商开始售		

续表

	卖，褚橙品质优良，常被销售一空。褚时健成为"中国橙王"。 2012年，褚时健当选云南省民族商会名誉理事长。 2014年12月18日，荣获人民企业社会责任奖特别致敬人物奖
低谷（失败）	1999年1月9日，71岁的褚时健因经济问题被判处无期徒刑、剥夺政治权利终身
影响及评价	经历过人生低谷的褚时健，在74岁的高龄重新出发，以耄耋之躯创立了个人品牌"褚橙"，实现了从"烟王"向"橙王"的转变。现如今，他的故事和创业精神深深影响着中国企业界和无数要为明天而奋斗的年轻人。现在，褚橙已成气候，褚时健安然离开

序号	15	姓名	沃伦·巴菲特
国籍	美国	生卒年	生于1930年
出身	富裕家庭	职业及身份	伯克希尔—哈撒韦公司CEO
受教育情况	经济学硕士	性格	内向、耐心、沉稳
主要成果	2016年9月22日，彭博全球50大最具影响力人物排行榜中，巴菲特排第9名。2016年12月14日，荣获"2016年最具影响力CEO"荣誉。2018年3月6日，福布斯2018富豪榜发布，拥有840亿美元的巴菲特居第3位。2019年3月5日，福布斯发布第33期年度全球亿万富豪榜，巴菲特身家净值为825亿美元，排名第3位		
低谷（失败）			
影响及评价	巴菲特是有史以来最伟大的投资家之一，他依靠股票、外汇市场的投资，成为世界上数一数二的富翁。他倡导的价值投资理论风靡世界		

序号	16	姓名	稻盛和夫
国籍	日本	生卒年	1932—2022年
出身	贫苦家庭	职业及身份	实业家
受教育情况	鹿儿岛大学工学部毕业	性格	敬天爱人、慎言笃行

续表

主要成果	27岁时创办京都陶瓷株式会社（现名京瓷Kyocera），52岁时创办第二电信（原名DDI，现名KDDI，目前在日本为仅次于NTT的第二大通信公司），这两家公司都在他有生之年进入世界500强，两大事业皆以惊人的力道成长
低谷（失败）	
影响及评价	《垂直攀登：稻盛和夫的生命智慧与经营哲学》一书的作者王育琨说："读过许多企业家写的自传和知名作家写的企业家传记，企业家奋斗过程中的谦虚、坚韧与执着，曾经一次次打动过我们。可是，他们成功后除了不厌其烦地述说那些成功往事，很难再有更深入的主题。他们陶醉在自己的成功中不能自拔。稻盛和夫，是少有的能够把主题深化的商业领袖。"

序号	17	姓名	任正非
国籍	中国	生卒年	生于1944年
出身	知识分子家庭	职业及身份	华为主要创始人兼总裁
受教育情况	毕业于重庆大学	性格	作风低调，具有共享精神和危机意识
主要成果	2003年，任正非被网民评选为"2003年中国IT十大上升人物"。2005年入选美国《时代》周刊全球一百位最具影响力人物。2018年3月，任正非不再担任华为副董事长，变为董事会成员。10月24日，入选中央统战部、全国工商联《改革开放40年百名杰出民营企业家名单》。2019年4月，登上美国《时代》周刊2019年度全球百位最具影响力人物榜单		
低谷（失败）			
影响及评价	美国《时代》周刊评论说："任正非是一个为了观念而战斗的硬汉。"法国知名周刊《观点》评价任正非说："这个人将改变历史。"《福布斯》表示："任正非是一个很少出现在公众视野中的人物，却是国际上最受人尊敬的中国企业家。"《下一个倒下的会不会是华为》的作者说："中国历来都不缺乏政治家、企业家，但从来都缺乏真正的商业思想家——在当代中国，任正非算是一个。"		

序号	18	姓名	彼得·林奇

续表

国籍	美国	生卒年	生于 1944 年
出身	出身富裕家庭，10 岁后转贫	职业及身份	证券投资基金经理和股票投资家
受教育情况	宾夕法尼亚大学沃顿商学院 MBA 毕业	性格	心态平和，从容不迫，稳健而敢于犯险
主要成果	1977 年接管富达麦哲伦基金，经过短短的 13 年，到 1990 年，麦哲伦基金的管理资产由 2000 万美元增长至 140 亿美元，基金投资人超过 100 万人，成为富达的旗舰基金，而且是当时全球最大也最赚钱的共同基金		
低谷（失败）	从 1999 年到 2004 年，彼得·林奇累计收受了证券经纪商价值 1.5948 万美元的门票，现在，这个行为让他的名声受到了很大伤害		
影响及评价	彼得·林奇是全球基金业历史上的传奇人物。由他执掌的麦哲伦基金 13 年间资产增长 27 倍，创造了共同基金历史上的财富神话。彼得·林奇的股票投资理念已经成为投资界耳熟能详的经典		
序号	19	姓名	史蒂夫·乔布斯
国籍	美国	生卒年	1955—2011 年
出身	出生后被抛弃，被蓝领家庭收养（中产阶级）	职业及身份	美国发明家、企业家，苹果公司联合创始人，曾任苹果公司首席执行官
受教育情况	大学未毕业	性格	有强烈的表现欲，追求完美，自信，控制欲强
主要成果	乔布斯是苹果公司的前 CEO 兼创始人之一，同时也是前皮克斯动画工作室的董事长及 CEO。乔布斯还是迪士尼公司的董事会成员和最大个人股东。乔布斯被认为是计算机业界与娱乐业界的标志性人物，同时人们也把他视作麦金塔计算机、iPod、iTunes、iPad、iPhone 等知名数字产品的缔造者，这些风靡全球的电子产品深刻地改变了现代通信、娱乐乃至生活的方式		

续表

低谷（失败）	1983年，Lisa数据库和Apple Iie发布，售价分别为9998美元和1395美元。但是Lisa由于昂贵的售价是没有多少市场的，而且Lisa又侵吞了Apple的大量研发经费。 由于乔布斯的经营理念与当时大多数管理人员不同，加上IBM公司推出个人电脑，抢占大片市场，总经理和董事们便把这一失败归罪于董事长乔布斯，于1985年4月经由董事会决议撤销了他的经营大权。乔布斯几次想夺回权力均未成功，便在1985年9月17日离开苹果公司
影响及评价	美国前总统奥巴马："乔布斯是美国最伟大的创新领袖之一，他的卓越天赋也让他成为了这个能够改变世界的人。" 比尔·盖茨："很少有人对世界产生像乔布斯那样的影响，这种影响将是长期的。" 保罗·艾伦："他懂得如何创造出令人惊叹的伟大产品。" 张颐武："他不一定是技术发明的伟人，但他肯定是洞悉人性的伟人。" 经济参考网评价："乔布斯是改变世界的天才，他凭敏锐的触觉和过人的智慧，勇于变革，不断创新，引领全球资讯科技和电子产品的潮流，把电脑和电子产品不断变得简约化、平民化，让曾经是昂贵稀罕的电子产品变为现代人生活的一部分。"

二、事业是推动时代前进的根本力量

世界的发展变化依靠各行各业一系列大事变的推动，包括政治事业大事变的推动、经济事业大事变的推动、社会事业大事变的推动、文化事业大事变的推动、科技事业大事变的推动等。

翻开各种版本的历史书，赫然在目的都是有重大影响的事件，与事件相关的人物和发生的时间、地点，以及这些事件对后世的影响。很多人物能够留名青史，是因为他们创造了非同凡响的事业。

譬如中国的四大发明——造纸术、指南针、火药、印刷术，是中国古代创新的智慧成果和科学技术，对中国古代政治、经济、文化的发展产生了巨大的推动作用，并经各种途径传至西方，对世界文明发展产生了巨大的影响。

譬如15世纪哥伦布发现了美洲大陆，开辟了新航路，促进了欧洲资本主义的发展，打破了各大洲之间相对孤立的状态，世界日益成为一个相互影响、联系密切的整体。被誉为"经济学之父"的亚当·斯密在其名著《国富论》（1776年）中说："美洲的发现和经由好望角抵达东印度的航线的开辟，是人类历史上最伟大、最重要的两件事……这两个事件某种程度上把世界上相距最遥远的部分联结在一起，使它们互通有无，增加彼此的快乐，促进彼此的工业，因此，它们的总体趋势似乎是有益的。"当然这个"最重要"是指在1776年之前。

譬如欧洲的文艺复兴运动，这是历史上第一次资产阶级思想解放运动。文艺复兴关心的是今世而非来世，关注的是非宗教的古典文化而不是基督教神学，艺术和文学关注的是人而非神，生活的目的是发展自己的潜能。文艺复兴运动促进了人们的觉醒，推动了世界文化的发展，为资本主义的发展做了必要的思想文化准备，为资产阶级革命做了思想动员和准备。

譬如思想启蒙运动，法国启蒙运动为资产阶级取得统治地位提供了思想上和理论上的准备。在一定程度上，欧洲的启蒙运动给中国的新文化运动提供了借鉴。

譬如宗教改革运动，奠定了新教的基础，同时也瓦解了从罗马帝国颁布基督教为国家宗教以后由天主教会所主导的政教体系，为后来西方国家从基督教统治下的封建社会过渡到多元化的现代社会奠定了基础。

譬如尼德兰革命（发生时间为1566—1609年），这是历史上第一次成功的资产阶级革命。这次革命是通过民族解放战争的形式完成的，革命后建立了资产阶级共和国。在欧洲还普遍处于封建专制统治的时期，荷兰共和国的出现具有重要意义，它为资本主义在尼德兰北部的发展开辟了广阔的道路，也使人类历史的前景出现一抹灿烂的曙光。

譬如18世纪60年代以蒸汽机作为动力机被广泛使用为标志的、从英国发起的技术革命，即第一次工业革命，最终确立了资产阶级对世界的统治地位，是技术发展史上的一次巨大革命，开创了以机器代替手工劳动的时代。它改变了整个社会的经济结构，使人类开始脱离长久以来的传统农业社会，迈向工业化、技术化、城市化的工业社会。

譬如法国大革命，摧毁了法国的君主专制统治，震撼了整个欧洲大陆的封建秩序，传播了自由民主的进步思想，对世界历史的发展有很大的影响。之后各国发生了一系列社会变革，符合民众对自由平等、社会公正的渴望。

譬如19世纪中期，欧洲国家和美国、日本的资产阶级革命或改革的完成，促进了经济的发展。19世纪60年代后期，开始第二次工业革命，人类进入了"电气时代"。第二次工业革命促进了生产力的惊人发展，汽车、电力、石油化工等新兴工业中企业规模迅速扩大。资本主义生产的社会化大大加强，垄断组织应运而生，使得资本主义各国在经济、文化、政治、军事等各个方面发展不平衡，帝国主义争夺市场经济和争夺世界霸权的斗争更加激烈。第二次工业革命促进了世界殖民体系的形成，使得资本主义世界体系最终确立，世界逐渐成为一个整体。

譬如巴黎公社运动，这是世界上无产阶级以武装暴力直接夺取城市政权的第一次尝试。它丰富和发展了马克思主义关于阶级斗争和社会主义的学说，在国际共产主义运动史上写下了光辉、伟大而悲壮的一页。

譬如第三次工业革命，这是一场以原子能、电子计算机、空间技术和生物工程的发明和应用为主要标志，涉及信息技术、新能源技术、新材料技术、生物技术、空间技术和海洋技术等诸多领域的信息控制技术革命。

第三次工业革命不仅极大地推动了人类社会、经济、政治、文化领域的变革，而且也影响了人类的生活方式和思维方式。它加剧了资本主义各国发展的不平衡，使资本主义各国的国际地位发生了新变化，同时促进了世界范围内社会生产关系的变化。

譬如在中国数千年的历史中从根本上改变了中国政治和社会结构的四次大变革：公元前221年秦王朝对中国的统一，公元1911年辛亥革命的爆发、1949年中华人民共和国的建立，以及1978年以来的改革开放，中国真正地开始自觉融入世界文明。

事业是推动日新月异增长的重要力量。

1900年世界各国GDP排名如下：①美国，205.67亿美元；②英国，161亿美元；③德国，156亿美元；④俄国，77亿美元；⑤法国，59亿美元；⑥中国，52亿美元；⑦奥匈帝国，26亿美元；⑧意大利，22亿美元；⑨日本，21亿美元；⑩印度，15亿美元。共计794.67亿美元。

120年之后，2020年世界上GDP排名前10的国家是：①美国，20.94万亿美元；②中国，14.722万亿美元；③日本，5万亿美元；④德国，3.806万亿美元；⑤英国，2.7万亿美元；⑥印度，2.62万亿美元；⑦法国，2.6万亿美元；⑧意大利，1.886万亿美元；⑨加拿大，1.643万亿美元；⑩韩国，1.63万亿美元。共计57.547万亿美元。[1]

单纯以前10名计算，120年间，世界财富增长了723.16倍。从人们享受的现代化成果来看，当下和120年前不能同日而语。

从整个人类漫长的进化史看，走入近代后，经济发展才进入快车道。特别是蒸汽机的出现引发了18世纪的工业革命。最近200多年来，经济发展突飞猛进，特别是电力作为主要能源的100年来，几乎日新月异。人均

---

[1] 数据来源：世界银行数据库。

财富的变化足以证明科技的力量是伟大的。从全世界人均GDP的增长幅度看，人均GDP实现快速增长也是第一次工业革命以来的事（见图2-2）。

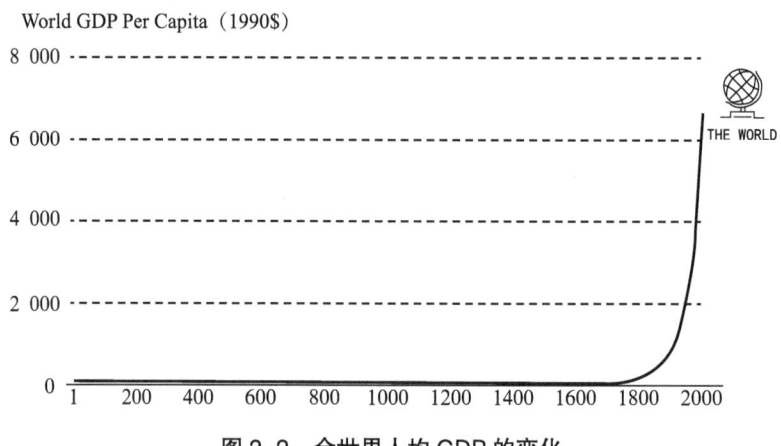

图2-2　全世界人均GDP的变化

资料来源：麦迪森.世界经济千年统计［M］.伍晓鹰，施发启，译.北京：北京大学出版社，2009.

由此可见，事业是推动人类各个时代不断发展的根本力量。

三、事业承载理想，激发人的精气神威，大业富有

事业承载理想，激发精气神威；事业创造物质和精神财富，为自己和社会增进福祉；事业带来快乐，激发心流。

1.劳动产生智慧，事业振奋人心

人的朴素愿望就是成名成家，事业是成名成家的载体。人人都是从谋生开始，事业激发精气神威，促使大脑分泌多巴胺、内啡肽等多种有益身心健康的物质。

亚伯拉罕·马斯洛在年轻时立志将自己的一生投入到与非理性的斗争中去，并且运用自己的理智和知识去创造一个更完美的世界。他发誓要把这项任务作为自己的使命。他写道："我有一种强烈的奉献感，这就是我

所需要的事业，我想要完成的任务。我发誓，我要去这样做，就像是在宗教典礼上许愿和把自己奉献于祭坛上一样，我将全心全意地投身于这项事业……"

可是，正当马斯洛意气风发、满怀期待地投入到他喜欢的事业中的时候，他却被医生误诊，并建议他写遗嘱，他不由得感到悲哀。除了对家庭抱有遗憾，"更重要的是，他也许再也不能完成其毕生的事业，把自己所信奉的价值和理想带入心理学领域，让这个世界变得美好"。（参考中国人民大学出版社2014年出版的《马斯洛传：人的权利的沉思》，作者：爱德华·霍夫曼）。由此可见，人，失去为之献身的事业和喜欢的工作，失去希望和信心，是多么的痛苦。

2. 事业激活潜能，促进价值实现

事业是施展才华的载体。唯有通过事业，才能发现自身的价值。伟人的命运总是与伟大的事业紧密地联系在一起，并从事业中找到归属感。

事业为世界提供"能量"，学习和工作是人生唯一实现正增长红利的道路，是不断超越的道路，是发现新机遇的道路。干一行爱一行，三百六十行，行行出状元。选择自己喜欢的工作，持续不断地探索发展，其乐无穷。为什么硬币的边缘有锯齿呢？其实这与科学家牛顿有关。1696年，牛顿53岁，他已经功成名就，被聘请去英国铸币局当督办。这个工作本来很清闲，但牛顿这位科学家入职后一点没打算混日子，还用搞科研的心态开展铸币局的工作。当时假币泛滥成灾，经过调查，牛顿发现流通中的金属货币有20%是假币。更可怕的是，当时的假币制造者甚至叫嚣他们制造的假币比真币还要真。牛顿仔细计算分析了假币的化学成分，发现绝大多数假币使用的银和铜都是真的，而且是足量的。这些银和铜是哪儿来的呢？牛顿继续调查，原来假币制造者会找来真币，从真币外圈上剪下薄薄的一层，然后再把真币边缘磨圆。对此，牛顿想了个办法，在货币边缘刻上复杂的花纹，这样造假币的人就没法从上面蹭下金属了，这个办法一直沿用到现在。

先进入再深入，先完成再完美。人生不能空谈，必须将理想志愿化作具体的事业，事业才是理想与愿力的载体。

3. 事业成就组织，组织推动事业

德鲁克发现，最好的管理是让事管人管资源，而不是人在管事。

沙特阿拉伯从弱小到强大，离不开这个国家地下的石油。不过，最早发现石油的并不是沙特人，而是加州标准石油公司的美国人。美国人通过石油赚得盆满钵满，沙特政府也有钱去发展自己的国家，但他们并不满足，他们想要获得更多石油收入，想把这家石油公司变成自己的。

沙特人利用美国人对自己的低估，利用变幻的局势，通过灵活的策略，保持耐心，一步一步实现了自己的目标。他们先是通过谈判提高了石油收入，而后开始收购阿美石油公司的股份，直到完全控股。

为了让后代获得更多的利益和更大的权力，沙特阿美开始拓展业务，实施多样化经营，他们利用投资和"初学者的头脑"，成功地扩大业务规模、学习专业技能，从一开始单纯的石油巨头变成了如今多元化的全球能源巨头。（参考中信出版社2019年出版的《沙特公司》，作者：埃伦·R.沃尔德）就这样，一项事业成就了一家企业，成就了一个繁荣富强的国家。

4. 事业带来幸福，实现社会价值

事业带来更高层级的快乐和幸福。在福特看来，唯有通过工作，一个人才能发现自己的价值。工作绝不仅仅是简单的谋生手段，而且工作也不应该同生活对立起来。

福特在自传《我的生活与工作》中说，人理所应当要去做的事情就是工作。"财富和幸福，只有通过诚实劳动才能获得。"这是福特认为的"自然法则"。在福特看来，人生的绝大多数问题之所以出现，就是因为违背了这个自然法则。而且福特认为机械重复的工作也是有价值的，有些人的天性就是更加适应机械重复的工作。他说，如果你认真去看，你会发现大部分工作都是重复性的，从银行董事长到办公室普通职员，再到流水线上的工人。因为如果不建立一种固定的流程和规则，把很多工作变成重复性的，一个人会很难完成足够的工作，赚到足够养家糊口的钱。

四、探索推动发展，矛盾逼出德能勤绩，盛德日新

在发展事业的过程中，必然遇到障碍、困难和问题，正是在解决这些问题和矛盾的过程中，逼出了德能勤绩。有的人在困难面前畏葸不前，有的人遇到困难踔厉奋发，一往无前，越战越勇，显出英雄本色，也拉开了与其他人的距离。英国著名心理学家安东尼·斯托尔说："人类的心灵并非坚不可摧，但有少数勇敢者发现，当身处地狱时，他们才得以瞥见天堂。"事业解决时代的矛盾，造福社会，推动发展，也使个人青史留名。

1. 在解决矛盾中逼出能力

我们以犹太人建立以色列国家为例进行说明。犹太人是一个多灾多难的民族，但他们也被认为是"最聪明"的民族之一。有统计显示，截至2005年，获得过诺贝尔奖的一共有770人，犹太人占154个，获奖比例高达20%。自诺贝尔奖设立至2005年，犹太人共拿走了20%的化学奖、25%的物理学奖、27%的生理学或医学奖、41%的经济学奖。马克思、弗洛伊德、爱因斯坦这些为人类社会进步做出重大贡献的人，也是犹太人。除了这些名人外，犹太人在历史上作为一个群体，也是以"精明，善于经

商"著称的。其中很大的一个根源，就在于他们长期处于被驱逐与被逼迫的状态。公元前15世纪，犹太人沦为埃及的奴隶，在他们的领袖摩西的带领下逃出埃及。公元前7世纪，他们又被当时的"新巴比伦王国"征服，整个民族被掳走，成为"巴比伦之囚"。好不容易到了"新巴比伦王国"灭亡，犹太人回到自己的土地上，但公元前1世纪，罗马帝国又下令拆毁他们的圣殿，把他们彻底逐出家园，造成了犹太人2000年的流亡。

在这个流亡过程中，绝大多数国家都不欢迎他们，并且禁止他们拥有土地。所以，他们只能从事商业贸易行业。在长期的实践当中，他们的商业能力变得异常强大，几乎垄断了早期欧洲的所有主要金融市场。在当时欧洲的中世纪发生过几次大规模的"驱逐犹太人"运动，但这种驱逐并不是因为犹太人做错了什么，而往往是因为当时包括国王在内的很多欧洲贵族都向犹太人借高利贷，但又还不起钱，或者干脆不想还，所以就用暴力把他们驱逐。越是这样，犹太人的商业能力和文化凝聚力反而越强。

终于，在第二次世界大战以后，犹太人重新建立了自己的国家。这个国家就是现在高度现代化的以色列，散落到世界各地的犹太人重新有了属于自己的家园。

2. 在战胜困难中造就伟大

1929年，松下幸之助为自己的公司确立了纲领和信条，他们的纲领是：兼顾公司盈利与社会正义，致力于国家产业的发展，以求社会生活的改善和提高。"企业社会责任"这个话题如今很热，企业都很注重搭建企业社会责任体系，可是，差不多一百年前，松下幸之助就想通了：企业的目的不只是盈利，还要兼顾社会责任。松下幸之助在日本被称为"经营之神"，但他的经营能力不是天生的，而是在坎坷的经历中锻造出来的。有一次，松下公司的经营状况很不理想，松下幸之助就问下属："你知道聪明的人和伟大的人有什么不同吗？"他接着说："你听着，聪明的人是博学的。读了各种各样的书，通过学习变得知识渊博的人是聪明的。而伟大的人是不知道历经了多少苦难的人。越过苦难山丘的次数越多，这人就越伟大。"他是在用这番话指导自己的下属，用正确的心态渡过难关。由此，他实现了从追赶到超越。我们所有深刻的幸福都与我们的曲折、磨难、艰苦、奋斗紧密地连接在一起，组成各自独特、有趣、分外有意义的人生故事。

3. 在立德立功立言中实现不朽

事业只要与创造文明结合，几乎能解决现代人的所有问题，如物质问题、归属问题、家园问题、痛苦问题、升华问题、向往问题等。有些人因为完成了立德立功立言，从而实现了万世流芳。

事业，解决人生无聊的问题。无所事事，就百无聊赖。物质与精神有不可分割性，事业驱动将物质追求与精神追求融合在一起，逼出人的德能勤绩。在事业迭代发展中，可以实现人的发展进化和升华。幸福的本源是解决问题，而焦虑的本质是未能解决当下的问题。解决问题是生活最基本的构成部分。这个问题解决了，下一个升级的问题又随之而来。所以，这是一个永无休止的良性循环，人们通过解决问题获得快乐，最终实现自我提升。"图难于其易，为大于其细。"所谓"伟大"，往往就是由一些微小细节叠加而成的。塑造幸福，就要把事业当成自己的生命，不畏惧问题和痛苦，先苦后甜。

4. 事业创造命运，事业有成带来巨大的贡献感

矛盾永远存在，发展永无止境，对新需求的探索永不停息。为谋生而谋事，先躬身入局，谋求发展，进而谋大业，逐渐体验，递进式完成惊天动地、改天换地的宏伟事业，以济天下。

艾伦·麦席森·图灵（1912—1954年）是英国数学家、逻辑学家，被称为"计算机科学之父""人工智能之父"。第二次世界大战爆发后，曾协助军方破解德国的著名密码系统Enigma，帮助盟军取得了胜利，拯救了千千万万条生命。英国前首相丘吉尔曾说："图灵是二战中最大的功臣。"但图灵取得这么大成就，不是迫于任务的压力，只因为他对解码充满热爱。所以，尽管战争结束了，他还在继续着他的研究，并提出了"计算机"和"人工智能"的设想，直到今天仍然影响着我们。图灵的故事告诉我们，在解决真问题中找到乐趣，才是最有意义的。

随着事业由小到大的变化，驱动系统也会不断迭代升级，由小到大，涓涓细流汇成洪流。人推动事业发展，事业同样推动人的发展，从而提升人生坐标系。例如，李彦宏创立的百度最早是给门户做搜索技术服务商，时代推着百度成为服务亿万用户的搜索引擎，现在百度又积极探索无人驾驶。可以说，是日新月异的宏伟事业推着李彦宏和百度前进。

自古以来，人们对事业有成者都会发出由衷的赞美。《易经》坤卦曰："君子黄中通理，正位居体。美在其中，而畅于四支，发于事业，美之至也。"

五、事业驱动力是推动人类前进的最宏大力量

什么是事业？《周易·系辞传》曰："举而措诸天下之民，谓之事业。"事业，是指人们所从事的，具有一定目标、规模和系统的，对社会发展有影响，不以营利为主要目的的经常性活动。它是一种超出了具体原因而追求崇高结果的大业。"是故圣人以通天下之志，以定天下之业，以断天下之疑。"

我通过研究人的驱动力，发现有各种类型：生存型驱动力，价值实现型驱动力，压力与挑战型驱动力，使命召唤型驱动力，人格型驱动力……

这些驱动力都有阶段性特点。我发现唯有事业驱动力最持久、最可靠、最无限，能激发人的建设性潜能与力量，永无穷尽。事业驱动力包含其他驱动力的一切内容、条件和目标，是一种正能量驱动力。

事业驱动力＝基础驱动力＋高需求驱动力（自我实现）＋内生驱动力＋外部驱动力＋创新驱动力……

事业驱动力是综合驱动力，融合并包含以下内容。

（1）生理驱动力。生理驱动力是为生存进化出来的本能驱动的力量。弗洛伊德的"力比多驱力"，阿德勒的"攻击驱力"，原始本能驱动，动物性驱动，等等，都是属于生理驱动力。

（2）心理驱动力。心理驱动力包括对各种欲望和权力的追求，以满足自我实现需要。人们"想变得更重要、更有力量、更有优势"。人的首要驱动力是获得优势和权力。英国哲学家伯特兰·罗素在他著名的《权力论》中提出，社会发展和变化的主要动力来自人们对权力的追逐。整部世界史，就是一小群人或某些社会组织不断获取权力，然后用权力来支配世界上其他人的历史。在《恐惧：推动全球运转的隐藏力量》中，英国肯特大学社会学教授弗兰克·菲雷迪将过去的恐惧和现在的恐惧联系在一起，探讨在过去几千年里，恐惧是怎么推动社会运转的。简单说，为了整个族群的发展，人们一直在试图消灭、战胜或者管理恐惧。我们的道德体系、哲学系统和宗教文化，都或多或少是在恐惧的催化下产生的。在过去几千年里，人类的整个文明库，就像是一个管理恐惧的工具箱。

（3）物理驱动力。即穷究物之原理，探索科学未知。所有自然科学家，如数学家、物理学家、化学家，都是这种力量在驱动。他们以研究探索为乐，且乐此不疲。

阿尔弗雷德·贝恩哈德·诺贝尔（1833—1896年），是瑞典化学家、工程师、发明家、军工装备制造商及矽藻土炸药的发明者。诺贝尔一生拥有355项专利发明，并在欧美等五大洲20个国家开设了约100家公司和工厂，积累了巨额财富。1895年，诺贝尔立嘱将其遗产的大部分作为基金，设立诺贝尔奖，分为物理学奖、化学奖、生理学或医学奖、文学奖及和平奖5种（1968年瑞典银行增设经济学奖），授予世界各国在这些领域对人类做出重大贡献的人。

菲尔茨奖——"数学界的诺贝尔奖"——首位华人得主，是有"数学皇帝"美誉的著名数学家丘成桐教授。丘教授在数学领域成就非凡，他强调兴趣是做学问的最大催化剂，摆脱"功利"则是科学研究的不二法门，切不可让追名逐利干扰科学研究。

（4）事理驱动力。三百六十行，行行有其自身规律，需要精益求精，创新发展，才能臻于至善。选择自己喜欢的行业，用心用力刻苦钻研，才能持续不断地推动行业发展进步。个体心理学创始人阿德勒认为，所有健康的人都"为他人的幸福而努力，这才是具有社会兴趣的人的真正的快乐原则"。

（5）天理驱动力。世上总有极少数人像天上的星辰，沿着高尚的轨道运行，没有什么困难可以动摇他们的意愿。他们是光明正大的使者，按照公认的"正义标准"等社会法则和广泛共识，立志造福社会，坚持利他，在利他中丰富自己、升华自己，完成使命，实现自由。"能以美利利天下，不言所利，大矣哉！"这是推动人类发展进步的最大力量。

如果将以上各种驱动力综合起来，互相融为一体，那这种驱动力就是事业驱动力。事业驱动力既含功利之俗，又融使命之雅，大雅大俗，雅俗共赏并进，推动着文明发展进步。

孔颖达认为："所营谓之事，所成谓之业。"事业驱动力可以包含其他一切驱动力。只有事业驱动力，才能让社会进入持续不断发展的轨道。

一是发展事业，创造价值，生生不息。

人的竞争力来自构建自己独特的事业，事业不发展或停滞不前，将坐吃山空。享乐主义不能驱动发展，只能消耗资源。中国有句老话："爷爷积财，儿子散财，孙子讨饭。"自古以来，一个家庭一旦暴富，就很容易在儿女教育上出问题。生在富贵人家，衣来伸手，饭来张口，很多父母不求他们出息，只要不闯祸就行。再差一点的公子哥，往往就有些恶习，比如吃喝嫖赌，不仅搞坏身子，还搞臭家风。有这样的下一代，金山银山也会花光，晚清的那些遗老遗少就是例子，哪怕卖家产也要下馆子，最后卖光了祖产，身无分文去讨饭。

在20世纪，地球上有三大花花公子：希腊船王奥纳西斯、美国富豪霍华德·修斯、巴西第一败家子若热·贵诺。这三人都以热爱花钱而闻名，而若热·贵诺更是其中的佼佼者。

若热·贵诺继承了家里的20亿美元财富，以及一大批公司，结果却在几十年内败光家产，晚年住贫民窟，领低保。经受了如此大的挫折，只要是有正常思想的人，都会为自己的所作所为而后悔，但是若热·贵诺却不。若热·贵诺说自己没做错什么，他认为："财富是累赘，我想在死前把钱花完，可我算错了账，仅此而已。"人还没死，钱花完了，这是若热·贵诺对自己人生的总结。可见这类人的人生境界。

这些反面教材更加证明，事业驱动，意义非凡。只有持久地发展事业，才有长远的未来。罗伊·E.迪士尼给迪士尼CEO迈克尔写信，指责道："我们的所有股东都认为……公司变得唯利是图而没有灵魂，总是寻找'快钱'，而忽视了长期的价值，这也导致了民众对公司的信赖的流失。"这说明一些高瞻远瞩的资本家也不希望急功近利，而希望基业长青。

二是事业驱动，促进世界链接和发展。

经济、科技、文化的全球化发展，就是事业驱动的结果。埃隆·里夫·马斯克（Elon Reeve Musk），1971年6月28日出生于南非的行政首都比勒陀利亚，是企业家、工程师、慈善家、美国国家工程院院士，同时具有南非、加拿大和美国三重国籍。马斯克任太空探索技术公司（SpaceX）CEO兼CTO、特斯拉（TESLA）公司CEO、太阳城公司（SolarCity）董事会主席。

《硅谷钢铁侠》的作者阿什利·万斯这样评价马斯克："马斯克是有情有义之人，他以一种史诗般的方式呈现喜怒哀乐，他感受最深刻的是自己改变人类命运的使命。因此，他难以意识到他人的强烈情绪，以致他富有人情味的一面被掩盖，令他显得冷酷无情，没有顾及个体的想法和需求。而很可能正是这种人，才能将太空网络的奇思妙想变成现实。"马斯克的创业领域跨度非常大，从彻底改变汽车业的电动车特斯拉，到私人企业进军航天业的SpaceX，再到钻研脑机互联未来的Neuralink。而且马斯克从不掩饰自己的梦想，一方面他希望在有生之年能实现人类殖民火星，另一方面他希望脑机互联的研究能够让人类都享受人工智能的福利，避免人类被机器人取代。

为什么马斯克能取得这么多创新成果？因为他有着比一般企业家更宏大的目标，还能找到非常具体的行业观察，每进入一个新行业，都能找到新的商业模式，撬动整个产业的投资来引爆变革，用科技造福全世界。同时他又是一个把工程师的理念贯彻得非常彻底的管理者，不自以为是，永远保持怀疑精神，相信遵循科学方法就能创造出新物种。

三是事业驱动，提高心性，升华价值观，超越凡俗，光华璨发。

成功人士的生命轨迹有一条主线：干事业！他们在推动事业发展中绽

放花的灿烂美丽，结出果的芬芳馥郁。事业加强了人与人之间的友谊、互助和情感。

稻盛和夫是世界上迄今为止唯一一个创立了两家世界500强企业的人。他的著作《活法》《干法》《心法》《稻盛和夫给年轻人的忠告》等，包含了许多他的人生哲学和经营哲学，他基于自己的经验教训反复提醒人们：提高自己的心性，让它变得更纯粹、更美好。这种在事业中升华价值观的境界，让人无限敬重。价值观是基于人的一定的思维感官而做出的认知、理解、判断或抉择，也就是人认定事物、辨别是非的一种思维或取向，从而体现出人、事、物一定的价值或作用。价值观决定人的自我认识，它直接影响和决定一个人的理想、信念、生活目标和追求方向的性质。在现代社会，有志者当树立正确的人生观、价值观，读书志在圣贤，为官心存报国，事业追赶超越，人生光华璀发。

事业是人生意义的载体，让人提升到新的坐标系，进入高一级段位，进入持续增长的无终结赛道。要想真正摆脱"常人"状态，必须跳出别人定义的坐标和议题，追寻属于自己的梦想，做自己想做而别人以为难做的事业。立志做事，将会无敌。

北京大学数学系的老师韦东奕是个数学天才。有媒体曝光了韦东奕的生活细节，说韦东奕在生活中不擅长社交。

硅谷著名风险投资家保罗·格雷厄姆曾经专门对这个现象进行讨论：为什么天才总是不擅长社交？他们那么聪明，什么东西都一学就会，那么，掌握几个受欢迎的小技巧，应该也不在话下才对啊。格雷厄姆对这个问题的研究结论是，天才少年之所以看起来"不擅长社交"，其实是因为他们和普通孩子给自己设定的坐标系不一样。

熟悉韦东奕的同事说："他不是不懂所谓的人情世故，只不过是不愿意浪费多余的精力。他全心投入自己的精神世界，去理解更多的数学奥秘。"

在事业驱动过程中，面对再极限的苦难，一旦找到意义，痛苦就不再是痛苦了。人对意义的这种追求，会让人产生一股精神动力。精神动力是人们生活最好的支撑。即便在极端环境下，人们依然可以自由选择内在心境，最高境界的人可以把痛苦转化成对内在力量的考验，这就使他的人生具有了非凡的意义。生命的意义，在每个人的每一个阶段都不一样。每个人都有自己独特的使命，这个使命他人没法替代完成。哲学家赵汀阳说："与消耗性的物质世界不同，精神世界是增值性的。一个精神世界，越被广泛使用，越被更多的人分享共用，就会因此凝聚起越多的文化附加值和难以拒绝的魔力，就越能够吸引更多的心灵，结果会形成一个无穷增值的循环。"

人追求丰衣足食，围绕柴米油盐酱醋茶打转，陶醉于小鱼小虾的腥荤，虽无可厚非，但总要有一件拿得出手的事业，驱动人生滚滚向前。

第三章

时空力之美：天时地利人和，形成事业发展的乘数效应，实现发展加速度

有句古话叫"天时地利人和"。要成就事业，就要构建发展的宏大参照系，做顺应时代趋势、适合发展环境和条件以及人心所向的事，只有三者叠加，才能形成乘数效应，实现发展的加速度。通过研究世界百杰发现，古今中外有大成者也都遵循这个规律。每一个成功者身上都有清晰的时代烙印，他们准确判断时代，科学把握时代机遇，选择的事业符合时代趋势，从而实现事半功倍。被称为商圣的范蠡，也早就发现了个人成功与时代的关系："时不至，不可强生；事不究，不可强成。自若以处，以度天下，待其来者而正之，因时之所宜而定之。"范蠡强调事业应与时代相宜，而非相悖。

一、读懂天时，用好天时，构建以未来趋势为方向的参照系，获得时代的最大势能

时势造英雄。把事业发展放到大的时代背景下，发现时代更大的趋势，才能更好地为时代发展推波助澜。弄潮儿当涛头立，反复训练，从而练就

"手把红旗旗不湿"的能力。我们从伟人身上看到，必须借助时代的大风大浪，到大水中抓大鱼。伟大的人物善于接住时代的指挥棒，利用时代与空间积累势能，驾驭时空，形成乘势而上的力量。

古今中外，智者无不关注时代的力量。《周易》对"时"可谓认识到位、重视到位、运用到位。它反复赞叹"时大矣哉"，倡导"与时偕行"，精髓当属"变通趋时"，运用之妙在于"时止则止，时行则行，动静不失其时，其道光明"。

预测趋势至关重要，关乎成败。要发现时代潮流，利用时代信号，汇总时代信息，判定时代趋势，走对方向。若方向错了，即使汗流浃背，也会劳而无功、劳而无果。

1. 把握世界趋势，才能弄清着力点

当今的国际社会，和平、发展、合作、融合仍然是人心所向和时代主题。和平、发展、民主政治等世界性议题看似宏大，但实际上关乎我们每个人的切身利益。个人的荣辱兴衰、成败利钝，都逃不脱时代巨浪的冲刷。它促使我们去反思：对个人和社会而言，什么才是真正有价值的？以及如何才能创造和获得这些价值？看懂过去，看清现在，才能看见未来。要发现时代的主题，追赶时代的步伐，搭对时代的列车。

说起成功把握未来趋势，约翰·奈斯比特绝对是个奇人。他在1982年出版的《大趋势》一书中，揭示了10个主要社会变革的发展趋势，成功地预测人类将由工业社会迈向信息社会，而这一结论的得出距离互联网的诞生还有十多年。同时，他还成功预测到社会组织结构的变革以及全球经济的崛起。据美国《金融时报》证实，书中没有一条预言是错误的。当别人问起约翰成功预测的方法时，他说："期待未来最为现实的途径就是理解当下。"确实，趋势的发现与伟大的科学发现是相似的，都离不开对现实世界的观察。

当时读懂了《大趋势》并积极行动的人，就是后来社会的领跑者。一个人明确了时代趋势和方向后，就能更好地根据自己的能力掌握节奏，不慌不忙，不疾不徐地往前进。

现在社交媒体上依然有很多人梦想成为拿破仑，他们试图通过秀肌肉显示自己的力量，从而赢得社会的认可。但遗憾的是，今天不是拿破仑的时代，而是和平发展的时代，如果谁还想通过武力，包括商业上的武力成就事业，那就属于逆时代。如果一定要选一个当今的拿破仑，那一定不是某一位将军，而是比尔·盖茨、埃隆·马斯克这样的人。今天，创造出比别人更好的产品，提升人类的福祉，才是正确的、该做的事情，才能体现自己的能力。

2. 国家治理的趋势无疑是治理体系和治理能力现代化

在这个国家治理趋势下，国家的各种制度建设与改革，都要围绕提高治理效能展开，都要围绕解放生产力、发展生产力、提高综合国力、满足人民对美好生活的需要展开。

逆时代潮流者将被时代淘汰或碾压。这种力量就是历史前进的力量，虽有曲折，但势不可挡。谁推动了国家治理体系和治理能力现代化，谁就彪炳史册、永垂不朽；谁阻挡时代前进，谁最后就会被时代压碎，被钉在耻辱柱上遗臭万年。没有例外。中外历史上失败的帝王都是一意孤行，没有顺应时代的趋势。譬如商纣王掌握国家最高权力，分配一切资源，自以为可以左右时代，骄奢淫逸，鱼肉百姓，对一切反对者格杀勿论，就连比干这样忠心耿耿的股肱之臣也不放过。但他违背人心，最后也只能被历史前进的车轮碾死于朝歌。据司马迁的说法，纣王自焚而死，妲己为周武王所杀。

3. 经济发展的趋势——科技挑大梁

人类历史上不乏天才，但是在 17 世纪之前，科技上重大的发明和发现都需要等待很长的时间才会出现，而且具有很大的偶然性。17 世纪之后，在哈维、笛卡尔等人总结出科学方法之后，科学家和工匠们主动应用这些方法，让科技成就不断涌现，这才让人类社会开始飞速进步。进入 20 世纪以来，人类进入了科学的黄金时代，我们可以用各种科学上的里程碑为 20 世纪命名：20 世纪是相对论的时代，是量子理论的时代，是分子生物学的时代，是电子计算机的时代，是哈勃望远镜的时代，是控制论的时代，是人类登上月球的时代。现在，人类已经进入新的智能时代。将来人类会进入低碳时代、人工智能时代、万物互联时代……科技在发展中的比重越来越高，科技发展越来越快，乃至我们的许多判断和认知都跟不上趟。

在经济领域，企业如果能够准确掌握趋势，就掌握了主动，而最重要的是利用找到的趋势，让它变成商机，发挥作用。我们以巴菲特和他的父亲为例来说明。在巴菲特父亲做投资的年代，美国的汽车产业刚刚兴起，有很多家汽车公司。巴菲特的父亲一家家看过去，根本搞不清楚哪家值得投资，于是错失良机。巴菲特讲过，父亲至少应该做空马车公司的股票，因为汽车发展起来，马车就会消失。巴菲特看到的是一个更大的参照系里的时代趋势，一个新产业；而他的父亲总是纠结于细节，一直在寻找哪家汽车公司更值得投资。据说，面对低碳交通，巴菲特早就布局投资了新能源汽车，这就抓住了时代趋势，进而从时代趋势中获利。

4. 个人成长必须借助时代势能，把握发展趋势

《荀子·王霸》中说："杨朱哭衢涂，曰：'此夫过举蹞步，而觉跌千里者夫！'"意思是，在四通八达的路口，道家激进派代表人物杨朱失声痛哭，他说："在这里错走半步，就陷入了千里外的歧途。"

历史伟人都是站在时代风口，解决时代矛盾，解答时代困惑，开辟造就新时代。

（1）所谓"时也，命也"，就是时机决定命运。要正确运用时代力，实现人生发展的加速度。符合时代的发展趋势，与时代合拍，与时代共振，与时代共舞，人就一生走运。

（2）所谓"慎始，善终"，就是选对了就要坚持下去。要善于谛听未来的声音，那是最有力的呼唤。只有发现趋势才能更好地拥抱未来。看到时代的需求，找到时代的风口，就积极进入，潜入时代，顺势而为，必有作为。若方向错了，与时代背道而驰，只能劳而无功。

（3）所谓"尽人事，听天命"，就是只管努力去做事，时间到了，上天就会出手积极帮助。成功人士都有非常明确的方向，然后用正确的方法沿着这个方向坚定地走下去。他们并不贪图步伐有多大，但是因为从来不去做无用功，或者很少做南辕北辙的事情，反而总是先人一步到达终点。相反，一事无成的人常常跑得很快，却在锲而不舍地兜圈子，或者受到环境的诱惑而不断改变方向，甚至干脆背道而驰，几年、十几年后回头看，又回到了起点。

5. 在任何时代，任何人都要在自己擅长的领域里观察研究，不到能力圈以外活动，更不能投机

牛顿是现代物理学的奠基人，他探索出了牛顿三大定律。依靠这些理论，他能够准确预测出各种物体的运动轨迹。1720年是投资者疯狂的一年，英国著名的南海公司宣称与新世界做生意能够取得巨额财富，公司股价涨幅一度在30天内超过了29倍。牛顿也被这股热潮吸引，自认为凭借自己过人的分析能力，能够掌握股票涨跌的趋势，可以在股市中轻松赚钱。但是，南海公司的股价走势是建立在投机的基础之上的，公司信息披露不真实、英国政府的推波助澜以及公众的疯狂情绪，最终使得南海公司的泡沫越吹越大，直到破灭，造成股票暴跌。牛顿因此损失了1万英镑。在当时的环境下，一个中产阶级一年的花费也就是200英镑，所以牛顿的损失是巨大的。于是，牛顿发出了这样的慨叹："我可以计算天体运行的轨迹，却计算不出人性的疯狂。"

二、读懂地利，构建大空间参照系，用好枢纽要地之利，"到有鱼的地方钓鱼"，获取空间的发展势能

宝地生金、地灵人杰、良禽择木而栖、"橘生淮南则为橘，生于淮北则为枳"，这些实践经验所揭示的规律是：成长发展环境至关重要。事业发展要"借东风"，找到合适的条件和土壤环境。所谓营商环境好、人才环境好、发展生态好，都是讲获取生产要素等相关资源的效率高、成本低，法治环境好，舆论激励发展。企业家用脚投票，说的是哪里发展条件优，就到哪里去发展。不仅企业家用脚投票，各类生产要素包括人才、资本、技术、物资也是用脚投票，哪里发展适宜，就挪窝到哪里。在发展环境恶劣的地方是干不成大事业的。

1. 空间开拓

时间和空间结合，才是一部完整的人类文明发展史。

华夏文明数千年来也是不断通过地理开拓，将一个小地域、小部落的文明，不断发展壮大，最终成为我们现在看到的模样。这方面的典型人物就是大禹，他通过治水实现地理开拓，划分天下九州。

中国人对未知世界充满了好奇，向外探索的脚步也从未停止。西汉为了寻找传说中的乌孙国，派出了张骞使团，后汉为了寻找罗马帝国，派出了甘英使团。

不过可惜的是，到了中国古代历史的后期，这种空间思维，或者说这种对未知世界的好奇心越来越淡薄，知识精英普遍失去了对地理探索和开拓的渴望。

结果就是，明朝时期，中国虽然在造船技术和航海技术上一度领先全球，最终还是与大航海、全球化擦肩而过。而欧洲人通过大航海和地理大发现，促进了资本主义经济在世界范围内的大扩张。

随着科技的进步，人类的空间探索从海洋扩展到天空、太空，乃至虚拟空间。时至今日，空间思维仍然是一种重要的智慧，为海内外学者所重视。

从空间看发展是一个重要的能力，但也是一个艰难的探索。

2. 空间迁移

历史上的历次迁都，都是为了占领枢纽区位，以巩固和发展国家力量。每次人口迁徙，要么是到更容易生存的地方去，要么是为了实现国家发展意愿，开拓新的区域。

《史记》记载了刘邦君臣根据地理信息，争论首都选址问题的过程，最后决定由洛阳迁都到汉中，从而奠定了汉朝数百年基业。

战国时期，在两百多年的竞争中，为什么秦国最终兼并六国？原因是复杂的，但迁都是其中的重要因素之一。战国开局，魏国是最强大的，但魏国国运却是高开低走。魏惠王在位期间做了一件改变魏国国运的大事，这就是迁都。魏国都城原本在安邑（今山西夏县），后来迁都到东南方的大梁（今河南开封）。魏国为什么要把都城迁到东南方呢？以前的解释是，都城安邑距离秦国太近，所以要避敌锋芒。其实，魏惠王把都城东迁大梁，并不是为了避秦，恰恰是因为魏国没把秦国放在心上。当时的秦国还很落后，都城也不在咸阳，而在一个叫"雍"的西部城池，对魏国没什么威胁。

魏国迁都是出于发展国力的考虑。原来的都城安邑在西部。随着魏国势力不断增强,魏惠王想争取霸主地位,就不能躲在角落里,必须要密切同各国的往来。于是魏惠王把都城迁到距离楚、齐、赵、韩都很近的大梁城。但从长远看,魏惠王为国家选择的这条路后患无穷。当时魏国国力强盛,单挑哪一家都不成问题。但它把都城迁到大梁这样一个地形平坦、天下之中的地方,相当于站在一个方便被别人群殴的位置。孙膑就曾两次带齐国军队进攻大梁,击败魏军。更可怕的是,大梁离黄河不远。纵观中国两千年历史,就会发现利用黄河击垮大梁城的事件不断重演。秦灭魏国,曾水淹大梁。一千多年后,金朝大军包围开封灭掉北宋,利用了黄河结冰的机会。李自成攻取开封,也是用了水淹的办法。到民国时期,国民党炸花园口,又一次让开封城受难。

迁都大梁不仅使魏国都城置于四面受敌的境地,还为秦国发展消除了阻碍。秦国之所以强大,是因为完整占据了关中盆地。关中盆地沃野千里,农业经济发达,同时周围有高山包围,易守难攻。秦国后来兼并六国,就是背靠西方以关中盆地为基础,集中精力对付东方的。

原本魏国的都城在山西夏县,从地缘上讲,恰好扼守关中盆地的东部出口,直接威胁秦国。魏文侯时期,魏国在吴起的努力下,势力曾扩展到西河之地,占据了关中盆地的东段。吴起曾说:"让我施展出全部才华,我一定可以灭掉秦国。以西河为根据地,魏国可以称王于天下。"但魏国迁都,相当于把关中盆地送给了秦国,为秦国后来完整占据关中并崛起提供了便利。

历史虽不能假设,但如果魏国没有迁都,历史发展将很不一样。

七国之中,韩国、赵国等迁都,目标都是广阔的华北平原。这里地形平坦开阔,农业条件好,经济发达。但共同的问题是缺少山川保护,容易遭到军事威胁,不利于国家安全。

秦国有一个得天独厚的优势。打开中国的地形图可知，中国地理由高往低分为三级阶梯，六国的核心地区都在最低一级阶梯的大平原上，彼此之间并没有难以逾越的障碍，而秦国背靠青藏高原居高临下俯视六国。从开局，秦国就不一样。

当然，秦国的成功绝不只是得益于地理优势，还要看到秦孝公重用卫国人商鞅推行变法，秦惠文王重用魏国人张仪在外交上实施连横，秦昭襄王重用楚国人白起多次取得对外作战胜利，秦王嬴政重用楚国人李斯、魏国人尉缭最终兼并六国。这是一场持续一百五十年的漫长接力赛。一代代秦国君主在一位位士人的帮助下，不断校准方向，不断发力。正因为这样，秦国才避免像其余六国那样，在战国两百多年的历史中或许一时绽放，却最终遗憾地在岔路上越走越远。

3.地利发挥

到新风口中去，到发展的中心去，否则会错失良机。

风的最大力量在中心，时代发展的最大力量同样在中心。抓住机会，进入快速发展的区域，占领合适的枢纽位置，就进入更快发展的系统。否则，就是错失时间、错失空间。

罗斯柴尔德家族（Rothschild Family）是欧洲乃至世界久负盛名的金融家族，曾经是欧洲各国政府财政依赖的对象，对欧洲的政治、经济曾产生过巨大影响。19世纪的欧洲流行这样一种说法："欧洲有六大强国：大不列颠英国、法国、俄国、奥匈帝国、普鲁士和罗斯柴尔德家族。"足以说明罗斯柴尔德家族富可敌国，如日中天。

但为什么罗斯柴尔德家族被后起之秀摩根家族赶超了？罗斯柴尔德家族传记的作者尼尔·弗格森说，没有在美国设立一家罗斯柴尔德银行，是一个重大的战略性失误。因为当时全球金融重心正在从欧洲转移到美国。

罗斯柴尔德家族没有跟上这一次转移趋势。摩根家族却敏锐地洞察到了发展趋势，他们原本就分别在伦敦和纽约设立了公司，老摩根的儿子皮尔庞特·摩根的公司，取代父亲朱尼厄斯·摩根的公司，将发展重心迁移到了美国。

1901年时，摩根的一位合伙人曾感慨地说，摩根比起罗斯柴尔德来说，"更有扩展性、更活跃，而且融入了这个世界的伟大发展进程中。年轻的摩根还不到40岁，正在做着成为伟大人物的准备"。而罗斯柴尔德家族的一位成员则后知后觉地感叹："时代永远不会因为没有罗斯柴尔德而停止前进，只有罗斯柴尔德跟着时代前进。"

4. 不为一隅所困

视野国际化、效益最大化。无论是企业还是个人成长，都要寻求发展回报最大化，风险最小化。敢于突破空间上的束缚，勇于流动，才是真正意义上的现代人。

想要钓到鱼，至少要去有鱼的地方。钓鱼的第一条规则是，在有鱼的地方钓鱼。钓鱼的第二条规则是，记住第一条规则。大水之中才有大鱼。

目前世界的科技创新中心仍然在硅谷。硅谷地区已经快速发展了半个多世纪，但是从20世纪60年代开始，就有不同版本的"硅谷衰退论"隔三岔五地出现，以致很多人错失了信息革命的良机。如果再往前看，19世纪末到20世纪初是美国历史上发展最好的时期之一。投资那个时代，就容易成为赢家；误判了那个时代，就可能退出历史舞台。那个时代的美国催生了一大批富豪，而在那个时期退出美国市场的罗斯柴尔德家族，则逐渐由盛而衰。

对未来的判断正确，就搭上了持续发展的快车，正所谓"站多高，走多远"。比如，J.P.摩根和马克·吐温在同一个时代做风险投资，但由于认识和判断不同，投资的结果就有天壤之别。

J. P. 摩根是美国最好的天使投资人之一，他在爱迪生还没有发明电灯之前就投资了这位天才发明家。不过，如果他仅仅投资了爱迪生，只能算是运气好。事实上，他还投资了爱迪生的竞争对手特斯拉，以及特斯拉的竞争对手、无线电通信的发明人马可尼。对 J. P. 摩根来讲，他投资的其实不是某个具体的发明家或某一项技术，而是"电"这个未来的产业，这就是看准了大趋势。

相比 J. P. 摩根，同样做天使投资的大文豪马克·吐温的格局就差多了。马克·吐温是一位了不起的作家，一生挣了无数版税，却不是一个好的投资人，他的投资几乎都打了水漂。马克·吐温的问题在于，他只是从自己的需求出发，希望通过投资控制一些出版公司。他只看到一家家企业，而非一个行业。事实上，出版业在当时并不是一个能够快速发展的行业。有人向他解释过贝尔的电话技术，但他觉得那是天方夜谭，于是错过了最有希望的一次投资机会。

J. P. 摩根和马克·吐温二人除了在方向的判断上有差异外，投资的方法也不同。作为职业投资人，J. P. 摩根在做投资时严格遵循投资规范，不受个人好恶的影响。看到电会改变世界后，他就义无反顾地去投资；看到给特斯拉的投资不会有结果时，就果断止损；看到爱迪生和马可尼能够不断发展，则加倍支持。相反，马克·吐温的投资方式有很大的随意性，他主要根据自己的喜好操作。因此，马克·吐温即便偶尔投资成功，也会因为后来不断的失败把之前挣的钱损失掉。

5. 长三角、珠三角是中国重要的经济重心区

世界从欧洲时代、北美时代，发展到亚洲时代，未来将走向共同繁荣时代。当代中国进入长三角、珠三角时代。这里是国家发展的中心，有政

策重点扶持，有国际市场推动，有得天独厚的生态系统，无疑是繁荣昌盛的新宝地。

2019年，中共中央、国务院印发《长江三角洲区域一体化发展规划纲要》，提出："到2025年，长三角一体化发展取得实质性进展。跨界区域、城市乡村等区域板块一体化发展达到较高水平，在科创产业、基础设施、生态环境、公共服务等领域基本实现一体化发展，全面建立一体化发展的体制机制。"2021年5月，长三角集成电路、生物医药、人工智能、新能源汽车四大产业链联盟正式成立，可见这四大产业将势不可挡地在推动社会经济发展中发挥领头雁作用。

2019年，中共中央、国务院印发《粤港澳大湾区发展规划纲要》。按照规划纲要，粤港澳大湾区不仅要建成充满活力的世界级城市群、国际科技创新中心、"一带一路"建设的重要支撑、内地与港澳深度合作示范区，还要打造成宜居宜业宜游的优质生活圈，成为高质量发展的典范。

国家划定的长三角一体化27个城市，占地面积达21.17万平方千米，约占全国国土面积的2.2%，而GDP却占我国总量的1/3。粤港澳大湾区囊括珠三角9市和香港、澳门2个特别行政区，以不到全国0.6%的面积，创造了全国12%的GDP。这就是两个区域的分量。

孔雀纷纷东南飞，选择到更容易创造价值的地方工作，是正确的选项。

三、读懂人心，用好人性，构建人和系统，形成人心所向的无敌势能

著名的科普作家史蒂芬·平克说过："虽然没有两个人拥有同样的面孔，各种地方文化也存在着种种差异，但这些都只是一种表象，就本质而言，人类拥有同样的心理结构。"当一个人具有了含弘光大的胸襟和参照

系，就能更好地发挥人性的光芒，调动人的积极性，扬长避短，求同存异，形成人和的力量。人和，则无敌。正如电视剧《大军师司马懿之军师联盟》中司马懿的台词："臣一路走来，眼里没有敌人，只有师长和朋友。"

1. 善用人性，形成积极进取往前推的势能

伟大的人物善于利用人性，靠共同理想、靠经济激励、靠岗位激励、靠制度激励来调动人的积极性。高明的人不仅善于利用人性的优点，也善于利用人性的弱点。诸葛亮三气周瑜，就是利用周瑜人性中好胜、意气用事、急于求成等弱点取胜。三十六计也基本上用的是人性的优点和弱点。伟大的人物无一例外善于驾驭人性，从而掌握管理之奥妙。

2. 容人所短，善于与人性的不完美合作，共享、共生、融合发展，从而减少人性之恶的损耗

精神分析大师马斯洛劝我们不要幻想完美。人性的不完善、不完美是导致失败的内在的人类遗传基因性原因。根据《马斯洛传：人的权利的沉思》，在马斯洛生命的最后几个月里，他更加意识到，任何关于人性的理论都应该承认我们自身的不完善，但也不要陷入绝望。马斯洛看到，即使最优秀的人，包括他怀着崇敬心情研究了很长时间的自我实现的人，也同样是不完善的。对于人和人之间关系的任何完美期望都是错误的，甚至是危险的。他在日记中坦率地写道："一个美满的婚姻是不可能的，除非你愿意接纳对方的丑陋与缺陷。"他还坚信，传统家庭纽带以及亲密关系的破裂，部分是由许多人没有能力同人类的不完美性共处造成的。无论在抽象的意义上还是在日常生活中，期待人的完美而不是改善都是一种极大的错误……对于完美的工作、完美的朋友或完美的配偶的寻觅，恰恰是失望和幻灭的前奏。

世界永远不会完美，要善于与不完美合作，才会更好。人不能太单纯，幻想完美，否则必然遭受挫折。

即使伟人也非十全十美，但他们的不完美，并不影响其伟大。也许人有不完美，才集中精力推动了另一方面的完美，成就了伟业。

任正非倡导在企业管理中实现"灰度模式"，这就比较现实，因为追求人性的完美，往往大失所望。波拉尼一家是德鲁克见过的最特别、最富有才华的一家人，但他认为他们已经不属于这个时代了。他们的理想是追求一个完美和公平的社会，但他们越追求，越失望，从最初的充满激情，变得消沉和落寞。【注：波拉尼是匈牙利一个以政治活动而闻名的犹太家族。老波拉尼因铁路发家，富甲一方。虽经历人生的大起大落，但是他对五个子女的教育却非常成功，他们每个人都成了那个时代的佼佼者。有人成了富商，有人做了工程师，也有社会活动家、经济学家、诺贝尔奖获得者。按照世俗的眼光，这是一个极其成功的家族，但是德鲁克作为旁观者，所看到的主要是这家人面对理想与现实所遭受的挫折。波拉尼家族寻找完美社会的努力最后都宣告失败，德鲁克从中发现，社会组织并没有唯一完美的形式。他们的挫败象征着从法国大革命以来，西方人追寻的落空，即追寻一种完美的"公民宗教"或是追寻一个十全十美的，或是完善的社会，却不得其果。】（参考机械工业出版社2005年出版的《旁观者》，作者：彼得·德鲁克）

3. 以完美为基础的制度设计，也往往被现实砸得粉碎

不能幻想用最简单纯粹、草率的方法管控复杂的人性，而应用统筹兼顾的方法提高治理效能，实现人的活力和秩序的黄金平衡。古今中外这方面的教训是深刻的。例如，1920年，禁酒运动在美国发展到了极端，全国性的禁酒令开始正式实行。法案规定，凡是售卖酒精浓度超过0.5%的饮料，都属于违法。

但是这种极端的态度带来的结果是很糟糕的，这个法案也成为美国历史上唯一一个被撤销的宪法修正案。美国的禁酒令被称为"高尚的实验，可耻的失败"。它不但没有让酒就此在社会上消失，还带来了一系列的恶劣影响。

首先，有了这项禁令，反倒更不利于人们的身体健康。一切在明面上喝酒的行为都成了犯罪，但是酒的吸引力实在是太大，架不住有人还是想喝。那带来的结果就是，酒变得稀缺，价格飙涨，从而出现黑市，有大量的人会想方设法在那里得到酒。那黑市上的酒从哪里来呢？不少人会去偷，从工厂里偷来工业酒精，还有的从医院偷医用酒精。虽然它们不能喝，有毒，但是馋到一定程度的酒鬼可管不了这么多，照样喝。所以在1920年，工业酒精在美国一年被偷掉5000万加仑。还有些人会在家中用蒸馏器具酿酒，比如当时还有人酿造"浴缸金酒"，就是把高浓度的蒸馏酒精倒在浴缸里，再加入杜松子等药材浸泡。但是喝了这种酒之后失明的、偏瘫的大有人在。

其次，禁酒令更是推动了美国黑帮的崛起。在那么多非正常渠道中，品质最好的是从国外走私进来的酒。而拥有最多走私渠道的，是那些常年从事走私买卖的黑社会。私下贩卖运输酒有相当高的利润，而且酒类走私的市场非常庞大，这就让越来越多的犯罪分子参与进来。本来美国的黑社会还没有形成大气候，这么一来，就等于是让黑道上的人自觉地形成了一张庞大的犯罪网络。随着犯罪组织的扩大，交易的频繁，大规模的犯罪集团也应运而生。美国的黑手党就是在这一时期发展壮大的。走私酒源源不断地进入美国，也为后来的毒品、枪支走私埋下了隐患。

此外，禁酒令的实行也使得道德滑坡、政治腐败等问题日益明显。这项政策实行几年后，大部分美国人已经意识到，它已经严重破坏了社会发展和人们的生活。1932 年,罗斯福就用废止禁酒令作为自己的政见之一,成功被选为美国总统。1933 年 1 月,罗斯福在就职后最早的行动之一就是修改法案,允许生产和销售度数在 3.2% 以下的酒。美国的啤酒厂再度开始运转,这么一来,与酒相关的诉讼数量也随之急剧下降。后来,美国国会通过了《第二十一条宪法修正案》,全国性的禁酒令就此戛然而止。墨西哥、加拿大等其他国家的禁酒运动虽然没有美国这么极端,但也有着大致类似的经历。(参考格致出版社和上海人民出版社 2019 年出版的《酒:一部文化史》,作者:罗德·菲利普斯)

四、扩大参照系,构建超级发展系统,形成增长递进势能,实现发展加速度

"凡夫畏果,菩萨畏因,佛畏系统。"普通人在意的是事情的结果,智者在意的是引发事情的原因,但高手关注的是形成结果的整个系统,怎么构建系统控制好输赢的概率,怎么用系统降低风险。

在个体崛起的时代,人的身价到底被什么决定?是行业吗?是所处的平台吗?是职业吗?其实,根本上是个人的能力和本领,尤其是发展的参照系。井底之蛙的参照系是一口井,而蛟龙的参照系是汪洋大海。参照系不同,构建的发展系统、格局、视野、胸襟、气度、追求等自然迥异,发展结果也自然不同。要持续不断地提高能力和发展事业,需要在大的参照系中,依靠大系统的不懈推动。正如大海的潮汐,背后原因要在地球、月球、太阳构成的天体系统里找。快速奔驰的高铁,依靠的是轨道、电力、机车、信息管理等一整套现代化系统。

我们每个人都有自己的系统。系统是一个整体、一个组织、一个框架。系统具有完备性。系统正常运行后,会有一系列的连续变化。允许事情在

一定范围内变化，但怎么变都脱离不了这个框架，这样就有掌控感。尤其要重视参照系，找准坐标系，构建天时地利人和的参照系和坐标系，人的格局就宏伟开阔了。

真正决定事业成功的既不是一件事行不行，也不是一个人行不行，而是系统行不行。系统行，事情自有成长的动力；系统行，好运气会自动来找。

1. 构建发展的宏大参照系

任何事业的成功、任何理想的实现都离不开天时地利人和这个大系统，如果将这个观点模型化，就是：事业成功＝符合时代趋势＋高效率获取相关资源＋关键人才同心协力。

所有伟大的科学家、企业家、政治家、思想家、艺术家……不是生下来就是伟大的，而是在成长过程中显示其伟大的，都经历了从无名小卒到非同凡响的过程，都是在那个系统里发展壮大的。

2. 构建发现时代趋势的系统

理查德·尼克松高度重视预见未来。他在其名著《领袖们》中说："预见性，懂得应该领导人们走哪条路——蕴藏在伟大的领袖人物心中。领袖这个词的本身就包含着这样的意义：有引导的能力，能够在指出走向未来的道路时超越现在而看到未来。"趋势就是事物或局势未来的走向。找到趋势，就掌握了通向未来的钥匙。

现代人面对现状更要积极预测趋势，研究时代的走势，跟上时代发展的步伐。努力不落伍，奋力去超越。

我们可以通过专业咨询系统、高人指点迷津构建趋势研判系统，也可以通过个人努力，经过收集信息、看到全景，去伪存真、去粗取精，整合信息、提炼升华，验证求真等步骤，构建自己的趋势研判系统。譬如根据各国碳中和、碳达峰的要求，可知新能源汽车是未来发展趋势。

准确预测趋势，就是先知先觉。先知先觉改变一生，后知后觉遗憾一生，不知不觉荒废一生。而预测失误，将害人害己。比如，原IBM总裁小托马斯·沃顿曾经在20世纪中期预测"全球市场有5台电脑就够了"，而现在看来，这个预测显然是错误的。小托马斯·沃顿失败的原因也许在于没有看清楚发展的趋势。

3.构建"三省吾身"系统

要像格鲁夫那样及时反思和快速行动，把握好方向盘，及时调校方向，适应时代需要，与时代为伍，而非背道而驰，避免搁浅。

未来已经到来，只是尚未流行。谁充分用好了时代的一切先进生产力，谁才能赶上时代的步伐，否则就会落后于时代。英特尔是半导体行业和计算机创新领域的全球领先厂商，创始于1968年。1984年，英特尔经历了向死而生的抉择时刻。英特尔创始人安迪·格鲁夫在英特尔面临转型的关键时刻，已经意识到英特尔原来的存储器业务可能很快就会丧失竞争优势。英特尔要想活下去，应该寻找另外的方向。

当时格鲁夫问了一个正确的问题，他对他的老伙伴摩尔说：如果公司再这样经营下去，有可能有一天业绩会突然下滑，那么董事会最后就会把我们扫地出门。我们被扫地出门之后，他们当然会聘一个新的CEO，那么这个CEO对我们过去的那些业务会不会有留恋之情呢？不如自己在想象当中就把自己扫地出门！也就是说，当董事会说，不换思想就换人的时候，我们为了避免他换人，我们何不现在就换思想呢？

他发明了一种特殊的管理方法，让自己以董事会的名义给自己写一份解聘书，因为你如何如何，所以我们现在要解聘你。他认认真真地写，写完以后自己再写一份深刻的检查，讲自己认识到了什么什么东西，从今天开始自己要怎么样怎么样。后来他把这样一个行为固定化，每个月的最后一天，他都要给自己写一份解聘书，同时要给自己写一份悔过书，附带着整改方案，每个月都如此。

如今，英特尔正转型为一家以数据为中心的公司。英特尔与合作伙伴一起，推动人工智能、5G、智能边缘等转折性技术的创新和应用突破，驱动智能互联世界。

真正建立系统，自我否定、自我升华的人是伟大的。英特尔创始人安迪·格鲁夫通过自身的实践，验证了他自己创造的名言："与其顺势而变，不如主动求变！"

第三篇

目标赋能，凝聚精英

第四章

目标赋能力之美：围绕最佳目标，高度聚焦资源，敢于自我挑战，努力实现人生新超越

在这个世界上有这样一种现象，那就是"没有目标的人，在为有目标的人达到目标"。美国哈佛大学曾经做过一项关于"目标"的跟踪调查，调查的对象是一群智力、学历和所处环境等都差不多的年轻人。调查结果显示：90%的人没有目标；6%的人有目标，但目标模糊；只有4%的人有非常清晰明确的目标。20年后，研究人员回访发现，那4%有明确目标的人，生活、工作、事业都远远超过了另外96%的人。更不可思议的是，4%的人拥有的财富，超过了96%的人所拥有财富的总和。

这组数据显示，多数人没有目标，适合做追随者，所以，有目标的人就已经胜出一筹了。有明确、具体的目标的人，就好像有罗盘的船只一样，有明确的方向，通过加油，启航，乘风破浪，就好到达目的地。而"没有方向的船，什么风都不是顺风，只能原地打转"。

有目标未必能成功，但没有目标的人一定不能成功。在我们生活的这个世界里，无论是优秀的学生、职场精英，还是顶尖的成功人士，都有一个共同特点：他们都不是成功之后才设定目标，而是早在内心设定了秘而不宜的目标，并坚定不移地往前走，从而走向成功。

在现实的工作和生活实践中，目标是灯塔，指引方向；目标是未来，督促奋斗；目标产生价值，为人生赋能；目标激发自我挑战，帮助实现人生超越。目标管理是最有效的管理人生的方法。

我通过研究一百多位杰出人物也得出了相同的结论：他们100%在人生的各个阶段都有清晰的目标，宏伟的目标为他们的人生赋予巨大的能量。他们的共同特点是：构建与时俱进的目标，与时代一起递进、延展、超越、绽放光华，从而推动时代发展进步，充分实现个人的社会价值。

一、目标意义重大，战略目标为人生构建递进系统

目标与成长关系密切，伟大的行动源自伟大的目标，目标在人生旅途中不可缺席。目标设定和创业成功之间存在密切的关系。美国马里兰大学管理学兼心理学教授埃德温·A. 洛克（Edwin A. Locke）和多伦多大学的加里·P. 莱瑟姆（Gary P. Latham）在1981年发表了一篇研究报告，结论是：那些富有野心的、设定了具体和宏伟目标的人，比没有这样做的人更成功。这一结论既有实地研究支持，也有实验佐证，十分令人信服。

我的研究结论是：目标激发自我挑战，目标为人生赋能，完成目标是人生意义的重要组成部分。

1. 目标能激活人内在的潜能

目标会让人把注意力集中到与之息息相关的活动中，提高人的专注力。比起那些没有目标的人，有明确目标的人为了实现目标会做出更大、更长时间的努力。有目标的人会自觉愿意延迟获得满足感。当遇到困难的时候，有多大目标，就近乎有多大意愿去努力。有目标的人会根据目标突出重点，完成取舍选择。通过完成目标，取得成绩，可以让人实现自我突

破、自我超越，化解与生俱来的自卑感。

目标可以提高责任心，这与成功息息相关。"尽责"的人比其他人更成功，因为他们会给自己设立有难度的目标。"设立目标"和"目标承诺"与成功之间有明显的关系。在实施目标的过程中还容易与同道建立亲密关系，获得友谊与支持。

有清晰的目标更容易自我监督、自我考核与反馈绩效。自己设立目标，自己主动致力于完成一系列行动，这样会表现得更出色、更卖力。一个有创造力的人的本质是：活在自己构想的未来里。目标为自我赋能，就是说拥有明确的目标能够集聚自身关键资源。有了目标，内心的力量才会找到方向。一个人过去和现在的情况并不重要，将来想获得什么成就才是最重要的。有目标才会成功，如果一个人对未来没有理想，就做不出什么大事来。设定目标后要制订出中长期计划，而且要怀着迫切要求进步的愿望。成功是需要完全投入的，只有完全投入到所从事的事业中去，才会有成功的一天；只有全身心地热爱生活，才会有成功的一天。如果一个人不知道要往哪里走，那么任何风都不是顺风，只能原地打转，做无效的布朗运动。

目标能激发生命活力，拥有目标是保养脑细胞的最佳方法。有研究表明，工作目标和事业成就可以为身体赋能，刺激身体内端粒生长，有益心理健康和身体健康。医学上甚至发现，生活中有意义感的老人，患阿尔茨海默综合征的风险比没有意义感的要低得多。很多老人甚至大脑出现了病理性的改变，但却一直不发病，没有症状。在精力管理的金字塔模型里，意义感是最顶端的那一部分。新的研究表明，"目标感很强"对健康有益，因为生活中是否有追求决定了一个人的心态，进而决定其生理状态。勤于思考的人的脑血管经常处于舒适状态，从而保养了脑细胞，使大脑不过早衰老。

2. 目标吸引外部相关优质资源

所谓目标赋能，就是目标能够吸引与目标匹配的一切外部相关资源，如吸引人才、资本、智慧、科技等各类相关优质资源。有目标的人有能力通过思想和感觉，向"无限的供应者"汲取美好的事物，把目标变为现实。战略目标是清晰的前进地图，能凝聚各方面的相关力量。面对千头万绪，应该挑选出优先目标，即确定中心任务。党的十一届三中全会后，中国共产党在总结历史经验教训的基础上，逐渐形成和发展了符合我国社会发展阶段的基本路线。1987年，党的十三大将这条基本路线概括为：领导和团结全国各族人民，以经济建设为中心，坚持四项基本原则，坚持改革开放，自力更生，艰苦创业，为把我国建设成为富强、民主、文明的社会主义现代化国家而奋斗。这条基本路线抓住了国家治理的主要矛盾，形成了发展的共识，调动了全国人民的共同积极性。改革开放引领中国经济快速增长，我们按照消除物价上涨因素后的不变价格来计算，中国GDP 40年上涨了33.5倍，也就是说平均每8年至少翻一番。2020年中国GDP突破100万亿元大关。2021年全面建成小康社会。中国人民扬眉吐气，实现了从站起来、富起来到强起来，如鲤鱼跃龙门般的身份转换、向上流动。

3. 目标有效凝聚内外两种力量并科学配置资源，形成强大的"场效应力"

"现实扭曲力场"这个词曾被用来形容乔布斯，意思是一个人"能够让所有在其力场范围内的人们相信，一些看似不可能的事情不仅是可能的，而且就是他们要实现的目标"。很多曾经与乔布斯共同工作过的人都承认，乔布斯的"现实扭曲力场"虽然给他们制造了大量的痛苦，但很多时候也确实能引领他们超水平发挥。比如有一次，乔布斯闯进麦金塔操作系统设计师拉里·肯扬的办公室，抱怨电脑启动的时间太长了。肯扬开始解释为什么没办法缩短启动时间，乔布斯打断他说："如果能够拯救生命，你能想办法让启动时间缩短 10 秒吗？"说着，他走到白板前展示：如果有 500 万人正在使用 Mac，而每天电脑的启动时间缩短 10 秒，那么一年就能节省大约 3 亿分钟，这相当于每年拯救 100 条生命。肯扬被他说服了。几周后，肯扬使电脑的启动时间缩短了 28 秒。

当麦金塔最后的设计方案敲定后，乔布斯把团队的所有成员都召集在一起，举行了一场非常正式的签名仪式。每个人的签名都被郑重其事地刻在了麦金塔电脑的电路板上。

伟大的目标形成伟大的磁场，一个人格局大、气场强，会对各种相关资源形成强大的吸引力。生命的伟大秘密就是吸引力法则。吸引力法则的精髓在于"同类相吸"。因此，当一个人有了一个思想和目标，就会吸引同类的思想和资源。思想和目标是具有磁性的，并且有着某种频率。当为实现目标奋斗时，那些目标就吸引所有同频率的同类事物。所有发出的思想和目标，都会回到源头——你。你就像是一座"人体发射塔"，用你的思想和目标传送某种频率。如果想改变生命中的任何事，就借由改变你的思想和目标来转换频率。当下的思想和目标正在创造新的未来。你最常想的将会出现在你的生命中，成全你的人生。思想和目标会变成实物。

一切都是能量。伟大的目标就如一个充满能量的磁铁，可以像电流一般，让相关的事物随着目标而"活化"，而目标也可以随着自己想要的事物来"活化"自己。目标仿佛是一种灵性的存在。伟大的目标就是伟大的能量，而能量是无法被创造或破坏的——它只会改变形式。

二、设定伟大的目标，才能促进人类实现伟大的超越

伟大的目标促进人类实现超越，从而改变世界，推动发展，让世界更

美好。

探月计划就是目标赋能的最好案例：先定目标，再组织资源递进式实施。就是先干了再说，没必要非得把什么都先想清楚。先把大目标制定出来，然后在过程中慢慢想解决方案。按照1962年的航天技术水平，美国总统肯尼迪当众宣布登月计划的时候，他似乎在期待一个奇迹。他说："我们之所以选择在10年内登月，并不是因为它很容易，而是因为它很难。"我们知道人类登月这件事后来成功了，但凭的是什么呢？在《像火箭科学家一样思考》的作者奥赞·瓦罗尔看来，这就是探月思维的胜利。对于这个看似不可能的大目标，先公开宣布，完了再琢磨可行性，然后召集人手、整合资源，集中力量把这个目标实现。

探月思维，本质是超越思维。1969年，阿波罗11号飞船载人登月，全世界有6亿人通过电视转播同时收看了这历史性的一幕。当看到美国宇航员阿姆斯特朗在月球上留下人类的第一个脚印时，观者无不心驰神往。我们征服了人类出现以来俯首膜拜的月亮，这月球上的小小一步似乎暗示了人类无限的未来。

实施探月工程，一是获取月球表面的三维立体影像，二是分析月面有用元素含量和物质类型的分布特点，三是探测月壤特性，四是探测地月空间环境，五是促进和带动人类多项科技的发展进步。

电影《阿波罗13号》的开头有这样一幕：后备指挥官看着宇航员阿姆斯特朗和奥尔德林迈出了人类在月球上的第一步，非常感慨，说："这根本不是什么奇迹，我们只是决定去月球而已。"

2020年11月24日4时30分，我国在文昌航天发射场，用长征五号遥五运载火箭成功发射探月工程嫦娥五号探测器，火箭飞行约2200秒后，顺利将探测器送入预定轨道，开启我国首次地外天体采样返回之旅。2020

年 12 月 1 日，嫦娥五号探测器成功在月球正面预选着陆区着陆。2020 年 12 月 17 日凌晨，嫦娥五号返回器携带月球样品，采用半弹道跳跃方式再入返回，在预定区域安全着陆，真正实现了中国人的"嫦娥奔月梦"。

所谓目标赋能，从内因说，就是目标激活自身能量，激发自身精气神威；从外因说，就是目标吸引其他相近资源的能量共同参与，即目标吸引同道中人和物，从而集中力量，解决主要矛盾。

另外一个更生动的案例是美国陆军部研制原子弹计划，即曼哈顿计划，其对结束"二战"起了关键作用。用现在的视角回看，除去种种外部因素，该计划成功最大的一个原因就是美国对制造原子弹这个事情是高度重视、倾尽全力的。罗斯福当时给曼哈顿计划的权力是：高于一切行动的特别优先权。这个工程在顶峰的时候起用了将近 54 万人，在曼哈顿工程管理区内一些部门里面，有博士头衔的人比一般的工作人员都多。拨的资金将近 20 亿美元。整个计划的目标就是在德国人造出原子弹之前先造出来。美国当时并不知道德国的进度，只能靠猜测，很多人都觉得德国离生产出真正的原子弹已经不远了，所以时间非常紧迫，他们是在和假想中的敌人赛跑。

而德国则是把这个事当作一个额外的附加项目，顺带着做。虽有一部分科学家在做这个事，但这个工程并没有被提到一个战略高度，希特勒觉得这件事短期内不会有什么成效，就不必要费太多劲，不过既然有一些领先优势了，就继续研究着。希特勒当时的计划是，凡是 6 个星期内不能投入战场的研究计划全部要搁置，对这个计划还算特殊照顾了。

为了实现战略目标，一个倾其所有去做，另一个把这个事当作加餐，能做成最好，做不成也没关系。原子弹出现之后对战争有哪些影响呢？公认的结论是提前结束了第二次世界大战，挽救了世界上无数人的生命。

三、设定战略目标，竟有意想不到的发展速度

"江山代有才人出，各领风骚数百年。"每个时代都需要站在顶峰的人，他们的发展速度都是相近的——意想不到的快。

美国行为心理学家J.吉格勒提出了一条定理："设定一个高目标，就等于达到了目标的一部分。"梦想是对未来的抱负、期望和愿景，梦想赋予人生以能量和意义，帮助我们做出选择，帮助我们在面对障碍和困境时坚韧不拔。最成功的人士是那些怀抱梦想起步的人。伟大的目标产生强大的动力。

1. 目标设定与企业家的发展速度关系紧密

对于企业家的成功，目标设定扮演了重要角色。一项针对富豪个人档案的分析表明，他们会反复强调目标设定的重要性，即便其他大多数人认为这些目标不可思议、充满挑战，甚至不切实际。但是，这些目标都已变成现实。譬如搜索引擎谷歌的创始人之一拉里·佩奇、沃尔玛创始人山姆·沃尔顿、麦当劳创始人雷·克罗克、星巴克董事长兼首席执行官霍华德·舒尔茨、戴尔电脑创始人迈克尔·戴尔。以上这些人都是白手起家，用了不到30年的时间，成为企业界的巨人。

2. 目标设定对政治家的重要性

通过研究杰出人物成长的轨迹，我发现了一个"28年现象"：确定远大目标，持续、科学、披荆斩棘、心无旁骛奋斗28年左右，一般都取得了意想不到的成绩。从中国各朝代开国皇帝来看，一般都在奋斗28年左右登基。例如：刘邦，53岁称帝；刘备，60岁称帝；杨坚，40岁称帝；李渊，52岁称帝；武则天，67岁称帝；赵匡胤，33岁称帝；朱温，55岁称帝；耶律阿保机，44岁称帝；完颜阿骨打，46岁称帝；忽必烈，56岁称帝；朱

元璋，40岁称帝。这11位皇帝的平均即位称帝年龄为49.6岁。

3. 目标设定对科学家的重要性

科学家取得巨大突破性成就的年龄更轻，一般在30岁左右。那些顶尖科学家的"奇迹年"，都出现在他们年轻的时候。1666年是牛顿的奇迹年，他独自一人就奠定了微积分学、经典力学、光学和天体力学这四大学科的基础，这一年他24岁。1905年是爱因斯坦的奇迹年，他一人发表了6篇论文，研究成果至少配得上3~4个诺贝尔奖，这一年他26岁。中国人熟悉的杨振宁、李政道获得诺贝尔物理学奖的年龄分别是35岁和31岁。结论是成材要趁早。随着年龄的增长，并不是创造力在下降，而是产量在下降。科学研究取得重大突破，这是个概率问题，产量越高，获得重大突破的概率越大。中年人的真正问题不是没有创造力，而是不愿意干。年轻人有冲劲，中年人懈怠了，所以年轻人比中年人更容易取得重大突破。

科学家如果在更年轻的时候就确立了清晰的人生目标，持续奋斗，那么将更快取得重大突破。

4. 普通人确定了目标，就确定了前进的方向

人生不会是匀速运动，会有变化，甚至跌宕起伏，但可以设定一个平均速度：年递增15%。这个并非高不可攀，但按照这个速度前进，30年将达到起点的66.21倍，40年将达到起点的267.86倍。以人生25岁设定目标计算，持续不懈奋斗40年，在65岁退休时，将达到起点的近300倍。不算不知道，一算喜一跳！

人生各个年龄段都有立志与成功的典型，既有自古英雄出少年的天才，也有老壮弥坚者，如古代的姜子牙、当代的褚时健。所以说，找对目标与方式，只要去奋斗，年龄永远不是放弃的理由，在任何年龄，做出些成绩都是可能的。

上述分析给我们的启示就是：人生趁早定位，导航趁早开启。通过设立伟大的目标，让自己吸纳天地间强大的力量，去实现组织和个人的梦想。

当代电影明星、美国加利福尼亚州第 38 任州长阿诺德·施瓦辛格被问及 19 岁时参加"青年组欧洲先生"的事："同其他选手相比，你脸上表情显得非常自信，这种自信来自哪里？"对此，他回答说："我的自信来自我的理想……我坚信，如果你有一个非常明确的目标，知道自己的前进方向，那么剩下的工作就非常简单。因为你心中清楚自己为什么每天训练 5 小时，清楚自己为什么在忍受伤痛，为什么必须增加饮食摄入量，为什么必须努力奋斗，为什么必须更加自律……我认为自己能够赢得比赛，这是我当时参赛的目标。我不是去那里参加比赛的，我是去赢得比赛的。"（参考中信出版社 2018 年出版的《巨人的工具》，作者：蒂姆·费里斯）

一个青年人，如果能坚持做到高速率成长、可叠加式进步，即使起点低，未来的成就也是不可限量的。

当然，人也好，企业也罢，高速发展一段时间是会累的。因此，掌握好节奏是必要的。不懂得把握节奏的人，会因为一次失误失去之前的全部收益。

人，不论起点高低，只要能认清自己的目标，找准方向，用正确的方法做事，提高进步的速度，同时把握好节奏，几年后就会看到一个状态比今天好很多的自己，一个让自己感到不枉此生的自己。

四、最佳目标如何设定

什么样的目标才是最佳目标？有足够吸引力的目标，能感动自己、激发自己、让自己倾情持续付出的目标就是好目标。

1. 目标的困难程度："跳一跳，够得着"

洛克和莱瑟姆教授通过调查发现，与容易达成、模棱两可的目标相比，更具挑战性且更具体的目标能带来好的结果。"比起没有目标和'尽你所能'这样的不清晰、抽象的目标，具体、有难度的目标有助于更好地达成目标。"

目标的困难程度和实现目标的表现呈线性关系。科学研究发现，那些拥有最高目标的人的表现比那些拥有最低目标的人的表现好250%。

目标不是越大越好，我们要根据自己的实际情况，制定出切实可行的目标。这个目标不能太容易就达到，也不能高到永远也碰不着，最好是"跳一跳，够得着"。这个目标既要有未来指向，又要富有挑战性。比如篮圈，定在那个高度是有道理的，它不会让人轻易就进球，也不会让人永远也进不了球，它正好是努努力就能进球的高度。目标就像这篮圈一样，要不高不低，通过努力能达到才有效。

有足够吸引力的目标，可以感动自己、让自己倾情付出的目标，能激励人进步。而意义感往往建立在一定的难度之上。做大事和小事费一样的时间，做大事和做小事的难易程度差别不大，为什么不大一点呢？所以要选择一个值得追求的宏伟目标，让回报与努力相匹配。

史蒂夫·科尔（Steve Kerr）和道格拉斯·勒佩莱（Douglas Lepelley）对"为获得最佳结果，目标难度必须设定为多少"这一问题进行了研究。结果发现："和简单的目标相比，艰巨的目标更可能触发人们持续的激情，并使其获得高业绩。"

杰克·韦尔奇采用了"伸展目标"策略，认为树立"不可能的目标"可以产生巨大的动力。科尔和勒佩莱引用了韦尔奇的主张："我们发现通过追求一些看似不可能的事物，往往能让我们达成一些不可能的愿望；而就算没能成功，最终我们也必定做得比我们本来可能做到的要出色很多。"

一项针对229位企业家的调查显示："执行总裁为企业成长设立的目标越高，企业随之的成长也会越快。"

2. 若野心过大，目标不切实际，则会产生相反的效应，这会使人产生挫败感

目标设立的原则是：与资源平衡，与能力平衡，与时代平衡。要翘翘脚就能够着，避免好高骛远，志大才疏。

从吾所能。能力所及，能胜任，具有可行性，从容干到干不动又能完美收官为止。所谓门槛，能力够了就是门，能力不够就是槛。人生的沟沟坎坎，多半是能力不足所致。在能力圈范围内，虽有难度，但努力就能实现。有台阶，可迭代，如愚公移山，迭代前进，步步递进，直至移山倒海。如果一个人的目标定得过大，听起来很空洞，没有一点可行性，那这个目标只是一个空谈，永远没有可以兑现的一天。千里之行始于足下，汪洋大海积于滴水。成功都是一步一步走出来的。当然也有人一夜暴富，一夜成名，但是谁又能看到他们之前的努力与艰辛？拿破仑·希尔说过："一个人想要做一件事，并且抱有信心，那么他就能实现它。"换句话说，如果一个人有明确而坚定的目标，他就能达成这一目标。明确，指的是对自我的认识程度。坚定，说的是一种态度。每个人都有自己的优点和缺点，有自己的爱好与厌恶，所以每个人所制定的目标也是不一样的。要根据自己的实际情况，制定一个自己"跳一跳，就能够得着"的目标。

要对自己的实际情况有一个清晰的认识。对自己的能力、潜力，自己各方面的条件都有一个明确的把握，经过仔细考虑，定出属于自己的奋斗目标。有些人之所以一生都碌碌无为，是因为他的人生没有目标；有些人之所以总是失败，是因为他的目标总是太大太空，不切实际。因此，要想成功，就要先为自己制定一个奋斗目标，属于自己的"跳一跳，够得着"的奋斗目标。

3. 追求什么样的目标能让我们有长久的自我成就感？

目标有正负之分，对他人及社会有益的目标为正，对他人及社会有害的目标为负。所谓"大亨以正"，就是想成就伟业，必须是出发点与落脚点都要遵守正义性原则，这是发展发达的基础。只有追求正向的对社会有益的目标，才能为人生赋予正能量，带来竞争力和自我成就感。

《亿万负翁》这本书主要介绍了美国 WeWork 及其创始人的极速崛起与陨落。WeWork 是美国一家办公空间租赁公司，创始人叫亚当·诺伊曼，他就是书名里的亿万负翁。

WeWork 诞生在 2010 年，那时候，创业热潮席卷全球。推动创业者及其公司不断向前的，除了他们自身的野心和努力外，还有风险资本。风险资本成功孵化了大量心怀梦想的创业者，他们也是这一波创业潮的受益者。但 WeWork 的案例让我们看到资本市场的另一面：迷恋宏大叙事，追求巨额数字，因为害怕失去潜在的机会，用一轮轮投资扶植亚当的野心，把 WeWork 养成了一个在亏损中扩张的怪物。到 2019 年，这家公司的估值一度高达 470 亿美元，是个创业神话，但到 2022 年 5 月，迅速跌落到 50 亿美元。

WeWork 从无到有，从兴到衰，都与创始人亚当息息相关。他带领 WeWork 极速崛起，可他的野心脱离了实际，只看增长，不顾经营。WeWork 在亏损中扩张，像一座空中楼阁，体量越大，就越有可能倒塌。最终，创业神话的表壳被戳破，人们看到了其中荒唐的底色是亚当任人唯亲、吸食毒品、专横跋扈，最后被踢出董事会。亚当和 WeWork 的故事，对所有走在创业路上的人来说，都是一个很好的提醒：越是高歌猛进的时候,越是需要心存警醒。

五、实现战略目标的最佳途径:高度聚焦

没有执行的愿景只是幻觉和梦中呓语。达成目标的方法或目标赋能的核心,就是将资源高度聚焦,饱和式攻击目标。

1. 以目标搭建发展资源系统

有多大的目标就建立多大的资源系统。以目标为主题和主线,构建一个新的发展生态系统,设计实现目标、攀登高峰的基本路径,并饱和式配置资源,齐心协力共同推进,就会实现系统升级,系统赋能。

——搭建与目标相配套的知识系统,拓展能力圈。有计划地学习新知识,形成与目标协调的先进而独立的思想,形成先见之明。有多大的目标就优化多大的能力圈,拓展能力边界。

——搭建与目标协同的人才组织系统。世界上极需要在任何情况下都能克服种种困难和阻力完成任务的人才。有多大的目标就产生多大的场效应,凝聚多大的能量。要定期向比自己厉害的人请教。

——搭建与目标相匹配的制度管理系统,诊断矛盾点和关键障碍,对世界的复杂性、多变性保持敬畏。落实责任,明确执行任务的主体。

——搭建物质基础和行动系统,形成良性循环。如何实现目标?将大目标拆解成小目标,好比把登山的曲折道路变成一个个台阶。困难变小了,一次次的成绩变成了激励,从而增强攀登者的信心和勇气。心理学家阿德勒认为,决定行为的不是过去的经历,而是未来的目标。先干起来,再逢山开路、遇水搭桥。

——搭建与目标协调的考核评价系统。开展OKR考核,对过程监督、评估,做到可知可控,及时优化修正。复盘自己执行的每一个任务,搞

清楚为什么成、为什么败，不管任务是大还是小。兑现奖惩，激励达成新目标。

2. 递进，围绕目标做可叠加式的进步

怎样做才能更容易地实现目标？从小到大，逐步递进，不能急于求成。"积土成山，风雨兴焉。"围绕目标做可叠加式的进步，会带来指数级别的提升速率。俗语说得好，心急吃不了热豆腐。好多事不成是因为心太急躁。在俄国著名生物学家巴甫洛夫临终前，有人向他请教成功的秘诀。巴甫洛夫只说了一句话："要热诚而且慢慢来。""热诚"——有持久的兴趣才能坚持到成功。"慢慢来"——不要急于求成，要做自己力所能及的事情，然后不断提高自己；不要妄想一步登天，要为自己定一个切实可行的目标，有挑战又能达到，不断追求，最终走向成功。

澳大利亚的袋鼠虽然每次都蹦得很高，但是总会落到起点，它们一辈子能达到的最高点很有限。而那里的考拉虽然爬得慢，但是每一步都为下一步打好了基础，最后总能爬到树梢，这便是可叠加式进步的红利。

3. 聚焦，围绕目标集中配置优质资源

集中资源饱和式攻击目标，才能克服资源的有限性，这里的资源包括时间、空间和物质资源。

任正非说："我们的资源和技术有限。一切都是有限的。如果把资源搞得太分散，我们就没有办法成功。因此，我们选择缩小我们的焦点，像一个针尖，在一个特定的领域，我们可以取得突破。我们只关注一点。起初，我们有几百名员工关注这一点，然后我们有几千人，数万人，现在我们有数十万人。我们总是把所有的精力集中在同一个点上。每年我们在这方面投资超过200亿美元。"

通过这种高度聚焦的方法，华为开始在特定的领域领先于西方同行。

然后，华为开始在这个特定的领域建立市场优势，逐渐积累资本。渐渐地，华为就在一个集中聚焦的领域成为领导者。

其实世界上所有卓越的公司都是这样做的。无论是微软、英特尔还是谷歌、亚马逊，都有自己专注的领域。任正非接受采访时说："与很多业务繁多的中国公司不同，美国公司知道如何缩小聚焦点，然后向前推进。我们实际上是在向美国公司学习。"

中国发展得比较好的企业如华为、vivo、OPPO，有一个共同的特点，就是非常聚焦，善于做减法。按照中国很多企业家的思路，这么成功的企业该顺便做房地产挣钱，但是它们没有。做减法，聚焦自己的特长，让过去的经验成为未来发展的基石，使得这几家企业可以长期稳定发展。

要高度聚焦一个点，人力、财力、物力不能过度分散。人生时间有限，精力有限，资源有限，只能设立一条主线配置资源，才能积极应对世界的多样性和复杂性。我们来看两个失败的案例：唐明皇与宋徽宗，他们都毁于岗位职责与个人目标不匹配。两个皇帝本该集中精力治国理政，但两位都把岗位职责置于一边，不务正业。唐明皇追求动人心魄的爱情，三千宠爱在一身，从此君王不早朝，结果乱了朝纲，有了马嵬坡之变，差一点丢了性命与江山。宋徽宗赵佶把朝政撂在一边，迷恋绘画，结果有了靖康之耻，丢了江山和性命。

4. 围绕目标决定取舍

目标确定后，就容易做出正确的决策，敢于舍弃与战略目标不相关的东西，以主攻战略目标，而不是贪图虚名。目标清晰，会让人克制多余的欲望。俾斯麦终其一生对自己想要什么，德国想要什么，都非常清楚。他也是严格按照这些目标来谋划自己每一步的政治举措的。当时普鲁士与奥地利之间的战争进行得非常顺利，普鲁士统帅毛奇自己都没想到，奥地利军队崩溃得这么快。但是当国王和将军都希望军队继续向前进攻，进入奥地利首都维也纳的时候，俾斯麦却阻止了他们。

俾斯麦回忆说，自己的目标非常清楚，那就是不要给法国干涉战争的时间，要尽量在法国干涉之前逼迫奥地利签订和约。历史上有几个政治家能够在军事胜利和名誉诱惑面前克制住自己，始终坚守自己的目标，不去攫取更多的利益呢？

史蒂夫·乔布斯的一生，其实也是清晰地做取舍的一生。他说："专注和简单一直是我的秘诀之一。"简单可能比复杂更难做到：必须努力理清思路，从而使其变得简单。但最终这是值得的，因为一旦做到了，便可以创造奇迹。

总之，要想拥有成功的人生，就要以可行的目标为导向，围绕目标进行资源管理。惟精惟一。德鲁克曾经说过这样一句话："如果你计算一下你的时间，你会发现自己把大部分精力都花在了没有意义的事情上。"很多人对生命不负责，这种不负责并不是说真的做了什么有害的事情，相反，有很多人从不伤害别人，但对自己的人生规划和管理非常随意。思考和分析都要建立在一个基础上，那就是了解，要了解自己，了解自己的时间都用在什么地方。兴趣太多从来就不是没有时间的理由，最关键的是学会取舍。

在一个组织里，行使管理职能的是目标，一个公司之所以陷入管理混乱，最重要的原因是没有用目标管人。这个时候，管理者在干什么呢？他们在行使一种职务权力，表现出自己在很努力地管理，但这不过是在无意义地忙碌。德鲁克把管理分为两种：第一种是有明确的目标，真正在掌管一个公司，驱动着众多执行者去执行这个目标；第二种就是没有目标，但是有很多监管者、掌控者，下命令的人在实施所谓的管理，这种管理都是假管理。

从这里我们可以悟出一个大道理：人生若没有目标，看似忙忙碌碌，却没有绩效，这就是假管理，最终耽误了自己。而成功者都是目标导向的，靠目标管人管事，从而走向人生巅峰。

第五章

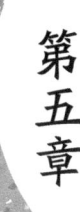

组织力之美：建设充满活力的组织，凝聚精英，充分发挥积极性，合作助推成大业

要想实现梦想，必须把自己的目标嵌入组织与他人。历史上光芒万丈者极少有单打独斗的"个体户"。

启蒙运动以及西方哲学历史中最重要的人物之一大卫·休谟在著作《人性论》中指出，人为了应对外部的资源匮乏，必须加入群体："当个人单独地、并且只为了自己而劳动时，他的力量过于单薄，不能完成任何重大的工作……借着协作，我们的能力提高了；借着分工，我们的才能增长了；借着互动，我们就较少遭到意外和偶然事件的袭击。社会就借这种附加的力量、能力和安全，才对人类成为有利的。"

卡尔·马克思是马克思主义的创始人之一，在中国这个名字无人不晓，如雷贯耳。马克思在前人研究的基础上，以洞察千秋之眼，更深刻地指出："人的本质是一切社会关系的总和。"在这个世界上，很少有人是靠自己单枪匹马取得成果的。不管是组织成员还是个体职业者，大多数人都要与人进行合作，并且是有效的合作。

我研究的这些世界级杰出人物，看上去是靠个人获得巨大成功，但其实质是个人与组织互为推动：个人才华推动了组织的发展，其所在的组织又将他们推到了浪尖和峰顶，成为组织里的巨人。

一、组织的本质：围绕共同的事业、相似的目标，广泛凝聚力量，提高竞争力

唯有组织的力量可以无穷大，组织具有杠杆作用。无论是生物为了生存，还是人为了发展壮大，都需要组织的力量。组织的竞争力来自发挥所长，分工协作。

1. 生物为了生存需要组成群体，这样才能提高竞争力

荒野上的狼群集体捕猎，可以杀死比自己个头大得多的猎物。食草动物，比如斑马和羚羊，也会通过集体行动来吓跑一部分捕食者。毫无疑问，这些行为能够帮助动物们活得更安全、更有效率。团结就是力量。

最能体现这种团结的力量，最能展示精妙的分工合作的，就是所谓的真社会性的生物。地球上已经发现了超过17000种真社会性的生物，大多是蚂蚁和蜜蜂一类的昆虫。

在自然界，真社会性昆虫只占到所有昆虫种类的区区2%，但是它们的生存和繁殖能力非常强，以至于它们全部个体的重量加在一起，超过了所有昆虫的一半。这么强的竞争力是怎么得来的呢？它们的竞争力来自复杂的社会协作。

如果见过蜜蜂的蜂巢，肯定会惊叹于这种建筑结构是多么气势恢宏。我们几乎没法想象，这些身材那么小的虫子是如何在没有设计师，也没有统一指挥的情况下，修建出严整的六角形结构蜂窝的。

一窝蜜蜂可能会有上万只，但是它们当中只有一只蜂后，专门负责生育后代，每天吃饱了以后能产出上千个卵。蜂群中有几百只雄蜂，专门负责

和蜂后交配。在外围，有成千上万只工蜂，负责所有的日常工作，包括修建和清理蜂窝、照顾蜂后、采花粉喂养后代、抗击入侵者等。这个更细致的分工当然是很有意义的，让工蜂做到了人尽其才。

美国西南航空公司请了很多的物流专家做了一个物流模型，后来他们发现这种模型跟蚂蚁的物流系统非常相似，这可是万物之灵的人类当中的精英，借助于现代计算机技术做出的模型，而这个模型跟蚂蚁的物流系统竟然是一样的。那么低级的生物竟然拥有了我们人类费了老大劲才能够拥有的一种智能，要知道蚂蚁一直在用这个智能系统，而我们只有在今天才发现了这个智能系统，专家把这种东西叫作群体的智慧。

凯文·凯利把这种现象称为"众愚成智"，用通俗的话说，就是"三个臭皮匠，顶个诸葛亮"。（参考王立铭线上课程《生命科学50讲》）

2. 组织创建工作场景，各种场景所造就的身份改进了人的行为，人们按照角色塑造形象

人们的语言表达和行为方式总是以"场景"为基础的。人，是有舞台感的动物。

俗话说："到什么山唱什么歌，见什么人说什么话。"人说话做事要因地制宜、因人而异、随风就俗。"场景"就是人进行"恰当行为"表演的框架和舞台。绝大多数的人会自动适应场景，而无须做过多的思考。心理学研究表明，4岁的儿童就能根据听众的不同来调整说话的方式。

"恰当行为"不是法律规章，而是我们从小就从父辈和周围人身上，以及文化传统中习得的"约定俗成"，它本质上是一种"共识"，而这种行为规范是有隐秘性的。人们行为表演的场景因素是不易被觉察到的，甚至可能自己也没有意识到自己在不同的场合，娴熟地展现出了不同的个性和面孔。

在一个组织里，平常人尚且如此，而越是神秘、专业或高阶的角色，越是需要表演。例如，政治家、牧师、法官、医生、明星等。一个人扮演各种角色，并且根据角色的不同，或努力展示自身能力，以取得更大的权威，或隐藏自身的缺陷或弱点，以实现更好的生存。

3. 人为了更好地生活，更需要组织起来

《乌合之众》的作者、著名的社会心理学家古斯塔夫·勒庞有个研究结论：无论什么人，无论他们的生活方式是否相同，在他们组成一个群体时，他们的情感、思想和行为，与他们作为个体时截然不同。除非组成一个群体，否则个体根本不可能拥有某些念头或情感。

过去我们都以为，人的品质存在于人的自身。但事实上，这些品质出现的前提是自身跟他人建立了关系。组织，才是这些品质的容器。

人生是在人的成长过程中，需要被选择和构思的东西。构建什么样的关系和组织，就是在构建什么样的自己。

每个人都是众多身份的集合。构建组织和关系，本质上就是在构建自己的存在。

袁隆平、屠呦呦等为他人和社会贡献了巨大的价值，无一例外，这些功绩卓著的人物都是在一个组织里，没有谁是孤立无援地存在。通过加入组织，创造价值，才能发现嵌入到这个世界的深度。

人都不是孤立存在的，而是存在于群体中，存在于个体与群体建立的、千丝万缕的组织关系中。

组织的本质意义在于提高生存能力，提高竞争力。

组织就像一座山，人的成功借助的是组织的海拔高度。所谓山高人为峰，就是伟大的人站在组织的最顶端。

二、围绕理想，伟大的人物或创建或加入伟大的组织，从而实现更好的发展

组织具有放大效应，非凡的理想在非凡的组织里实现。非凡的政治领袖在政治组织里成就伟业，非凡的企业家在经济组织里完成伟业，非凡的科学家在科学技术组织成就科技成果，非凡的文学艺术家在文化艺术组织里创造他们杰出的作品。当他们离开了所在组织的时候，也多数都归于平凡和普通。即使是充满无限智慧的科学家，当他们离开了组织，其放射的万丈光芒也归于暗淡。由此再次证明，个人的成功其实是组织的助推。

1. 各类世界级组织成为主导世界发展的力量

各类国际组织以国际视角统驭全球，领导整个世界，影响国际新秩序。比如，联合国作为世界上最具普遍性、代表性、权威性的政府间国际组织，坚持推进多边主义，为维护世界和平、促进共同发展发挥了不可替代的作用。WTO作为当今世界规范全球贸易的国际组织，通过多边贸易谈判、贸易政策审议和争端解决机制，为广大成员参与并受益于国际贸易提供了多边制度保障，在推动全球经济可持续发展、遏制贸易保护主义等方面发挥了中流砥柱的重要作用。一个主权独立的国家只有加入到这些组织，遵守这些组织的规则，才能更好地利用世界资源，发展自己。

2. 拥有伟大抱负的人创立起自己主导的组织，并且把思想和价值观作为构建组织的灵魂

"构建组织体系"是指围绕事业发展目标，把更多的人、更多的资源、更多的价值创造要素有效地通过组织链接起来。

1895年，康有为和梁启超在北京发起成立了一个政治团体，叫"强学

会"。有了自己的组织，康有为领导的维新派正式登上了历史的舞台，为戊戌变法打下了组织基础。

比尔·盖茨创立了微软公司，乔布斯创立了苹果公司，埃隆·马斯克创立了太空探索技术公司、特斯拉公司、太阳城公司，杰夫·贝索斯创立了亚马逊公司，任正非创立了华为公司，刘强东创立了京东公司，张一鸣创立了字节跳动公司……他们都是从名不见经传，白手起家，围绕理想，招兵买马，到声名远扬。

3. 伟大人物加入伟大组织、壮大组织，伟大的组织凝聚伟大的人物。成功，必须依靠关键团队

结构洞理论是人际网络理论大家庭中的新成员，它强调人际网络中存在的结构洞，可以为处于该位置的组织和个人带来信息和其他资源上的优势。结构洞理论对我们创建和加入组织有很大启发：创建或加入一个组织，就是进入了一个结构洞。加入组织，处在关键节点，即结构洞位置，可以在组织中发挥更大作用，更好地推动组织目标实现。围绕人生目标，加入重要的组织，将更容易加强资源的无限链接，打通信息孤岛，成就伟业。所谓人可以无限链接，是有理论支撑的，要自觉接受理论的指导，这是增加信心的捷径。加入组织的本质是加入结构洞，以更好地吸纳能量和释放能量。

"鸟随鸾凤飞腾远，人伴贤良品自高。"说的就是择良木而栖。组织提供个人展示能力的平台，是个体之间的结盟。单个人鲜有大成者，必须融入团队或组建新团队，最好形成超级团队，各自协同配合发挥优势，塑造超级个体。集体英雄主义无往而不胜，而个人英雄主义很快灰飞烟灭。团队是超级个体发展的必经形式，依靠团队比依靠天赋有更高的效率，也有更高的成功概率。

俗话说，"一个好汉三个帮""三个臭皮匠，顶个诸葛亮"。一个人如果是一个天才，团队能让其优势放大多倍；如果是一个普通人，更要通过加入团队提高自己的成功概率。如果未来要做一个超级个体，那么一定要在组织里升华自己。

充分理解、识别、加入甚至创造团队，是大部人最好的成功方式。

群体和成功之间存在必然联系：融入群体，能够更大程度上促进成功。就是不搞个人英雄主义，别光想着表现自己，要融入群体，要搞集体英雄主义。尽管于敏在氢弹研制中居功至伟，但对别人送来的"中国氢弹之父"的称呼，于敏并不接受。他说："核武器的研制是集科学、技术、工程于一体的大科学系统，需要多种学科、多方面的力量才能取得现在的成绩，我只是起到了一定的作用……"

4. 伟大的组织要找到最优秀的人才

伟大的组织都是为时代解决问题提供有力的解决方案，在为时代解决问题中推动时代发展。

伟大的人物带领伟大的组织获取关键资源，造就伟大的事业。

——古今中外，所有的事业都是人成就的。要找到更优秀、更适合的人，发挥各自的特长和优势，一起干。只有聚集天下英才，用好天下英才，重赏天下英才，才能成就伟业。汉高祖刘邦有一段话展示了其聚人用人得天下之道，非常精辟，现摘录如下：

高祖置酒洛阳南宫。高祖曰："列侯、诸将无敢隐朕，皆言其情。吾所以有天下者何？项氏之所以失天下者何？"高起、王陵对曰："陛下慢而侮人，项羽仁而爱人。然陛下使人攻城略地，所降下者因以与之，与天下同利也；项羽妒贤嫉能，有功者害之，战胜而不予人功，得地而不予人利，此所以失天下也。"高祖曰："公知其一，未知其二。夫运筹策帷帐之中，决胜于千里之外，吾不如子房（张良，字子房）；镇国家，抚百姓，给馈饷，不绝粮道，吾不如萧何；连百万之军，战必胜，攻必取，吾不如韩信。此三者，皆人杰也，吾能用之，此吾所以取天下也。项羽有一范增而不用，此其所以为我擒也。"（选自《史记·高祖本纪》）

——吸引关键人才靠价值观，而非普通的利益。

刘备为得诸葛亮不惜三顾茅庐，从而为事业发展找到优秀人才。伟大的组织围绕解决时代的问题凝聚关键团队。

1983年3月，乔布斯询问百事可乐总裁斯卡利：你想卖一辈子糖水还是跟我一起改变世界？斯卡利顿时感觉好像有人往他肚子里揍了一拳似的，除了默许，他无言以对。乔布斯有一种非凡的能力，永远能得到自己想要的东西，能够很好地判断一个人，知道该怎么说来赢得对方的心。

很快乔布斯和斯卡利迎来了他们的"蜜月期"。在他们建立友情的最初几个月里，每天都会聊到很晚。斯卡利这样回忆：乔布斯和我成为了知己，大家志趣相投，就像永远的伴侣一样，我只要说半句话，乔布斯就能够明白想表达什么意思，我们在一起工作是多么的快乐。我们谁也不知道自己能活多长时间，必须趁着年轻多取得一些成就，抓紧机会做几件伟大的事情。

——多种途径集聚行业内数一数二的杰出人才。即使企业兼并，其核心目的也不仅仅是为了资源和市场，也是为了人才。迪士尼CEO罗伯特·艾格在《一生的旅程》中介绍迪士尼收购皮克斯时有深刻的见解："在并购其他公司时，很多公司都无法细心体会到自己真正买到的是什么。他们感觉获得的是实体资产、工业资产，或是IP。但一般而言，他们真正获得的其实是人才。在创意产业中，人才才是价值的真正所在。"

三、建设承载梦想、充满活力、卓有成效的组织，实现人的充分发展，造就伟业、成就伟人

1. 构建集思广益、"优秀想法至上"、开放透明的组织决策制度

组织和团队务必提倡开放性。按照卡尔·波普的观点，我们对世界的认识总是局部的和扭曲的，就是常说的井底之蛙、坐井观天、盲人摸象、一叶障目，每个人都无法达到认知的全面和完美，既然如此，一个言论自由、选举自由的团队就是一个比较好的组织形式。

——充分发挥团队智慧的力量。《思考致富》的作者拿破仑·希尔说，要利用智囊团的力量。智囊团包括两个或两个以上的人，他们"想要完成某个确定的目标，然后一起运用知识实现它"。"当两个人的智慧放在一起的时候，智慧肯定会碰撞产生新的火花"，这种"火花"就是新"能量"。当"智慧朝着同一方向发挥作用，那么他们的精神能量会交融在一起，产生新的精神"，即产生新能量。卡耐基先生本人的智囊团大约有50人。他将自己巨额财富的获得归结为智囊团的力量。智囊团原则就是将别人的智慧和自己的智慧有机地结合在一起，这是获得力量的秘诀。

——优秀想法至上。所谓"优秀想法至上"，意思就是说，组织做决策的时候，要选最合理、最科学的选项，而不是看谁职位高就听谁的。桥水基金创始人瑞·达利欧，被称为"投资界的乔布斯"。他曾被美国《时代》周刊评选为全球100位最有影响力的人物之一，也曾入选《福布斯》世界前100名富豪。达利欧在其著作《原则》中介绍，一个组织想要成功，不是看创始人有多牛，也不是看手上有多少资源，而是看这个组织能不能奉行"优秀想法至上"的原则。

要想让最优秀的想法脱颖而出，第一步肯定是所有人把想法拿出来给大家看，第二步就是大家互相评判，提出不同的意见。怎么样评判一个想

法是否合理呢？达利欧介绍了在桥水基金内部使用的一种决策方法，叫可信度加权决策法，也就是充分考虑到每个人的专业背景，然后对不同专长的人提出的意见赋予不同的权重，最后加权计算进行决策。

比如在桥水基金的会议上，如果探讨到医疗相关话题，医疗背景的人提出的意见在最后决策中所占的权重肯定就会更大，会计背景的人提出的意见的权重就不会太高。如果探讨的是一个与会计相关的问题，那就正好是反过来。这种方法既保证了决策过程的公平民主，又保证了最后决策结果的科学性和可行性。

当然，这个决策方法有一个前提，就是认为"每个人都是不同的"。在达利欧看来，每个人的大脑和生理特征都是不同的，每个人也都有自己专属的优点和缺点，看问题的时候，每个人都有自己独特的角度，也肯定有自己的局限性。为了保证最终决策的质量，就得把各种不同角度的观点和想法都提出来，充分论证，这样才能保证最终决策最优化。

——极度透明和极度真实。如何才能够让优秀的想法不断在组织内部产生呢？这里就涉及达利欧另外一个重要的工作原则，叫极度透明和极度真实。

有一次，达利欧收到了一封邮件。这封邮件是他的下属发来的，里面是这么写的："达利欧，你今天在公司开会时候的讲话简直是不及格，你根本没有做任何准备，不然的话，你不会讲得这么烂。以后，你应该多花点时间为开会做准备，如果需要，我甚至可以来陪你做准备，帮你热身。"信的最后，下属还补了一刀，说："你要是觉得我的看法不对，可以去问其他同事，或者直接来问我。"下属这样直接挑战老板，在其他组织实在是很少见。但对达利欧来说，这样的对话每天都会发生，他也完全不会因为这样的事情生气。因为只有这样，同事之间才敢坦诚相待。在公司内部，不管级别高低，有任何的问题或想法，同事之间必须及时指出，这就是他们奉行的"极度透明和极度真实"的原则。

2. 最能激发创造力的组织是充满活力且能提供心理安全感的组织

在越来越不确定、快节奏的大环境下，各种组织工作氛围中的差异，会以微妙而有力的方式塑造人们的行为。

——充满活力和心理安全感的组织会基业长青。在这方面，皮克斯动画公司是值得我们学习的典范。

皮克斯动画公司从1995年发行第一部动画长片《玩具总动员》，到现在已经过去20多年了，他们制作的20多部动画长片，每一部基本上都是口碑和票房双丰收。打造一个爆款可能有人会说是运气，但每个都是爆款，让人不得不承认这是皮克斯的实力。那么，皮克斯做对了什么呢？

皮克斯联合创始人艾德·卡特姆认为，坦诚，虽然简单，但做起来绝非易事。为了鼓励员工保持坦诚，主动分享自己的想法，卡特姆用了好几年不断寻找方法，其中，最重要的就是"智囊团"小组制度。

简单来说，他们找了各个部门的专家聚在一起，每隔几个月就会对正在制作的动画小样给出反馈。他们遵循内部约定俗成的原则。第一，反馈不能是泛泛而谈某种感受，必须是建设性且具体的，对事不对人。第二，评论是建议，而不是方案。即对于智囊团的意见，是否处理，怎么处理，动画导演有最终的决定权，这样在讨论过程中，创作团队接受大家的建议也就没有什么心理负担。

卡特姆说："不得不承认，每一部动画电影在前期都烂透了，但是为了避免最后的失败真正发生，我们可以接受在早期遭遇更多的失败。"尽管每一次失败都意味着巨大的成本，但是皮克斯营造了一种不让员工因为犯错而担惊受怕的氛围，一个建设性的、充满活力、开放自由的氛围促使人们可以更好地创新。

——缺乏民主、自由、监督的组织治理，一定会加快组织的死亡。

没有活力、自由、民主、心理安全感的组织所展现出的共同特征是，制造压抑与恐惧，原本有机会避免失败，却因为团队缺乏心理安全感而造成了巨大的损失。

比如闹得沸沸扬扬的大众汽车"柴油门事件"。2015年9月，美国相关部门发布公告：大众汽车集团旗下部分产品在排放测试中造假。而且这种行为从2007年开始就一直存在，这是一起性质恶劣的商业欺诈案件。

这样一家明星公司为什么会出现如此严重的丑闻呢？人们意识到一个严重的问题：大众公司内部恐惧文化潜伏已久。原来，2007年，CEO马丁·温特科恩一上任，就定下了一项既明确又远大的目标：他们要在十年内让大众在美国的销售额增加两倍，成为全球最大的汽车制造商。其中，所谓的"清洁柴油车"就是这个战略中的关键一环。但其中的挑战是，柴油机比汽油机产生更多的氮氧化物，无法满足美国环境法规的要求。

一方面，企业内部"用恐吓驱动绩效"的文化沿袭已久，许多管理者都赞同动用权威坚决要求员工达成某些目标，尤其是CEO温特科恩；另一方面，面对无法在短时间内克服的技术障碍，大众汽车的工程师无法寻求和获得任何技术支持，他们只好铤而走险，即通过在清洁柴油车的软件代码中嵌入可以顺利通过排放检测的指令，从而达成大众汽车的战略目标。

世界500强企业美国伊士曼化工公司的CEO曾经说过这么一句话："作为CEO，我最大的恐惧是人们没有实话实说。"在组织管理中，信息经过层层过滤，领导者往往只能看到一派其乐融融的景象，这太可怕了。虽然真正让人无所畏惧的工作场所并不存在，但是越来越多的领导者意识到，当知识成为创造社会价值的重要源泉后，心理安全感变得至关重要。

回顾几千年以来的组织管理，凡是以制造恐惧进行管理的组织，其命运无一不是灭亡。

3. 充满希望的组织必须坚持目标导向，革故鼎新，并且卓有成效

围绕组织的使命、愿景、价值观，组织要不断变革制度体系，自我革命，提高竞争力。

——组织必须围绕目标开展工作，使命、愿景、价值观是开展一切工作的基础。组织成员要透彻且透明地参与讨论与决策，及时形成明确的共识，做出个人承诺。组织必须坚持目标导向，克服目标分散、各自为政的问题，树立整体性、全局性精神。团队成员要顾全大局，关注团队的目标。

——组织要不断创新管理制度。比如，组织要鼓励建设性冲突，形成定期召开民主生活会的制度，让组织成员经常咬耳朵、扯袖子、红红脸、出出汗，开诚布公，避免最后养成一头"房间里的大象"。

——组织要避免表演式忠诚竞赛。"忠诚竞赛"的状况是：在一些组织里，有的员工在不停地忙碌，在玩命地干活，但他这么做只是为了向他的上司展示他是一个很努力、很勤奋的员工。那种片面强调所谓执行力、所谓高效率的主管，在不知不觉中就会把自己的手下引入到一种忠诚竞赛当中。他可能会按时完成任务，他可能做了很多在上司看来是硬功夫、是苦功夫、是笨功夫的事情，深得上司的欢心，但最后的效果往往很差。

这种忠诚竞赛，这种非工作性、非生产性的努力实际上是一种高内耗，高内耗就是一种流程、程序至上，而忽略效果，忽略最终绩效的状况。耗到最后，组织的能量已经很低很低了，组织凭着最后剩下的那点能量勉强地、艰难地前行。这是一种很要命，也很常见的状况。

——组织要告别高内耗，要卓有成效，一定要建立一套基于效果的考评体系，而不是基于流程的考评体系。否则，工作就不再是工作，而是关于工作的表演，大家都在那儿装模作样地跳着关于工作的舞蹈，但这种热火朝天的表演不过是资源的自我消耗。

人们很容易陷入一种低品质的勤奋当中，以表面的勤奋来掩盖实质的懒惰。通过让自己变得很忙碌、很辛苦，来向别人也向自己表明自己很勤奋，但却没有去努力思考和探索一种真正有效的方式。过分强调效率、强调流程的组织也可能会让员工陷入整体性的低品质的勤奋当中。这样的组织很难说是一个卓有成效的组织，这样的领导者和员工也就很难说是卓有成效的领导者和员工。

第四篇

守正出奇,能为天下先

第六章

魄力之美：有勇气运用智慧，敢为天下先，实现跨越发展

无论是探索人与宇宙的关系，还是探索社会治理中的民主法治体系建设，实现人的全面发展与跨越，人类最需要的素养无疑是勇气、魄力与智慧。

古今中外的杰出人物无一例外都是持续以勇气和魄力挑战与生俱来的懒惰、懦弱和逃避，从而走得更远、登得更高。

通过研究世界百杰，我发现，他们不仅在关键机遇期孤注一掷、破釜沉舟，这是勇气和魄力最显著的表现形式；更是将勇气和魄力贯穿在他们工作和生活的细枝末节之中，使之成为伴随他们成长发展的特质。基于正义和智慧的勇气和魄力，是克服平庸，让人实现超越发展的关键素养。细细想来，哪件事不是靠勇气和魄力推动的呢？

一、靠勇气和魄力打破束缚思想的桎梏，实现思想的解放与超越

1. 文艺复兴的勇气和魄力

文艺复兴是指发生在 14 世纪到 16 世纪的一场反映新兴资产阶级要求的欧洲思想文化运动。文艺复兴典型的代表人物被分为文艺复兴前三

杰和文艺复兴后三杰，前三杰是指但丁、彼特拉克、薄伽丘，后三杰是指拉斐尔、米开朗琪罗、达·芬奇。这六个人都有着杰出的作品，在各自的领域中流光溢彩。当时的意大利就处在文化发展的高峰期，所以诞生了很多人才。

他们最突出的特点是敢于打破束缚自己思想的桎梏，有巨大的勇气和魄力挑战世俗，超越自我，超越前人，超越时代。大哲学家康德对启蒙运动有过精彩的论述："要有勇气运用你自己的理智！这就是启蒙运动的口号。"启蒙运动以来，勇气和智慧促进了思想的巨大解放，使世界进入了发展的快车道。

譬如登上绘画艺术巅峰的达·芬奇，也是依靠勇气和魄力不断实现超越。《达·芬奇的幽灵》描述了达·芬奇创作《维特鲁威人》的过程以及这幅作品对人类的意义。《维特鲁威人》是达·芬奇最重要的作品之一，其将科学与艺术高度融合。达·芬奇曾经说："好的画家主要只画两个对象：人及其灵魂的意图。前者简单，后者困难。"

自中世纪以来，教堂的建筑就与人体结构密不可分。神学家宣称，教堂的形象代表着神创造的宇宙，而教堂的结构则与人体的结构一一对应。承接设计米兰大教堂的工作后，本就对人体非常痴迷的达·芬奇，将这种对人体的好奇又向前推进了一步。他意识到，只有真正了解人体的内部结构，才能在自己的艺术作品里更完美、更细致地展现它。但解剖人体在当时被认为是一件卑贱且充满罪恶的事情，医学院的教授们在授课时通常是慢条斯理地阅读解剖学作品，同时，另一个身份较低下的人在教授旁边切割被处决的"罪犯"的尸体。

达·芬奇观摩了大量的公共解剖。他对了解人体内部结构充满求知欲望。但令他意外的是，那些高高在上的教授，自命不凡地固守着中世纪几百年来的传统,对真正的解剖研究一无所知。他在公共解剖课上学习得越多,越觉得这一领域的知识十分匮乏,完全无法满足自己。

这位年近四十岁的天才,为了进一步学习解剖学,又坐在了书桌前,开始挑战晦涩难懂的拉丁文,目的是研究从古希腊和古罗马以来的解剖学经典著作。这种无限的勇气、求知欲和好奇心才是天才达·芬奇身上最宝贵的东西。

学习拉丁文后,达·芬奇发现自己打开了一扇新世界的大门,这扇门里的东西让他获得了很多惊喜。他发现,在古希腊、古罗马时期,已经有很多人尝试过把人体与宇宙万物联系在一起,研究人体的结构与几何结构、宇宙星辰的关系。维特鲁威便是其中的先锋。

为了亲自获取一些关键的人体秘密,1489年,达·芬奇耐不住求知的欲望,第一次解剖人体。这对于一个虔诚的基督徒来说,无疑是一件恐怖的工作,但最终,求知欲给他的勇气战胜了恐惧,达·芬奇在手稿中这样说:"我被一种热切的欲望驱使着,急于一窥这造物者创造出的各种形状。"他亲自解剖了三十多具尸体,而且他会在尸体旁边研究很久,仔细记录他观察到的一切:肌肉、骨骼、关节、神经……通常都是直到一具尸体腐烂得无法继续进行研究,他才会停下。之后,一系列令人震撼的人体素描产生了。绘画大师达·芬奇用他精准的笔触呈现被解剖的人体。从绘画的角度欣赏,这些素描十分清晰优美;从科学的角度欣赏,它们的精确度接近当代医学仪器拍摄的人体图像。

而《维特鲁威人》,正是这些素描中非常精美的一幅,也是很特别的一幅。达·芬奇用不同寻常的精确度画出了这幅画,几乎就像他精心准备着要拿它去印刷出版一样。他一直以来的追求终于要实现了:像上帝创造世界那样,运用自己的绘画、建筑、解剖学的才能,绘制出宇宙的本质。那也是人类思想史上一个关键的时刻：艺术、科学、哲学融为一体，人类个体的智慧由于达·芬奇的天才头脑，达到了一个不可思议的高度。这是欧洲艺术史上，人类智慧闪耀的关键时刻。在这幅作品中，人体被恰好放入一个圆形和一个方形之内，展示了人体比例与这两个几何图形的奇妙关系。它象征着：人就是微缩的宇宙，人体内包含着宇宙的本质。

2. 中国近代史上的几次思想解放运动中，同样依靠勇气和魄力实现了观念的飞跃

维新变法：救国图强，在保留清朝统治的前提下发展资本主义。

辛亥革命：中国人民反对封建主义的运动，是一场比较明确的资产阶级民主革命。

新文化运动：是一场崇尚科学，反对封建迷信，猛烈抨击几千年封建思想的文化启蒙运动。

五四爱国运动：是中国人民反对帝国主义、封建主义的爱国运动。

改革开放：提出实践是检验真理的唯一标准，极大地解放和发展了生产力。

3. 只有敢于挑战权威，敢于冲破思想束缚，才能实现新的发展与超越

客观地说，各种权威是某个阶段的认知高峰，但权威也可能是发展前进的羁绊。不打破权威的束缚，就不可能取得新的进步。"我爱我师，我更爱真理"，才是对待权威的正确态度。

牛顿在物理学领域是神一般的存在。但爱因斯坦具有独立思考、不迷信权威的性格特点。当他有新的发现并被证明是正确的之后，他果断抛弃牛顿的经典物理学，提出了狭义相对论。

在爱因斯坦发表狭义相对论之前，几乎是同一时间，还有另外一名科学家庞加莱也推导出了类似的方程。但庞加莱要保守很多，虽然他也对时间的绝对性有过怀疑，但最终还是没有勇气彻底颠覆牛顿的绝对时空观。其实也不能怪庞加莱太保守，只能说改变人们固有的时空观念这件事太需要勇气了。年轻的爱因斯坦没有那么多顾虑，他相信理性思考的判断，从来都不觉得权威就是正确的。在物理学的发展过程中，每一次重大发现都是理性对常识的颠覆，哥白尼提出日心说是这样，爱因斯坦提出相对论也是这样。

但是爱因斯坦并不满足，他很快就发现狭义相对论有局限性。首先，狭义相对论规定所有事物的速度都不能超过光速，但牛顿的引力理论又认为，引力可以在远距离的物体之间瞬间发生作用，两者有冲突；其次，狭义相对论只能用在匀速直线运动的情况下，适用范围比较窄。为了使相对论的适用范围更广，爱因斯坦开始着手研究新的理论，即后来的广义相对论。他先是从物理上思考引力的本质，也就是时空弯曲。然后他还找自己的好朋友格罗斯曼帮忙解决一些数学问题。格罗斯曼的数学非常好，这正是爱因斯坦欠缺的。经过长达十年的努力，等到1915年的时候，广义相对论才终于完成。

爱因斯坦之所以能一次次发现颠覆性的理论，主要的一个原因是爱因斯坦具有独立思考、不迷信权威、敢于挑战权威的性格特点，这个特点赋予爱因斯坦颠覆常识的勇气。

任何挑战权威的行动，都是可贵的！

4. 自古英雄出"青年"

这是因为青年人思想活跃，受到的束缚少，敢于展示自我。有一项统计发现，26岁是一个人向社会初步展现自己的能力，甚至展现卓越能力的年龄。例如，爱因斯坦发表狭义相对论就是在26岁。

罗伯特·萨波尔斯基是斯坦福大学生物学与神经科学教授，获得过麦克阿瑟天才奖。他的研究结论是：虽然大脑的绝大部分区域都已经在青春期发育成熟，但大脑前额叶皮层仍然处在半熟状态，要到25岁以后才完全成熟。前额叶皮层之所以要延迟到25岁才成熟，是因为这是进化的选择，前额叶皮层需要学习非常微妙的社会规则。这对我们的启示是：第一，前额叶皮层是最晚成熟的，因此也是受到基因影响最少、受到环境和经验影响最多的大脑区域；第二，青春期和成年早期的环境、经验塑造了人的前额叶皮层，并在多年后那个关键性的瞬间，决定是否有能力考虑这个行为的后果；第三，不怕年轻，敢于出头，勇于尝试，才有可能超越先贤。

二、靠勇气和魄力开展科学探索，只有敢为天下先，才能实现科学的发展与超越

人类在探索未知世界时，最关键的素质是胆量，有胆量、有勇气、有魄力才能前进。

——现代医学的发展离不开巨大的勇气和魄力。人类有8000多年的文明史，大约是300代人，其中有295代人得了病就听天由命，直到一百多年前，后面五代人开始得到"好医学"的照顾，而真正被"现代医学"照顾的，其实只有最近两代人，也就是说，直到最近六七十年，现代医学才惠及大多数人。1945年，弗莱明、钱恩和弗洛里三人因发现和应用青霉素，获得了诺贝尔生理学或医学奖。之后，现代医学的时代称为"植入革命"时代，医生借助手术，把塑料、金属等材料制成的植入物放进人体，帮助治疗患者，这是外科的一次革命，也是人类历史上一场意义重大的巨变。每个重大突破的背后都有多位科学先驱的努力，他们为了改善人类命运做出了自己的贡献。最近几十年，现代外科医学取得的成就并不是一蹴而就的，而是由那些勇往直前的先驱者一步步创造出来的。每项进步

都基于之前的突破性进展，每项进步又带来向下延展的进步。

1957年，第一款植入型心脏起搏器在美国明尼阿波利斯市问世，它能让我们看到科学和医学的进步，以及这个过程中科学先驱们的努力。"植入革命"被视为现代医学的一个重要标志。关节置换、起搏器、心脏瓣膜和脑深部刺激装置都会逐渐改进，直到发生质变，来挑战人类以前未战胜的疾病。有了"植入革命"，哪个关节不行了，换；哪个器官不行了，换。外科医生部分参与了"造人"的过程。（参考中信出版社2021年出版的《外科的诞生》，作者：大卫·施耐德）

——敢为天下先。敢为天下先者，看上去会比常人疯狂不羁。乔布斯说："向那些疯狂的家伙们致敬，他们特立独行，他们桀骜不驯，他们惹是生非，他们格格不入，他们用与众不同的眼光看待事物，他们不喜欢墨守成规，他们也不愿安于现状。人们可以赞美他们，引用他们，反对他们，质疑他们，颂扬或是诋毁他们，但唯独不能漠视他们。因为他们改变了事物，他们推动人类向前发展。或许他们是别人眼里的疯子，但他们却是我们眼中的天才。"乔布斯觉得，只有那些疯狂到以为自己能够改变世界的人，才能真正改变世界。

乔布斯经常把自己比作爱迪生，但与爱迪生不同，乔布斯本人并没有发明什么，最早的个人计算机并不是苹果发明的，鼠标也不是他的发明，皮克斯是卢卡斯创建的，最早的数字音乐播放器来自新加坡。乔布斯真正的天赋是预见和改变，他将电脑产业与消费电子产业结合，打造了一种以数字产品为标志的生活方式，并且使苹果公司成为这种生活方式的核心技术提供者。他把一种刚刚萌芽的产品想法开发、完善、改造、定型、协调、改变，甚至一次又一次地推翻，直至最终完美到可以批量生产；他日复一日、周复一周地去驾驭、劝诱、助推、鼓励、吸引、启发、责备、组织和表扬成千上万的人去创造一种最终能够被人们放进口袋、手提包、电脑包以及放在桌子上或膝盖上的产品。任何一个挑剔地使用过数字产品的人，都能想象出这一过程的艰辛与复杂。

对某些人来说，乔布斯是神一样的偶像。对某些人来说，乔布斯是一个了不起的产品经理。对某些人来说，乔布斯是一个彼可取而代之的竞争对手。真实的乔布斯到底是一个什么样的人？他的创造力、想象力以及持续创新的动力到底来源于哪里？是什么样的信仰和价值观驱动他用一生去追求？他在个人生活与管理中展现出的冷酷无情的一面，又该如何看待？苹果又在多大程度上是他的个性的产物，在多大程度上是他与环境妥协的结果？

乔布斯是疯狂的，而这疯狂也许就源于刻在他骨子里的勇气和魄力。

现在硅谷的人都觉得疯了的一个人是埃隆·马斯克，他是第一个真正实现民间做航天飞行的人。马斯克做这件事情的目标不仅是实现航天飞行，他想要打造一个基础，未来把几十万人送上火星，这一切只是马斯克狂想的开始。

然而，正是他们这些疯狂的想法让他们变得与众不同，正是他们这些疯狂的想法可以真正改变世界。

拥有如此魄力的基础是眼界开阔，境界高远，格局宏大。只有在宏大高远的视野下，看到了更清晰、更准确的未来，才敢于下大决心，用魄力拓展边界。

法国作家罗曼·罗兰在《米开朗琪罗传》里有句名言："伟大的心魂有如崇山峻岭，风雨吹荡它，云翳包围它，但人们在那里呼吸时，比别处更自由更有力。"普通人也许未必能在高峰上生存，但一年一度他们应上去顶礼。在那里，他们可以变换一下肺中的空气与脉管中的血流。以后，他们再回到人生的广原,心中就充满了战斗的勇气。

三、人类现代化治理制度体系的建设,靠的是有识之士前仆后继的勇气和魄力,乃至牺牲献身

古今中外所有伟大的政治领袖,都依靠巨大的勇气和魄力,充分利用时代提供的机遇,克服排山倒海的困难,确立丰功伟绩,建立新的秩序,同时探索建立相应的制度。

1. 敢于发声

"千羊之皮,不如一狐之腋;千人之诺诺,不如一士之谔谔。"意思是说,就算凑出千张羊皮,也不如一只狐狸腋下那一点点皮毛值钱;一群人的唯唯诺诺,不如一个正直之士直言不讳的批评来得更有价值。

清末,曾国藩面对时政,直言上书咸丰帝,力陈时弊:"……古今人情不甚相远,大率戆直者少,缄默者多,皇上再三诱之使言,尚且顾忌濡忍,不敢轻发苟见;皇上一言拒之,谁复肯犯天威……自古之重直臣,非特使彼成名而已。盖将借其药石,以折人主骄侈之萌,培其风骨,养其威棱,以备有事折冲之用,所谓疾风知劲草也。若不取此等,则必专取一种谐媚软熟之人,料其断不敢出一言以逆耳而拂心,而稍有锋铓者,必尽挫其劲节而销铄其刚气。一旦有事,则满庭皆疲苶沓泄,相与袖手,一筹莫展而后已。今日皇上之所以使赛尚阿视师者,岂不知千金之弩轻于一发哉,盖亦见在廷他无恃之人也。夫平日不储刚正之士,以培其风骨而养其威棱,临事安所得人才而用之哉!"

结果如何呢?咸丰帝对曾国藩上书的批示是:"……此奏折意在陈善责难,预防流弊……意尚可取……念其意在进言,朕亦不加斥责。……至所论人君自矜,必至喜谀恶直等语,颇为切要……"

曾国藩年谱对此事总结道："公是疏得奉优旨，时称盛事焉。"

2. 敢于推翻束缚发展的旧制度

在我国近代史上，公车上书影响深远，它是推翻清朝封建制度的前奏，一石激起千层浪。清光绪二十一年（1895年），康有为与梁启超集结1300余名举人，联名上书光绪帝，反对在甲午战争中战败的清政府签订丧权辱国的《马关条约》。公车上书被认为是维新派登上历史舞台的标志，也被认为是中国群众政治运动的开端。在此之后，中国进行了一系列反对帝国主义、反对封建主义的伟大斗争，无数仁人志士奋起反抗压迫与剥削，最终建立了中华人民共和国。在这个过程中，每一次斗争都需要巨大的勇气和魄力。

3. 探索建设适应事物发展的新制度，更需要勇气和魄力

2008年，为应对美国金融危机，决策者们有各种不同的主张。面对市场混乱和政治派别之间的相互攻击，当时深陷漩涡中的美国决策者们，更多的是需要勇于担当和勇于变革的进取之心，打破制度框架，直奔要害地解决现实问题，这需要行动的勇气，而不是怨天尤人和推卸责任的政治技巧。时任美联储主席本·伯南克深处危机带来的压力和煎熬之中，他深有体验地反思道：对金融危机，尽管经济学的理论研究已经提出了足够多的解决方案，但是关于未来，"肯定不能奢望学术争论能够为我们提供什么切实可行的建议"。面对世纪规模的萧条，打破体制障碍，进行制度重构势在必行。2010年7月，连任之后的伯南克主导推出了《多德－弗兰克法案》，美联储的机构得以重组，对于市场的监管也得以加强，后续的量化宽松政策陆续实施，经济恐慌的恶性局面逐渐得到了扭转。（参考中信出版社2016年出版的《行动的勇气》，作者：本·伯南克）

4. 勇气和魄力是智慧的灵魂、筋骨和头顶的光芒

天才的才能需要勇气来点燃。反抗法西斯侵略的勇气与探索未知领域的勇气其实一脉相承。

哲学家和作家、诺贝尔文学奖得主阿尔贝·加缪，生物化学家、诺贝尔生理学或医学奖得主雅克·莫诺，他们是各自领域的天才，有着超越常人的智慧，但同时他们又同样具有非凡的勇气，这勇气帮助他们面对黑暗和灾难，促使他们不断砥砺奋进，也让他们始终直面与反思整个人类的命运。

德国纳粹占领法国期间，加缪坚持写作并完成了代表作《西西弗神话》。1942年，加缪抱病写出了影射纳粹占领的小说《鼠疫》。他还加入了一个名叫"战斗"的抵抗组织，在组织的地下刊物《战斗报》上发表文章，鼓舞法国人抵抗纳粹。

莫诺是科学家，在"二战"期间也加入了反抗法西斯侵略的组织。"二战"后，莫诺等人在对操纵基因的研究中，发现了遗传信息如何从DNA传导到蛋白质的秘密。这个发现奠定了遗传信息从DNA到RNA再到蛋白质的中心法则，成为分子生物遗传学发展的重要基石。1965年，莫诺和同事雅各布、勒沃夫三人，毫无悬念地摘得了当年的诺贝尔生理学或医学奖。

1970年，莫诺出版了《偶然性和必然性》。书中指出，现代生物学，尤其是遗传学的发现，揭示出人类的出现其实是偶然性的结果，而不是什么神定的命运。

加缪通过写作与思考，表达了对人类存在问题的拷问，揭示了命运的荒谬性以及反抗所具备的意义，而莫诺则通过实证科学的研究和发现，证实了人类出现的偶然性和"荒诞"，并动摇了建立在命定论基础上的价值体系和信仰，促使人去进一步反思自己的存在。

莫诺说："只有人自己才能创造、定义和塑造价值。""除了创造，还有

什么来自人类的行动能够超越其创造者。"

加缪也曾说过:"胜过荒谬的喜悦的东西是创造。"他们都坚定地认为,对创造与知识的追求,是人所能达到的最高价值。(参考中央编译出版社2015年出版的《勇敢的天才》,作者:西恩·B.卡罗尔)

四、勇气和魄力是在行动和实践中积累锤炼而成的,帮助人们不断实现目标超越

体育竞赛项目中有一项跨栏跑,是途中设有固定数量、固定距离、固定高度栏架的短跑项目,也是田径运动中技术比较复杂、节奏性比较强、锻炼价值比较高的项目。从事跨栏跑运动,不仅能有效地发展速度、弹跳力、柔韧和灵敏等身体素质,还可以培养勇敢、顽强、果断和克服困难的意志品质。横亘在眼前的那些栏杆代表了生命中的各种障碍,代表了一道道坎,拦着人,不让过去。但是我们要有突破的胆量,跨越阻拦生命的栏杆。

沃伦·巴菲特说:"当有人逼迫你去突破自己,你要感恩他。他是你生命中的贵人,也许你会因此而改变和蜕变。当没有人逼迫你,请自己逼迫自己,因为真正的改变是自己想改变。蜕变的过程是很痛苦的,但每一次的蜕变都会有成长的惊喜。"成功需要一瞬间突破的勇气,但这一瞬间却需要千锤百炼。

1.勇于跨过阻拦前进的栏杆

做任何事情都有困难和障碍,提前预判困难和矛盾,制定解决方案,心里就不慌,就能沉着应对。有一个思维模型可以借鉴,即WOOP思维模型。其中:W——Wish,是愿望;O——Outcome,指最好的结果,这两项是增加目标的张力;O——Obstacle,设想可能遇到的障碍;P——Plan,指计划,这个计划是用"如果遇到了什么障碍,我就怎么做"的句式写的。

2. 人类前进中提炼的各种精神，无一不包含勇气和魄力

中国精神包括民族精神和时代精神。所有这些精神，包括井冈山精神、长征精神、南泥湾精神、延安精神、抗战精神、西柏坡精神、北大荒精神、红旗渠精神、大庆精神、雷锋精神、"两弹一星"精神、抗洪精神、抗震救灾精神、特区精神、奥运精神、载人航天精神等，都是从伟大的历史事件中提炼出来的。成就这些事件的精神无一不包含勇气和魄力。

3. 企业家勇于冒险的精神尤其值得崇敬

企业家是能把资源从生产力和产出较低的领域转移到较高的领域，并敢于承担一切相关风险和责任的人。企业家精神就是企业家所表现出来的战略前瞻性、市场敏感性和团队领导力。我通过多年的研究和思考发现：企业家是推动人类文明发展进步的重要贡献者，没有财富的增长，几乎没有世界的发展。

1858年，美国实业家菲尔德发起集资，要铺设连接欧美大陆的海底通信电缆。在此之前，没人敢设想这种规模的工程。然而，铺设电缆连续失败了两次，菲尔德损失了大量金钱和好几年的时间。不只是股东们向他施加压力，所有人都把他说成是骗子。直到1865年7月，经过多年沉寂，菲尔德又筹集到了新的资金，再次买下巨轮出海。这一次，他不但取得了成功，还接上了之前断裂的旧电缆，让美洲和欧洲有了两道通信桥梁，实现了人类第一次越洋通话。

《人类群星闪耀时》的作者茨威格形容菲尔德"拥有对奇迹深信不疑的天真和勇气，富有热烈的冒险精神和信念。既是商人，又是英雄"。在网络时代，那些最受推崇、改变世界的创新者，也都有这种性格禀赋。

有魄力的人通常基于智慧的判断，有五到六成胜算就敢干。要敢于超越自己，敢于超越先贤，敢于超越现状。莎士比亚曾说："本来无望的事

情，大胆尝试，往往能成功。"富贵险中求，敢干，就是一种胆气。这并非鼓吹一种"横冲直撞"的能力，而是强调一个人如何最大限度地燃烧自我，拥有某些"反人性"的超级品质，但不失人性，从而成为一个为人类做出贡献的人。

4. 勇气和魄力在行动中历练

成功关键的决定要素是行动，不行动，一定不会成功。胆量来自日积月累的行动，行动是改变命运的根本途径。手比头高，是手伸出来的时候，不是垂下去的时候，只有采取行动，命运才会改变。

在组织内部不断得到提升的人并不是最聪明的，也不是最有能力的，而是最不计较付出行动的人。机会都是从行动中获得的。乔丹在中学参加篮球队员选拔的时候，因为不够高，所以被编排在二队，教练要在一队训练完之后才能给二队训练。乔丹提出为一队服务，所以每天乔丹都比每一个二队队员多训练两个小时，多年之后我们知道乔丹成为"飞人"。

行动才是最根本的能力，看准方向后要立刻行动。只有方向或计划还远远不够。

在科技发明过程中，相比于同时代其他发明家的自娱自乐，爱迪生更注重结果，这也是爱迪生的发明能够从众多竞品中脱颖而出的原因。爱迪生在对创新方向做出判断之后，会立刻行动。在第一次世界大战时期，由于苯酚是炸药的重要组成部分，美国作为参战国对它的需求量非常大。但是因为之前的进口国是敌国，所以不能再进口了。爱迪生得知这个消息后就意识到，一旦停止进口，本土的苯酚生产一定有机会，工业化苯酚合成会是未来的趋势。从做出这个判断，到完成技术选取、细节优化，再到组建苯酚合成工厂，爱迪生一共只花了18天。他也因此率先获得了来自各方的大量订单。

可见，看到机会不等于能抓住机会，立刻行动才能够让自己抢得先机，占据主动。因为高新产业的爆发期稍纵即逝，就算有精准的眼光和强大的团队，行动跟不上往往也会错过良机。就拿柯达公司来说，其因为坚守胶卷业务而经历了破产风波。事实上，柯达是最早开始研发数码相机的企业，并在当时雇用了最好的技术团队。柯达管理层很早就知道数码相机更加方便，用户体验更好，是未来的趋势，但却因为传统胶卷业务的利益而延缓了项目的研发进度，最终错失了数码时代的蓝海市场。

五、巨大的勇气和魄力来自对正义目标的坚定追求

动机是重要的内驱力，它帮助人们设法应对挑战。勇气和魄力的动机必须来自正义。勇自正来，胆因正大，事因正成。

1. 正义能给人带来心理上的勇气和力量

据不完全统计，在有记载的5560年的人类历史上，共发生过大小战争14531次，平均每年发生2.6次。整个中世纪的1000年时间，欧洲都是在战乱中度过的，史称黑暗时期。从1740年到1974年的234年中，共发生过366次战争，平均每年1.6次。在第二次世界大战后的37年中，世界上爆发470余起局部战争，在世界范围内，无任何战争的日子只有26天。

这些战争给人类带来了严重灾难，使36.4亿人丧生。损失的财富折合成黄金可以铺一条宽150千米、厚10米、环绕地球一周的金带。

所谓正义战争，是指一切符合人民利益、对社会发展起促进作用的、进步的战争。它包括民族解放战争、阶级解放战争和反侵略战争等。概括起来就是，一切反抗反动统治的压迫、抵御外来侵略、促进社会进步的战争，都是正义战争。一切反动势力所进行的镇压革命、对外进行侵略扩张、阻碍社会进步的战争都是非正义战争。

从历史的长河看，战争虽然具有依靠军事实力的胁迫性，但正义战争

最后胜利的占到了多数。这是因为，正义能给人们带来巨大的勇气和力量。

2. 勇气和魄力是我们的主动选择，可以帮助我们获得持续的贡献感

心理学家阿德勒认为，人之所以不幸，是因为自己选择了"不幸"。之所以无法改变，是因为自己下了"不改变"的决心。从这里我们推断，勇气和魄力是人的主动选择。魄力的本质是敢想敢干，敢破能立。

选择勇气和魄力，要主动克服"约拿情结"。"约拿情结"是指对成长的恐惧。它来源于心理动力学理论上的一个假设："人不仅害怕失败，也害怕成功。"其代表的是一种在机遇面前自我逃避、退后畏缩的心理，是一种情绪状态，并导致我们不敢去做自己能做得很好的事，甚至逃避发掘自己的潜力。在日常生活中，"约拿情结"可能表现为缺少上进心。它的存在也许有一定的合理性，但从自我实现的角度来看，这是一种阻碍自我实现的心理障碍。

没有勇气和胆量就不敢去抓住关键机会，结果就是要么平庸，要么败北。

1815年，拿破仑从流放地重返法国，他的老对手立刻组织了新的反法同盟，聚集了两倍于他的兵力。在关键的一战中，拿破仑把一支军队交给了为人老实可靠、唯命是从的副将格鲁希元帅。6月18日，拿破仑率领的主力军和英军在滑铁卢开战，决胜的关键就看谁的增援先到。但是，格鲁希因为没有接到拿破仑的命令，犹豫不决，结果贻误了战机。

茨威格对此评论道："格鲁希思考了一秒钟，这一秒钟造就了他的命运、拿破仑的命运和世界的命运。假如他勇敢果断，而不是愚忠于皇帝，法国就能得救。""命运只愿意成就那些勇敢者。当重任降临到平庸之辈身上时，他们不是感到庆幸，而是害怕。他们把这个成为命运主人的机会，哆哆嗦嗦地失掉了。"有一句来自这个故事的格言："当改变命运的时刻降临，犹豫就会败北！"按照这一战的历史意义来说，这一秒钟的犹豫待命，确实改变了整个 19 世纪。

3. 勇气和魄力的来源

无数案例证明：正当的目标可以持续赋胆，以胆克难；高尚的价值观可以赋胆，利他心能够强胆；智慧和能力可以赋胆，艺高人胆大；行动可以赋胆，胆量在行动中练就；良好的制度可以赋胆，激活人的自由创造力。

而谋取蝇营狗苟的非正义私利时，只能鬼鬼祟祟、战战兢兢，心虚到胆寒。

创业者所做的每一个决策，都是基于非常有限的信息，所掌握的信息可能只有信息总量的 1/10。但是，却必须马上做出决策，因为如果等搜集到足够的信息再做决策，机会窗口早就过去了。在时间紧急、信息有限、不确定性极大的情况下做生死攸关的重大决策，任何心智正常的人都会感到恐惧，因为决策直接决定了企业的生死存亡。

越是在这个时候，就越需要勇气。英雄与懦夫的区别，不在于能不能感受到恐惧，而是恐惧之下如何行动。怯懦的创业者不敢独自承担责任，他会根据多数人的意见，选择阻力最小但往往是错误的方案。而勇敢的创业者可以克服恐惧，力排众议，放手一搏。

创业者不应该去计算成功的概率，而是必须坚信，任何问题都有一个解决的办法。首要任务就是找到那个办法，并坚决执行。不管这个概率是 90%，还是只有千分之一，决策者的任务始终不变。如果说有一种能力是创业者必备的，那就是在无路可走时，还能冷静下来选择最佳路线的能力。而创业者最忌讳的，就是不敢力排众议，坚持自己的判断。

勇气和魄力需要伴随我们每个人的一生，勇气和魄力在一天天的生活中不断积累。每个人都会面对现实生活的荒诞、荒谬、矛盾、困惑、不公平、挑战等各种不确定性，诺贝尔文学奖获得者阿尔贝·加缪提出和分析了三种应对策略：自杀、依靠信仰，以及在承认荒诞的前提下充分度过人生。三者中，他否定自杀，认为这只是在逃避。同样，依靠宗教信仰在他看来也不过是哲学上的自杀，因为所谓宗教信仰也是对人类现实处境的逃避。所以，他选择第三个答案，接受现实，坚信即使人类存在是荒诞的，生命的意义依然可以实现，人依然可以思考、创造，获得生活的自由。而这，就是对荒诞的反抗。正是这种反抗，体现了人的尊严所在。在他的代表作《西西弗神话》中，他借助古希腊神话中的人物西西弗，充分表明了自己的哲学理念。

西西弗受到诸神惩罚，必须每天推一块巨石上山，而到了山顶，巨石都会滚下来。这难道不是人生毫无意义，每天徒劳无功的象征吗？可是加缪却说，西西弗是幸福的，他爬上山顶所要进行的斗争本身就足以使一个人内心充实，通过这种行动，他知道他是自己有生之年的主人。在西西弗身上，我们可以看到对生命的热爱，对命运勇敢的反抗，以及对人的尊严的维护。

总之，兵法千百条，敢打是关键的第一条。看准目标后，要不甘心被束缚，敢于打破天花板，豁上一切资源，冲出去取得胜利。勇气和魄力让人傲然屹立、顶天立地！

第七章

创造力之美：守正出奇，革故鼎新

创造力是推动社会进步、增进人类福祉的第一力量。唯有创造，才能超越！

探求新奇，是人类的本能，它来自人的一种心理特质。这种特质深深地刻在人类的基因里。考古研究发现，数十万年前，原始人类经历过一场巨大的灾难，一些顽强的幸存者从非洲迁移到了遥远的新大陆上。这说明，那些更有开拓精神和创造力的个体生存下来了。这个过程历经千年，开拓精神和创造力就会反映在基因里。1996年，科学家发现了一种与开拓精神和创造力有关的基因，叫多巴胺受体基因。这种基因让大脑产生一种奖励机制，一旦有了开创性的新想法，大脑就会分泌让人感到愉悦的多巴胺。由此可见，创造是人类的本能，是实现自我、超越自我的最佳途径。

理查德·尼克松在《领袖们》中论述道："有些领导人需要权力，是为了使生活有所依托；有些领导人为了实现某种梦寐以求的目标而生活，因此，他们需要权力来推进这一目标的实现。"一个健康的领导者，释放众人的力量，"能够放权给他人，给他人自由，而且能够从他人的自由与自我实现中由衷地体验到快乐"。这些伟人最深层的动机实际上是追求社会正义、真理和美，创造新的物质和精神财富，从而造福社会，而不是为了个人财富与名誉。

一、革故鼎新，突破认知天花板，实现思想与观念的创新，这是一切创造力的源头，是现代社会创造力的基石

1. 思想突破，促进价值创造

人类社会针对当时的问题产生的一系列思想，要么推动发展进步，要么平衡风险，创造社会秩序。文明不仅是经济增长，也包括风险降低。历史上的宗教、宗族等社会形态虽然禁锢人的思想，但是也增加了稳定秩序、应对风险的能力，也是文明的组成部分。人类遇到的风险不只是自然灾害，也包括社会结构带来的变化。人类社会的工业化和金融市场较好地解决了自然风险，但又出现了失业、萧条、政治动荡等人造风险，催生出新的社会结构，进一步改变了文明的发展趋势。解决问题的同时又伴随产生了新的问题，必须再找到新问题的解决方案。这种循环催生了发展进步。所谓发展进步，强调的是我们承认对世界了解不够多，并愿意以积极向上的行动接受新知识和新变化，发展进步意识给人带来了非常明显的发展进步。

2. 理论突破，促进价值创造

对数学、物理、化学、生物等自然科学的研究，深化了人们对物质世界基本原理的认识，推动了工业革命，创造了巨大的经济价值。

科学理论革命式的创新突破，是科技创造力的源头。达尔文的生物进化论、牛顿的力学三定律让人更准确科学地认识世界的真相。依靠牛顿力学简单的几条定律，仅仅通过一个已知天体，竟然就能间接发现另一颗远在几十亿千米之外，没有任何观测数据的未知天体，而且还能将它的位置计算到精密的程度。这绝对是一个前所未有的壮举，很多天文学家认为这

是牛顿力学最伟大的胜利。更神奇的是，根据这套理论，小到我们身边物品的位置改变，大到宇宙天体的运行，一切都能获得近乎完美的解释。不得不让人感叹科学理论的巨大力量。

自从现代科学诞生以来，不管是牛顿力学，还是爱因斯坦的相对论，又或是量子力学，这样的革命一次次发生，从未停止过。试想，如果没有牛顿、爱因斯坦等科学巨匠，卫星岂能上天？因为有了他们的科学发现，人类才能到天上去、到月亮上去，现在又想到火星和其他星球上去。真是"可上九天揽月，可下五洋捉鳖"！

3. 现代文明思想是世界创造力的加速器

伟大的思想创新构建起了现代文明。文艺复兴之后，欧洲发生了一场场波澜壮阔的运动：英国的工业革命、法国和苏格兰的启蒙运动、法国大革命……在这之前，大多数欧洲人处于一种蒙昧的状态，只会服从于教皇或者贵族的权威。而这些运动最大的作用，就是使人认识到自己其实是有能力独立思考的，应该运用科学和理性来看待万事万物。通过对君主专制、贵族特权、教会迫害等进行猛烈的批判，逐步形成了自由、平等、博爱、市场、法律、道德、科学、民主、法治、宪政这些光辉灿烂的思想。这些今天看来司空见惯的思想，是推动人类加快发展的思想基石。正是这些具有原创性的伟大思想，推动了一系列划时代的重大变革，催生了工厂、工业、工程师、科学家、企业家、铁路、新闻传播、工人阶级、资本主义、社会主义等。

4. 探赜索隐、追求真理、继往开来、革故鼎新的创造性思维产生的先进思想，是对文明的最大贡献，是物质创造力产生的基石

哈佛大学前校长德里克·博克把人的思维模式分成了三个阶段。第一个阶段是"无知的确定期"，就是学到什么，认为什么就对。第二个阶段是

"有知的混乱期",就是接触了许多学派和理论之后,觉得似乎都有理,又不能掌握体系。第三个阶段是"批判性思维"阶段,就是能够通过取证、分析、推理的方式,做出理性判断,这是思维真正成熟的阶段。

只有到了第三阶段,才能形成创新思维。运用创新思维,无论取得什么样的结果,都具有重要的认识论和方法论的意义,因为即便不成功,也会向人们提供以后少走弯路的教训。常规性思维虽然看起来稳妥,但它的根本缺陷是不能为人们提供新的启示,相当于把自己关进了心灵的囚笼,失去了选择的自由。而要去获得生命的意义就要走出设下的桎梏,不再做思维的奴隶。

新思想在于揭示新认知。独立思考,敢于不同,指出既有思想和事物的漏洞,才能实现创造性发展。爱因斯坦曾说:"要是没有能独立思考和独立判断的有创造力的人,社会的向上发展就不可想象。"

但创新是一种"反叛"。创新者会为之付出巨大的代价,除了孤独、失败外,还会遭到嘲笑与排斥。因为大多数人都是从众的。"凸出来的钉子总会被敲下去",揭示了不从众者经常会面临的命运。真正独立的人能够抵抗被排斥所带来的消极影响,他们会有更强烈的动机,想要保持与众不同。这种动机能够提升创造性思维。推动划时代的颠覆式创新是不简单的事。受认知能力局限性和实践能力局限性的影响,科学无法达到绝对真理,我们的认知多数是阶段性、相对性的真理。因此,我们可以推断人类的创新可以永无止境——探赜索隐日又新,永远有新机会,只是我们能力不足,还未看到。可以说,推陈出新是每一代人的使命。不断探索科技创新、管理创新、制度创新等各类创新,实现旧事物的新组合,这是人类最宝贵的能力。如果有这种能力,就能把握事业成功的最佳时机,解放思想,解放生产力,从而创造更丰富多彩的伟大奇迹。

5. "语不惊人死不休"——语言的创造力可以抵得上千军万马

深入人心的语言，具有醍醐灌顶、让人茅塞顿开的力量。尼采大胆呼喊"上帝死了"，这样的"反叛"言论，拥有排山倒海的力量，颠覆了人们对上帝的信仰，引导人们用科学战胜蒙昧。《物种起源》的出版，让人从迷梦中醒来，走向文明进化时代。

语言就是人类的一副眼镜。人类通过语言来描绘这个世界，语言塑造了人们对这个世界的理解。不是人支配语言，而是语言支配人。要重视语言的力量，因为语言能凝聚人心、唤醒共识。

二、守正出奇，热爱未来，创造未来

守正出奇，守正就是必须遵守基本原理、基本规律，出奇就是产生奇招，积累奇点，创造新认知、新理念，组合新方法，产生新奇迹。提升创造力，就要以不同的方式思考，也就是不走寻常路。苹果公司、亚马逊公司、阿里巴巴公司等之所以成功，就是抛弃了传统的思维方式，藐视标准和权威，制造新业态、新产品、新平台。反传统者不墨守成规，他们会尝试别人认为不可能的事情，他们不愿意遵从传统的思维方式和行为方式。所谓创造力，其实就是创造出新的模式，提出新的问题，寻找出新的答案。

1. 抓住事物的本质，提高创造力

研究发现，人类发展进步的历史，就是各方面创新的历史，因为创新，才有了人类的发展进步。谁能创新，谁有竞争力，谁就为社会创造价值，从而推动发展。创造力的核心是不断实现"摩尔定律"式的持续创新。

"世界上最成功、最重要的企业家"，这是《纽约时报》对马斯克的评价。马斯克为何成功？他从来不会选择最安全的路径，永远都在尝试新事物，这是他成功的原因。马斯克的聪明体现在他是一名工程师，总是追求

原创，从来不复制，善于探究物质的本源，从深层的物理理论来解答世间万物产生的原因。

马斯克多次谈到自己的思维方式与常人不同——遵从"第一原理"而非"比较思维"。遵从"第一原理"，就是要剥开事物的表象，从本质入手。

以发射火箭为例，马斯克谈了自己思考的过程：火箭是什么构成的？航天级别的铝合金，以及一些钛合金、铜、碳纤维，这些生产原料在大宗商品市场上到底是什么价格？结果他发现，这些原料成本只需要火箭本身造价的2%。而对于一般人来说，想到火箭的第一反应可能是NASA是如何做的。而马斯克敢于分析拆解，再重新组合，即透过现象看清本质，自然恍然大悟，道高一筹。

如今，SpaceX已经成功完成60多次发射和29次回收。2020年，SpaceX使用猎鹰9号火箭将载人龙飞船送入轨道，搭载了4名宇航员。

马斯克说："大多数情况下，人们会照搬现成的解决方案，只做一些微调，我则尊崇物理学的第一原理分析，将某个领域的事物归结到最基本的原理，然后再以此为基础进行扩展。"也就是说，按照物理的第一性原理、人性的第一性原理组织创新创造，实事求是，回归本质本源，进行重构。

为什么人类等了这么多年，才在近两三百年间发展出奇迹一般的力量？焕发出如此大的创造力？那就是按照第一性原理进行创新。无中生有，有中生新，小中成大，集腋成裘，集合集大成式创新，形成推动发展的颠覆式创新。

2. 目标正，路径奇，大事难事终能成

马斯克永远要求同事们去考虑"实现路径"，而不是争论"是否可行"。普通人总是在为这件事不行找借口，而马斯克直接跳过这个问题，只专注于怎么才能实现目标。马斯克在遇到难题时，总是说："我知道我们一定能

够做到，只是花多少时间和精力的问题。"

很多人问过马斯克，成功的秘诀是什么？他是这样回答的——

第一，非常努力地工作：每周工作七天，只要是醒着的时候都在工作。

第二，吸引顶尖人才与你共事：企业是一群人集合在一起创造产品或服务。创业的话，更要想尽办法，找到最厉害的人才。

第三，聚焦在信号，而非杂音：很多企业混淆了焦点，花很多钱去做一些不会让产品变得更好的事情。每家公司都应该自问，我们所做的这些事情，到底有没有让产品或服务更好，如果没有，就应该喊停了。

第四，不要盲目跟随潮流：物理学研究的第一条原则是不要以类比方式来推理，应该从最根本的真理开始思考。

第五，趁着年轻，勇于冒险。

马斯克的回答看起来有点朴素，但是他也强调，确实没有什么捷径了。

事实确实如此，世上并没有毫不费力就能成功的捷径，捷径往往是最大的弯路。任何试图走捷径的行为，都会让人在未来付出更大的代价。年轻时，要选难走的路，因为那是向上的路。

在马斯克身上，我们看到曾经无比熟悉，如今异常稀缺的东西——人类对外部世界的向往，对宇宙的渴望，对物理世界未知的挑战。探寻人类的命运，构思人类的未来，是文明的本源，也是我们这个物种生命力的体现。马斯克总是做最大的梦。

用雷军的话说："和埃隆·马斯克比起来，我们干的好像都是别人能干的事情，但他干的别人想都想不到。"

3. 设计未来，创造未来

亨利·福特之所以能名垂青史，因为他是一个"革命者"、创造者，习惯打破框框来思考。他有一句名言："如果我当年去问顾客他们想要什么，他们肯定会告诉我：'一匹更快的马。'"他的"装配线"和"批量生产"改变了工业生产的方式，改变了当今世界的经济、社会和生活。

亨利·福特40岁时建立了福特汽车公司，其主力产品T型车共销售1500万辆，这个世界纪录保持了45年。

T型车大获成功后，福特马上面临一个问题：上游的原材料和零部件供应跟不上了，影响了汽车的稳定生产。怎么办？福特的解决方案是：自己来。福特从采矿、伐木、挖煤开始干起，到炼钢、铸件、锻造零部件，再到生产皮革、玻璃、塑料、橡胶等汽车配件，最后再把所有这些东西运到福特发明的流水线上，组装成整车下线。

所有这些流程都可以在胭脂河厂区内完成。胭脂河厂区占地8平方千米，共有93座单体建筑，里面包括冶金车间、玻璃车间、橡胶车间等，还包括3个发电站，光是连接这些建筑的运输铁轨长度就有160千米。铁矿石运进来，整车运出去，真的是实现了"点石成金"。

福特的纵向一体化模式成为汽车行业的标杆。不管是福特的老对手通用汽车，还是后来崛起的日本汽车，虽然在管理方式上各有创新，但都执行纵向一体化战略，最大限度地保证供应链安全，确保稳定生产。

时代不同，创造方式也不同。新能源车给汽车行业带来了"百年未有之大变局"，把汽车从一种大型机械，变成装了四个轮子的电子设备。比亚迪和特斯拉，这对中美新能源车企的领头羊，它们还给汽车行业带来了另一个深远变化，就是重塑汽车行业的供应链模式，从大规模的零部件外包，变成纵向一体化整合。

马斯克公开表示要学习老福特，能自己造的就不外包。特斯拉建在得克萨斯的超级工厂，就像"当代胭脂河厂区"，可以进行从电池到车体的一条龙生产。比亚迪从电池、车架、空调、安全气囊、倒车雷达，到门把手、安全带、方向盘、灯具，全部自己生产，它号称自己生产"除了玻璃、轮胎和钢板之外的所有汽车零件"。

如今，宝马、大众、通用等老牌车企已经意识到，如果再不改变供应链模式，它们在技术创新上和特斯拉的距离将越拉越大。各大传统车企明显加快了纵向一体化整合的步伐。比如大众提出，要在2030年之前在欧洲自建6座电池厂，并且自己设计汽车软件系统和芯片。全球汽车供应链，正在掀起一场"特斯拉革命"。

只有创新与创造，才能让工作和生活充满新鲜感、兴奋感、成就感。我们应该针对社会的一个问题，提出一套解决方案，推出一个优质产品，满足社会的需求。不因害怕冒险而踟蹰不前，而为创造伟大提供可能。

为鼓励人类发挥创造力，伟大的科学家诺贝尔用毕生积累的财富创立了诺贝尔奖。各种诺贝尔奖项反映的是科学家们对这个世界浓浓的好奇心以及取得的成果。好奇心永远是科学研究的原动力。没有"无中生有"的好奇，就难有"另起一行"的创新。爱因斯坦说："我没有特别的才能，只有强烈的好奇心。"

4. 创造力的获得在于主动迎难而上，不断解困

前进道路上遇到的问题是目标与现状之间的差距。只有解决了困难和问题，才能实现创造式前进。

犹太人在主动解困中提高了自己的创造力。犹太人的历史十分复杂。19世纪末，犹太复国主义运动兴起，犹太人开始大批移居巴勒斯坦地区。1947年11月29日，联合国大会通过决议，决定在巴勒斯坦地区分别建立一个阿拉伯国和一个犹太国。1948年5月14日，以色列国根据该决议正式成立。以色列的国土面积为2.5万平方千米，自然资源极度匮乏，一半以上的地区都是沙漠，而且全年有7个多月都是无降雨期。

但是，以色列却一跃成为世界经济和科技强国。这个人口只有 900 多万的国家，拥有 4000 多家科技创业公司。平均每 2000 名以色列人当中，就有 1 人从事科技创业。

以色列的创新在我们的生活中随处可见：小的有 U 盘、QQ 和 MSN 的即时消息传输技术，大的有太阳能转化技术、滴灌技术、海水淡化技术、防虫害粮食储存技术等。这些都是以色列研发之后，推广到全世界的。

限制才能成为激发创新的动力。正是种种的限制，逼着以色列人必须创新，因为"不创新就会死"。之所以会发明滴灌技术，就是因为以色列太缺水了，必须要让每一滴水都发挥出最大的作用。因此，以色列人在灌溉设备上用足了高科技，比如智能监控、防堵塞的药剂、充气系统、回收循环系统等。他们生生把水的利用率从传统的 15% 提升到了 95% 以上。

靠着滴灌技术，以色列不仅实现了农产品自给自足，还能出口欧洲国家。滴灌技术还被推广到了全世界。正是以色列的水资源限制，激发了农业技术的创新。问题和限制正是创新的机会，我国新疆的坎儿井和以色列的滴灌工程，有异曲同工之妙。

打破思维定式，把困境变成优势。以色列人从小学就开始训练如何打破思维定式。

从家庭角度来说，以色列人重视孩子独立思考和分析能力的培养，从不培养"乖孩子"。以色列的小孩放学回到家里，父母不会问他"你今天学到了什么"，而是会问"今天你提问题了吗？"以色列家长认为学会提好问题，学会独立思考，比学知识更重要。而在社会层面，以色列也有对创新的特殊鼓励机制。以色列政府成立了一个特殊的机构，叫作"创新局"。这个创新局采取的最有意思的举措是建立失败博物馆，理念就是要奖励创新过程中的 90% 的失败。以色列人认为如果不能真正地包容失败，那么创新也就不可能实现。

从家庭到社会，都培养发现问题，提出问题，解决问题，打破砂锅问到底的能力。找到根本原因，问题也就解决了。

具体怎么解决问题呢？有套解决问题的KSME体系，其中："K"代表的是专业知识方面会遇到哪些干扰，即要想解决这个问题，应该先学哪些专业知识；"S"代表的是技能，即要想解决这个问题，需要掌握哪些技能；"M"指的是动机，即要想解决这个问题，应该怎么激发自己的内部动机和外部动机；"E"指的是环境，就是在环境当中是否存在干扰项，比如人际关系、氛围等。总之，只要排除这四个方面的干扰，就能在很大程度上推动问题的解决。

三、善于创造局部优势，逐步扩大局部优势，反复迭代，最后形成全局优势

抓住关键，看准时机，配置优质资源，善于创造局部优势，逐步扩大局部优势，反复迭代，最后形成全局优势。这是增强创造力的基本策略。

1. 同心圆式扩散，延展创造性

日本的雅马哈公司最早是修钢琴的，但它修着修着发现很多钢琴质量不好，于是开始自己造钢琴。钢琴是木质的，雅马哈在学会造钢琴以后，就顺便开始造木质家具，然后开始造木质的飞机螺旋桨，进入了航空领域。接着雅马哈开始生产飞机引擎，然后生产汽车引擎，然后造机器人。它的每一个新业务领域，都不是事先规划好的，而是在做旧业务的时候自然而然生长出来的，这就是"同心圆式生长"。

华为一开始是代理交换机，后来觉得代理的外国机器又贵、相互之间还不能互联互通，干脆自己做。华为的大量业务都是这样自然而然生长出来的。

比如华为的智能验收平台。在电信业务中，华为在给电信客户安装基站以后，需要客户到现场去验收。但是，国外有些基站架设在特别偏远的山区，开车两三天才能到，甚至可能正在发生战乱，客户去现场验收很不方便。于是，华为就开发了远程视频验收平台，利用AI智能影像技术，自动调出相关的质量标准，客户不用去现场也能高质量地完成验收。这个难题解决之后，华为就从根本上建立起了在交付服务市场上的竞争力。更重要的是，华为的这套交付技术还变成了一个产品，不但自己用，也可以赋能客户，像电力、煤矿等需要现场验收的行业都可以用，这也成为华为业务的一个新的增长点。

再比如华为的数字能源系统。华为本来是为了保证电信系统的稳定运行而开发了智能配电技术，并逐渐把它产品化，推向市场。没想到，在手机业务遭遇重创时，数字能源系统成为2020年华为增长最好的几个业务版块之一。

2. 迭代式创造力

所谓迭代，就是在重复当中快速地改善、快速地消除已经发现的瑕疵和毛病，遵循量变质变规律。譬如手机的迭代，每一个版本好像是没有多大的变化，但实际上每一个版本都在改进。将这一代的产品交付给客户，让客户发现问题在哪儿，这样就获得了对于客户需求、对于市场的认知。然后把这些认知转化为改进产品的依据，一点一点地加以改进，这就是一种产品创新的方法。

即使聪明如爱因斯坦，他的学术成就也要靠迭代。爱因斯坦上小学时，有一次老师布置了手工课作业。到交作业时，有的人剪出了一朵漂亮的纸花，有的人用木头做出了一把手枪……其中有一个做工粗糙的小板凳引起了老师的注意。他拿起这个小板凳对班里的同学说："你们见过有比这更难看的小板凳吗?"这个小板凳正是爱因斯坦的作品。在全班同学的笑声中,爱因斯坦心平气和地弓下身子,从他的桌子底下拿出一个板凳说:"有的,这是我昨天做的。"然后再拿出一个板凳说:"这是我前天做的,这两个小板凳比您手里这个还难看。"这种迭代精神与方法伴随爱因斯坦终生,其创造力不断递增,最后他送给了人类三样大礼物:狭义相对论,广义相对论,光的波粒二象性原理。

如果用一个模型说明迭代,比较接近的是"高德纳技术成熟度曲线"。迭代的一个基本规律是,一个新技术的出现会先后经历萌芽、快速膨胀、泡沫破灭,然后重整复苏,最后走向成熟的过程。如果不懂得这个技术发展规律,人们就容易在短期内高估一项新技术,而在长期尺度上低估这项技术的影响。人们总是高估自己一年里能做的事,却低估十年能做的事。

像"泰坦尼克号"式的优质资源堆积,一味求大求新,不一定是创新的好产品。

亚马逊的贝索斯说:"我们要学会以最低的成本去失败,这样的失败越多,公司的成长就越快。"他道出了迭代的秘密,迭代既是重复也是改进,让市场检验,获得以前从来没有过的认知,然后基于这些丰富的认知推出一个逐渐完善的新产品。像苹果公司已经推出了第十四代被市场认可的手机产品。摩尔定律其实也是迭代定律。

3. 追求极致

小米对标苹果,拥抱高端化,最常提到的一个词就是"追求极致"。雷军在《小米创业思考》里面提了一个问题:到底啥叫"追求极致"?按照通常的理解,"追求极致"差不多等于"玩命死磕""不惜代价投入""做到超乎想象",或者更夸张的说法是"把自己逼疯,把别人逼死"等。雷军说,这样的理解太浅了。啥叫"不惜代价"?啥叫"超乎想象"?没有可以衡量的客观标准，就很容易陷入自嗨。实际上，"追求极致"的标准就是：找到现有技术条件下的唯一最优解。譬如，在还没有指纹识别和人脸识别的时代，手机厂商采用的解锁方式千奇百怪，有按键解锁、敲击解锁、笔迹解锁等，而苹果率先采用了滑动解锁。雷军说，当时小米的研发团队一共设计了652种解锁方案，结果发现，没有一种方案比得上苹果的滑动解锁。显然，滑动解锁方案就是那个时代、在当时的技术条件下的唯一最优解，是绕不过去的。找到这个唯一最优解，才算是做到了"追求极致"。雷军认为，MIUI系统在发短信这个环节就做到了"追求极致"。当用户需要发短信给某个联系人时，一般系统需要6步操作，而MIUI只需要3步。他们确信，没有任何竞品可以把发短信的操作步骤精简到3步以内，这就是唯一最优解。

雷军在书中说："我们几乎可以确信，在每一个技术世代，在产品设计方面，对应每一个品类、每一种需求，都存在一个最优解。如果你专注的领域中还没有发现公认的最优解，那么恭喜，你还有非常大的机会不断接近它，直到找到它，并建立起强大的竞争优势。"

什么样的投入不叫"追求极致"呢？雷军在2016年时发现，小米手机的螺丝钉供应商只有一家，价格比同行贵5倍。雷军亲自跑去问这家供应商的老板，为啥你家螺丝钉这么贵？老板回答说，一是这个材质是最好的，二是工艺更复杂，在每颗螺丝钉上都刻有一个小米标识。老板还说，以前他们是苹果供应商，现在只服务于小米，因为他们的螺丝钉好到连苹果都嫌贵了，只有小米用得起。雷军听了简直哭笑不得。

负责供应链的同事不服气，问雷军说：你不是天天讲"追求极致"吗？是你说的，在用户看不见的地方，也要做到最好。乔布斯的爸爸是木匠，他做衣柜，连靠墙的背板也要用好材料；苹果做电脑，隐藏在机箱里的印刷电路板，也要设计得精致漂亮。那为啥我们用贵点的螺丝钉，就不是"追求极致"了呢？

雷军认为，那不一样。把电路板做得特别工整，展现的是对产品品质的"溢出式"追求，它保证了产品的整体设计和品质一定是过硬的，这对用户有直接价值。而你在每颗螺丝钉上刻上小米标识，对用户有一分钱的价值吗？这是典型的自嗨。

雷军说，当撸起袖子准备一头扎进去"追求极致"的时候，一定要问自己三个问题。

第一，我追求的极致是不是用户真正需要的？

第二，我追求的极致是不是能成为产品的核心竞争力？

第三，我追求的极致是不是能形成长期可持续的竞争壁垒？

只有当这三个问题的答案是肯定的，才值得去做。否则，花的力气越大，离题越远。从本质上说，"追求极致"并不是在讲情怀，而是在投资明天的竞争力。

四、围绕持续创造高质量、高效能的优质产品，构建创造力系统，提高创造能力

构建创造力系统是稳定提升创造力，持续创造优质产品的根本方法。

系统是由相互联系、相互作用、相互依赖的若干组成部分结合而成的，具有特定功能的有机整体，而且这个有机整体又是它从属的更大系统的组成部分。

一个系统由要素、连接、功能三种要件构成。系统＝要素（人、财、物等）＋连接（程序、机制等）＋功能（目标、制度、价值观等）＝产品质量与效能。这里的"产品"包括物质产品和精神产品。一个系统如果持

续生产优质产品，就是良好的系统。反之，如果不断生产劣质产品，则属于非良好的系统。其中：要素看上去最明显，但重要性最低，可以被替换；而连接和功能是隐藏的，但它们是决定系统行为的关键因素。我们只是系统里的一个要素，我们的行为很大程度上是被系统塑造的。所有的系统都按其价值观为目标服务。

1. 创建提高创造力的系统

创始人擅长创新发明，不等于他所领导的企业也擅长。例如，发明蒸汽机的瓦特虽然是一位伟大的发明家，但是当他去世之后，他的公司除了蒸汽机就再也没有过其他伟大的发明。反观爱迪生创办的爱迪生电灯公司，也就是后来的通用电气公司，却保持了一百多年的创造力，是道琼斯工业指数设立以来，至今唯一还在指数榜上的公司。爱迪生的公司之所以能够保持长久的创造力，是因为他为公司创新设计了一套流程和制度，主要包括三方面，分别是：将基于灵感的创新变为基于流程的创新；将市场与研发分离，建立工业创新实验室；设计了基于市场反馈的迭代开发机制。爱迪生的这套设计能够让公司的创新不依赖于某个跨时代的发明家，而真正成为一种流程和习惯。（参考商务印书馆2013年出版的《爱迪生传》，作者：拉皮罗夫·斯科勃洛）

这个方法被华为称为穿上提高创造力的"大鞋"。持续不断的创造力依赖流程和制度，而不是"英雄"，要靠制度形成集体英雄主义。穿上"大公司鞋"的目的，是摆脱成功对关键人物的依赖。IBM告诉华为，要学会依赖流程和制度，而不是"英雄"，这是企业做大必须要跨过去的那道坎。只有跨过它，规模才能转化为优势。

华为聘请咨询团队进驻公司，最重要的工作就是帮华为穿上这双"大公司鞋"，变革生产流程。这双"大公司鞋"非常系统，名字叫"产品及生命周期优化法",简称 IPD。轮值董事长郭平曾经这样回忆 IPD 的价值,他说:"我刚进公司时,华为既没有产品工程概念,也没有科学的流程,一个项目能否成功,主要靠项目经理和运气。引入 IPD 后,华为开始了管理体系的变革。我们经历了'穿美国鞋'的痛苦,实现了从依赖个人,偶然推出成功产品,到制度化、持续性推出成功产品的转变。"

怎么穿好"大公司鞋"?华为提出了四个字:"削足适履"。华为认为,作为学生,想搞懂一个东西,就是要先学会不去质疑,先改变自己,即著名的先僵化,再优化,到最后固化。任正非当时说:"什么管理都学习的结果只能是一个白痴。我们这些年的改革失败就是老有新花样、新东西出来,然后一样都没有用。因此我认为踏踏实实,沉下心来,就穿一双'美国鞋'。只有虚心向他们学习,我们才能打败他们……"

创新离不开人类已经创造的物质和知识基础。应遵循创新的基本规律,按照科学的创新程序不断迭代推进。只有追求科学化而不是盲目蛮干,才能避免盲人摸象、劳民伤财。

2. 建立激励创新创造的制度

制度在系统中发挥关键性功能和作用。建立提高创造力的系统,关键在于设计创新这个游戏的规则,这样才能充分释放创造力。

美国企业成功构建创新技术生态的一个秘密就是实行"双长制"。所谓"双长制",就是由一位经验丰富的 CEO 和一位拥有尖端科技的教授(首席科学家)合作,形成创业企业的核心。有趣的是,一般来说首席科学家在公司里是兼职,他的主要工作还是在高校里做研究。这种制度更好地将技术与资本融合起来,形成了科技成果向生产力转化的有效路径。

激励创新的核心逻辑就是设计一个契约的组合:短期内要对失败高度容忍,同时,要在长期内对创新成功有一个高额的回报,这样的一个组合能够更好地激励创新。在这个组合里，对于失败的容忍是非常重要的。

美国制定了个人破产法，但各个州对于个人破产的规定，尤其是对于个人破产豁免额的规定是不一样的。比如宾夕法尼亚州的破产法非常严格，房子的豁免额是零，即把房子卖掉，最后一分钱也要拿来还债；而在得克萨斯州，房子的豁免额是无限的，如果创业失败了，可以留着房子，作为抵押，再去投入二次创业。结果发现，正是这种差别，使得那些对失败容忍度更高的州在创业、创新方面的表现更好。

3. 检验系统创造能力的是其结果——产品质量与效能

一个系统最终输出的是"产品"。检验系统创造能力的方法就是看其生产的产品质量的优劣、数量的多寡、效能的好坏。

我们以现代制药系统为例进行说明。现代制药的基本模式是找到致病原因或者是与疾病相关的调控因素、建立动物疾病模型和使用系统性筛选。经过实践检验，最后根据产品质量和效果，评估药物价值。药物的价值由治疗效果决定，而不是由广告决定。治病救人效果好，治愈率高，自然会被广泛认可，反之，自然会销声匿迹。

日本丰田公司有一个著名的调研方法，就是问五次"为什么"。比如，看到工厂车间地上漏了一大片油。第一问：为什么地上会有油？因为机器漏油了。第二问：为什么机器会漏油？因为一个零件磨损严重，导致漏油。问了两个"为什么"之后，有了一个解决方案，就是换掉有问题的零件。这是典型的从要素层面解决问题。但是，如果再接着问第三问：为什么零件会磨损严重？因为质量不好。第四问：为什么要用质量不好的零件？因为采购成本低。第五问：为什么要控制采购成本？因为节省短期成本是采购部门的绩效考核标准。再问三个"为什么"，刨根问底，最终水落石出，找到了系统的深层次问题。可以想见，如果采购部门的绩效考核标准不改，零件磨损导致机器漏油的现象就会反复出现。

这个例子也提醒我们，如果一个组织总是一而再、再而三地发生同样的危机，很可能问题不在要素层面，而必须从系统的连接和功能上寻找解决方案。如果只是就事论事地解决要素层面的问题，那就会成为救火队长，永远有灭不完的火。

检验系统，目的是完善系统。从系统上解决问题，提高治理效能才是根本，从要素上解决问题只是皮毛。

4. 系统保持常更新，创造力才能常提升，若是僵化必然衰亡

为什么搞制度创新，是因为防止熵增，否则组织将走向死亡。根据熵增原理，任何系统管理的政策、制度、文化等因素在运作过程中，都会伴随有效功率逐步减少、无效功率逐渐增加的情况，系统混乱度逐步增加，系统逐渐向无效、无序和混乱的方向运行。

管理耗散就是在系统不断地与外界进行信息、资金、生产资料交换的过程中，将诸如新理念、新思想、新技术等有利于增强负熵的若干因素引入管理系统中。系统根据需要进行管理变革，组织流程再造和管理创新，形成耗散结构，让系统有序度的增加大于自身无序度的增加，系统负熵增加大于熵增加，进而形成新的有序的系统和促进系统效率增加。

系统管理实质上是一个增加负熵和建立耗散结构的过程。在经济全球化、科技日新月异、用户需求多样化与个性化、市场竞争不断加剧的今天，系统管理尤其重要。

在系统发展的过程中，必须时刻关注市场的变化，并适时革故鼎新。柯达于1991年研制出世界上第一台商用数码相机。但是传统胶卷市场增长非常迅猛，到1999年年增长率达到14%。因此，柯达留恋传统市场，不积极推广数码相机。公司内部文化上形成了丛林法则，一切新生事物都会被固有的生态秩序扼杀。由于传统的管理胶卷的领导掌握了话语权，他们只推胶卷，不推数码相机，希望延长胶卷的生命周期，继续在这一垄断市场赚取丰厚的利润。但技术发展趋势不可逆转，数码相机终于全面发展。数码相机业务就是这样被柯达自己干掉的。其他企业注意到了数码相机的发展，例如佳能、尼康，这些企业后来也得到了相对大的发展。但在2017年左右，手机已经全面替代了普通数码相机，真可谓瞬息万变。

一切创新都是站在曾经的巨人的肩膀上提升认知、迭代变革的过程。认清这一点，就容易自觉将改变"祖宗之法"作为责任。"祖宗之法不可变"在本质上是熵增，是走向死亡。

从这个意义上讲，中国坚持改革开放，不断完善治理体系，提高治理效能，就是在不断解决系统性熵增，促进高质量发展。

五、创造力给人类带来成长发展的最高快乐，制造群体性巅峰体验

通过观察研究卓越创新者和诺贝尔奖得主的生活，可以发现，拥有创造力的人大都生活得更幸福，因为创造力和心流是密不可分的。他们在创作时那种忘我的状态给人带来的精神愉悦，是在日常生活中体会不到的。伟人的创造力能够给人类带来共同的积极心理体验。每个普通人也都能够通过制造更多的创造力体验，来提升生活的满足感。

1. 人生最高的意义是创造价值

创造价值，产生心流，带来快乐。我们需要将自己所有的欲望、激情都升华成快乐。这就意味着承担生命赋予的使命，那就是建设自我，提高自身创造力，为社会增值。真正热爱生命的表现，就是实现新的创造。我们每个人都应该塑造自己，让自己的生命成为一件精心雕琢的"优质产品"。

伟人善于创造一个新世界，创新是解决挑战性问题的唯一捷径。历史只记录了那些开宗立派的创新人物，而不记录重复者。因此，我们要将创造价值作为人生的最高追求。

2. 创造力让生活的乐趣翻倍

麦肯锡咨询公司历时十年，针对大公司高管进行了调查研究，发现这些高管都说心流状态可以让他们解决复杂问题的能力提高 5 倍。

马斯洛认为，人类的需求是一个金字塔型的结构，处在塔顶的也就是最高级别的是自我实现需求。如果一个人达到了自我实现的境界，就意味着他的基本需求全部得到了满足，而且完全实现了自己的潜能，成为了理想中的自己。这样的人经常会体验到一种极度愉悦和满足的感觉，这就是所谓的巅峰体验。

做事的最高境界是进入一种出神状态，而团队合作的最高境界就是达到集体心流的状态。如果能关闭自我评价和时间感知，我们就能接收和处理更多的信息，触发更多的创意想法，从而达到心流状态。

居里夫人高中毕业后，迫于生活压力，辍学做了家庭教师，直到 24 岁才回到梦寐以求的大学学习。她是那样勤奋，那样高尚，两次获得诺贝尔奖，建立了两座镭学研究院。居里夫人说，那段艰难的岁月是人生最美好的时期。当时，居里夫妇搞来了 8 吨沥青铀矿渣，他们在理化学校的一间棚子里艰苦工作了 45 个月，最后，在 1902 年终于得到了 0.1 克纯氯化镭的白色晶体。虽然他们的工作量非常大，但他们不以此为苦，而是乐此不疲。

（参考商务印书馆 2020 年出版的《居里夫人》，作者：艾芙·居里）

3. 造福社会，收获荣誉

伟人创造推动人类前进的里程碑式的成就，让人类拥有集体巅峰体验。一段辉煌的历史，一个伟大的成就，是人类共同的记忆，是人类的自豪。

伟人依靠创造力推动发展，成就伟业，因其事业伟大，人才伟大。他们对国家贡献大，对世界贡献大，自然彪炳史册，得到社会的尊重。

爱迪生是人类历史上第一个利用大量生产原则和电气工程研究的实验室来进行发明并对世界产生重大影响的人。他发明的留声机、电影摄影机、电灯等极大地改变了人类的生活。他一生的发明共有2000多项，拥有专利1000多项。爱迪生被美国的权威期刊《大西洋月刊》评为影响美国的100位人物第9名。胡佛总统曾将他请到总统府，让他"理所当然地坐在最尊贵的位子上（首席）"。

2019年，在中华人民共和国成立70周年之际，中国政府以最高规格隆重仪式，将国家最高荣誉授予为国家建设和发展建立了卓越功勋的杰出人士。于敏、申纪兰、孙家栋、李延年、张富清、袁隆平、黄旭华、屠呦呦被授予"共和国勋章"。这些闪亮的名字，值得我们永远铭记。他们"心中有国家，造福无国界"的创造精神让人崇敬。

世界上的人分为观望者和行动者。德鲁克说："创造未来的行为就发生在今天。没有明天的目标，那今天的行动多半是重复昨天的事。"让我们从今天开始，积极行动起来，创造奇迹，造福自己和社会，活出生命的大意义。

第八章

坚毅力之美：磨砺淬坚韧，锻造成大器

坚毅力是智慧的骨骼，压不垮才能有成就，事业贵在持久。

松下公司创始人松下幸之助，在日本被称为"经营之神"，但他并不是什么无师自通的经营天才，也没有优越的经营条件。他是在坎坷的经历中，被苦难锻造出来的。

如何面对前进路上必然遇到的艰难困苦？《论语》给出的答案是："士不可以不弘毅，任重而道远。"

我们从坚毅桌谈起。1853年，英国皇家海军"坚毅号"帆船在北冰洋迷航，后来被美国的渔船发现并拯救，美国政府购买了这艘船，修缮后于1856年送给了维多利亚女王。经过20年的服役，这艘船退役了。维多利亚女王用船的龙骨做成了两张桌子，作为和平的象征，其中一张她留在了白金汉宫，另一张送给了拉塞福·伯查德·海斯总统，称之为"坚毅桌"。后来几乎历届美国总统都使用这张桌子，以警示和提醒总统需要坚毅的品质——登上权力宝座靠坚毅力，坐稳权力宝座也离不开坚毅力，领导一个国家更需要强大的坚毅力。

坚毅力是人生的骨骼，骨头硬，才能扛大梁。

一、图强弘毅是升华和超越自我的必然过程

"有志者事竟成,破釜沉舟,百二秦关终属楚;苦心人天不负,卧薪尝胆,三千越甲可吞吴。"这是清代文学家蒲松龄落第后所撰自勉联。蒲松龄虽然屡试不第,但在小说创作上开宗立派,独树一帜,为世界创造了宝贵的精神财富。

1. 价值正当,信念坚定,信仰坚守,目标坚持

坚信不移才能坚定不移。要围绕目标,执着而行,前功不废,半途不弃,训练不达目标不罢休的韧劲。世界杰出人物无一例外都依靠强大的坚毅力战胜至暗时刻,迎来光明。

纳尔逊·罗利赫拉赫拉·曼德拉于1994年至1999年间任南非总统,是首位黑人总统,被尊称为"南非国父"。在任职总统前,曼德拉是积极的反种族隔离人士,同时也是非洲国民大会的武装组织"民族之矛"的领袖。当他领导反种族隔离运动时,南非法院以密谋推翻政府等罪名将他定罪。依据判决,曼德拉在牢中服刑了27年。这27年的狱中生活,他能熬过来,靠的就是对实现民族和解、白人黑人共处共享的坚定信念。1990年出狱后,他转而支持调解与协商,并在推动多元族群民主的过渡期挺身领导南非。自种族隔离制度终结以来,曼德拉受到了来自各界的赞许,包括从前的反对者。曼德拉获得了超过100个奖项,其中最令人瞩目的便是1993年的诺贝尔和平奖。2004年,他被选为"最伟大的南非人"。

成功之路是披荆斩棘之路。罗曼·罗兰说,伟大的背后都是苦难。古今中外所有的杰出人物都是从苦难中走出来的。《孟子》曰:"舜发于畎亩之中,傅说举于版筑之间,胶鬲举于鱼盐之中,管夷吾举于士,孙叔敖举于海,百里奚举于市。"

当代中国耳熟能详的企业家的成长中也往往充满苦难。福耀玻璃的

创始人曹德旺，少年辍学放牛，寒冬腊月里刨开冰冷的土地，只为捡几个别人翻剩下的红薯填饱肚子。华为的创始人任正非，年幼时最大的梦想不是好好学习，而是能吃上一个馒头。生活虽难，但曹德旺和任正非至少还有家人陪伴。相比之下，比亚迪的创始人王传福的人生，似乎从一开始就处在了绝境之中。13岁那年，他的父亲不幸离世，最小的妹妹因无力抚养而被迫送人，他发誓考上中专，长大吃上公家饭，但母亲却在中考当天突然离世，即便缺考两门考试跑回家，依旧没能见上母亲最后一面……家徒四壁，父母双亡，这就是王传福的人生开局。像无数个成功者那样，他们逐渐胜出依靠的关键品质是不服输，摆脱困境的唯一出路是坚强坚毅向前走。

杰出人物依靠坚毅力战胜各种压力，锻造人生钢筋铁骨。玉汝于成、百炼成钢、大器琢成等这些成语本质上说的都是坚毅力。孟子在观察研究了无数案例后揭示了人才成长的规律："故天将降大任于是人也，必先苦其心志，劳其筋骨，饿其体肤，空乏其身，行拂乱其所为，所以动心忍性，曾益其所不能。"

谁能经受住烈火的考验，谁就会成为栋梁之钢。淬炼出好钢，放到哪里都当梁。只有在极端压力下考验能力，才能实现蜕变和升华。

2. 经得住时间的考验，舍得付出时间代价

目标明确后，就要围绕目标，集聚资源，一件接着一件干，长期持续奋斗。只要刻意训练自己这种"超聚焦"状态，就会驯服注意力，使得做事更高效。

"岁久积功成，渐入神仙路。"这句话实际上说的是累积效应。积勤、积功、积胆、积机缘。积志，积累知识，积累胆识，积累见识，积累机会，持续积累，迟早会收获属于自己的成功。

杰出人物都善于把时间向核心目标倾斜，且惜时如金。一个人能否取得成就，取决于其能否科学管理时间，集中控制注意力，把时间倾注到关键目标、关键资源。

成功者和平庸者的区别在于怎样分配时间，怎样安排时间。时间最大的特点就是它的"一维性"，即时间是不能够逆转、不能够补偿、不能够储存、不能够再生、无法交易的。任何事情都可以被分成两类：一类是"次要的多数"，占总数的80%，但对总体效果只有20%的影响；另一类是"关键的少数"，占总数的20%，但却能产生80%的成效。这个规律提醒人们，对关键目标，必须倾注80%的时间。

成功人士成功的原因之一就是掌握了时间分配上的"二八定律"。这些人很清楚时间的价值，知道时间与成功之间的关系。他们总是把时间留给那些关键因素，不会在无谓的事情上浪费，劳而无功；他们明确地判断影响成功的关键事情，并为此规划时间，让自己有足够的时间去完成关键事情。

找出什么是更重要的，用80%的时间去做，这样持之以恒，就会水滴石穿。

3. "专才"成长基本法：科学的训练方法＋最短的持久时间

成长基本法＝训练方法科学＋勤勉（倾注时间）＝高技能（效能）。

（1）倾注时间，不烦不躁，坚持到底。1985年，芝加哥大学教授Benjamin Bloom调查了120个来自各行各业的精英人物，最终得到一个令人失望的结论：所谓天才，并不能从青少年时期就发现。没有任何一个普遍适用的指标，暗示某个孩子将来会成为行业顶尖人物，智商测试与他们最终在这个行业的成就并没有那么强的相关性。唯一呈现出强烈正相关性的是：这些被调查者无一不是投入大量时间刻苦训练，反复钻研自己手中的业务。必须比别人更早、更刻苦地努力，才能摘到成功的果实。如果没有了勤奋，天才也将一无所获。最优秀的人往往是能战胜枯燥寂寞的最努力的人。

科学家通过大量的调查研究已经达成共识，那就是所有顶级高手都是练出来的。除了某些体育项目对天生的身高和体型有特殊要求之外，神秘的天生素质并不存在，也就是说，人人都有可能成为顶级高手。

有个匈牙利心理学家很早就相信，只要方法得当，任何一个人都可以被训练成某领域的高手。为了证明这一点，他选择了一个传统上女性不擅长的项目，也就是国际象棋，开展他的实验。结果他和妻子把自己的三个女儿都训练成了国际象棋大师，这就是著名的波尔加三姐妹。这个实验甚至证明哪怕不爱好这个领域，也能被训练成这个领域的大师，因为三姐妹中的一个并不怎么喜欢国际象棋。这也与赫伯特·西蒙和威廉·蔡斯在研究专业知识方面得出的一个著名结论相一致："国际象棋是没有速成专家的，也当然没有速成的高手或者大师。目前所有大师级别的棋手，包括鲍比·菲舍尔（Bobby Fischer），都花了至少 10 年的时间，在国际象棋上投入了大量精力，无一例外。我们可以非常粗略地估计，一个国际象棋大师可能花了 1 万至 5 万个小时盯着棋盘……"

（2）方法科学，提高效能。成为大师需要长时间的苦练，每天练 3 个小时，完成 1 万个小时需要 10 年时间，这只是达到世界水平的最低要求。心理学家约翰·海斯研究了 76 位著名的古典乐作曲家，发现几乎所有人在写出自己最优秀的作品之前，都花了至少 10 年的时间谱曲。统计表明，对音乐家而言，世界级水平要求的训练时间是 15~25 年。但最关键的并不是练习的时间，而是练习的方法。

过去多年来，训练方法是不断进步的。比如说作曲，假设一名普通学生使用普通训练方法6年时间能达到的水平，另一个学生使用新的训练方法3年就能达到，那么我们可以说这个新训练方法的"有效指数"是200%。

统计表明，莫扎特当时的训练方法的有效指数是130%。而20世纪的天才也许没有莫扎特有名，但其训练水平都能达到300%~500%。

哲学家培根曾经认为，任何人都不可能在30年之内掌握数学，而现在的学生十几岁的时候已经学到多得多的数学，因为教学方法进步了。事实上，我们今天在所有领域都比过去做得更好，体育世界纪录被不断打破，艺术家们的技巧也是过去根本无法想象的。

训练方法重要性的另一个体现是"天才"的扎堆出现。比如曾经有一个时期俄罗斯对女子网球有绝对优势，韩国对女子曲棍球有绝对优势，更不必说中国对乒乓球的绝对优势。更进一步，哪怕这个国家传统上并不擅长这个项目，只要有一名教练掌握了科学训练法，那么他就可以带出一代绝世高手，比如中国花样滑冰教练姚滨。

（3）超级聚焦，训练复杂能力。提高生产力，意味着集中能量做更多的事，而不是花更多时间去做事。有意识地承担更多、更复杂的项目，是帮助注意力聚焦的有效方式。"超聚焦"，是指把注意力全部聚焦在一个任务的状态。刻意训练自己这种"超聚焦"的状态，会让做事更高效，更不容易分心。

格拉德威尔在《异类》一书中说过："人们眼中的天才之所以卓越非凡，并非天资超人一等，而是付出了持续不断的努力。一万小时的锤炼是任何人从平凡变成世界级大师的必要条件。"他将此称为"一万小时定律"。要成为某个领域的专家，需要一万小时。按比例计算就是：如果每天工作八个小时，一周工作五天，那么成为一个领域的专家至少需要五年的时间。

关于一万小时定律的研究结果提醒我们，心理学家越深入研究天才的职业道路，就越发现天赋的作用有限，而后天努力更为重要。在对认知水平要求极高的领域里是不存在天才的，没人刚完成外科轮替训练就可以走进手术室做世界级的神经外科手术。

（4）一心不可二用，力出一孔，避免"一心多用"对大脑的损伤。《美国国家科学院院刊》上的一项研究表明，同时处理多项任务会严重损害我们的脑细胞，那些不断在屏幕和App之间来回切换的人，最终会产生严重的记忆衰退。心理学家约书亚·欧立希说："脑部扫描显示，长期同时处理多项任务会让前额皮质变薄。"而且，同时处理多个任务不仅长期对大脑有害，短期也会带来不好的影响。如果一个人同时做两件事，总会有些干扰。

虽然很多人都说自己擅长一心多用，但专家表示，只有大约1%的人是所谓的"超级一心多用者"。能同时处理多个任务而不影响工作质量的人非常少。

4. 铁杵磨成针，功到自然成

道法自然，自然世界的生长现象同样在展示量变质变规律，揭示累积效应的价值。

一个池塘里的荷花，每一天都会以前一天的2倍数量开放。如果到第30天，荷花就开满了整个池塘。请问：在第几天池塘中的荷花开了一半？第15天？错！是第29天。

第一天开放的只是一小部分，第二天，它们会以前一天的2倍速度开放。到第29天时荷花仅仅开满了一半，直到最后一天才会开满另一半。也就是说，最后一天的速度最快，开放数量等于前29天的总和。这就是著名的荷花定律。

聪明的人都十分勤勉、建设自我，愚蠢的人十分懒惰、怨天尤人。

世间哪有那么多天才，还不都是孤独地翻山越岭。追求超越与绽放，就要忍受煎熬，要耐得住寂寞，坚持，坚持，再坚持，直到最后成功的那一刻。灿烂是熬出来的。

很多人一开始很用力、很玩命，但渐渐地就开始感到枯燥甚至是厌烦，从而放弃了坚持。这个时候的放弃，往往离成功只有一步之遥，功亏一篑，可惜！可以说，大多数时候，人能获得成功，关键在于毅力。

据说人这一生大概能遇到 7 次机会，都是可以改变人生的机会，而这样的机会之所以出现，往往都是因为前期日复一日的投入和坚持。所以说，如果有梦想就要先动起来，然后坚定不移地执行下去。

二、坚毅不屈，内心强大，浴火重生

面对失败要坚毅不屈，练就强大内心，浴火重生，反败为胜。

1982 年底，桥水基金的创始人瑞·达利欧（Ray Dalio）看空美国经济，认为经济走向崩溃的概率是 75%，由此他买入了黄金和国债期货。但事实证明他错得很离谱，在接下来的 18 年，美国经济经历了一段史上最繁荣的时期，股市也大涨，他因此亏了很多钱。

达利欧自己回忆说："我在这段时期的经历，就好像不断被球棒打到自己的头。犯下如此大的错误，尤其是在众目睽睽之下，是极具羞辱性的。"达利欧对逆境的第一反应是被打懵了，其次是觉得羞愧。其实很多人面对突如其来的逆境，第一反应都与这类似。

此种情况也是经常见到的。如果就此一蹶不振，必然走向落寞。但如果采取正确的态度和措施，就能提高反败为胜的概率，甚至能取得更大的成就。

失败是前进当中可能遇到的大概率事件，结合达利欧的做法，我总结了一个反败为胜的模型，以提高对失败的掌控力。

坚毅不屈 = 反省 + 归因 + 求变 + 图新 + 取胜。

1. 反省，不怨天尤人

面对逆境时，我们要有所反省，但不要过分自责，要让意志和肩膀硬起来，以坚毅不屈不挠之心撑住、不倒下。因为无论是过分自责还是推卸责任，都不能增加我们的主动性和掌控感。最重要的事情在于，我们要对确认的损失负责，把影响限制住。一个奇妙的事情在于，在我们决定对结果负责的那一刻，我们对事件的掌控感马上就会增强，并促使我们采取行动。

2. 归因，找到希望和信心

要从思维方法和决策执行系统上分析，寻找和归纳失败的根本原因，同时要找到希望和信心。

当人们被逆境打了个措手不及的时候，第一时间会认为这个逆境是天大的灾难，会把一切搞砸。但是，当真正地做理性分析之后，会发现往往高估了逆境对生活其他方面的影响力。事实是，只要活着，内心有定力，就有希望。

达利欧在最窘迫的时候几乎破产，甚至筹不到足够的钱买一张机票去得克萨斯州拜访一个潜在客户，最终他也没有成行。但即使在这样的情况下，他也不认为逆境会持续很长时间。他开始逐渐培养新客户，并组建了一个新团队。然后桥水基金慢慢地走出谷底，逐步发展壮大起来。

《活出生命的意义》的作者维克多·弗兰克尔曾经在纳粹集中营生活了好几年，最终幸运地逃出。后来他写道，集中营的确是个非常容易令人绝望的地方。但是，即使在那样恶劣的环境中，人依然可以去发掘自己的掌控力。他观察到，那些在集中营中失去了希望，失去对自己的掌控力的人，最终大部分都没能熬过来；而那些坚信自己最终能够活下来，发掘了自己的掌控力的人，最终活下来的比例远远高于前者。

3. 求变求贤

当刘备面对无地盘、无贤才的困境时，他首先想到的改变方法是组建贤能的团队。他求贤若渴，三顾茅庐，有了历史上著名的"隆中对"。诸葛亮帮助他分析了天下形势和可用资源，找到了发展的新方向。

在遭遇大幅亏损、公司团队解散的打击之后，达利欧并没有一蹶不振，他在努力地寻找生活中依然可以掌控的因素，发展新的客户。即使是面对比破产更糟糕的逆境，人也是能够在其中建立自己的掌控力的。

4. 图新图强，构建科学的决策系统

要振作起来做事情，扭转局面，变被动为主动。行动本身就会增加掌控感。所以，行动也可以说是走出逆境最重要的一步。

达利欧对自己的错误进行了详细的复盘反思，总结出了宝贵的经验教训。他重新培养客户，并组建新的团队。他更加充分地利用计算机，构建理性的数据分析模型，帮助自己做投资决策。正是这些一步一步的行动，帮助他走出了人生低谷，创造出了更大的成就。

5. 高瞻远瞩，无畏向前看，取胜未来

心理学上所谓的心理弹性，是指个体能够适应有压力的环境，产生积极情绪以及从消极情绪中快速恢复的能力。古人云，大丈夫能屈能伸，就是说这类人的抗压能力较强，心理弹性更大。他们靠韧性和圆融，减轻摩擦力，增加生存系数。"天下之至柔，驰骋天下之至坚。"在追求人生价值的过程中，大部分人都会因内外界因素的影响，遭遇挫折与阻碍，跌落到人生低谷。此时要克服悲观心理，重新激活潜能。

向前看，就有希望。要在逆境中以乐观战胜悲观，看到希望和光明，

增强对未来的信心。"悲观者往往正确,乐观者往往成功。"

杰出人物骨子里往往具有乐观主义的秉性与特质,以自信心与乐观,战胜困难与恐惧。迪士尼CEO罗伯特·艾格在自传中写道:"对一位领导者而言,乐观精神是必不可少的一项特质,在困难时期更是如此。悲观主义会导致妄想偏执,进而发展为戒备多疑,再进一步则会导致对风险的全盘规避。乐观主义则会带来全然不同的连锁效应。你所领导的员工需要相信你有能力着眼重点,而不是以戒备心和自保心为出发点来做事,在困难时期尤为如此。……作为领导,你所设下的基调对于身边的人而言有着巨大的影响,没有人想要成为悲观者的信众。"(参考文汇出版社2020年出版的《一生的旅程》,作者:罗伯特·艾格)

向前看就会找到机会,才能乐观起来。但仅仅是乐观,还不行,还要从系统上制定高于他人的决策与行动计划,不再陷入过去失利的思维逻辑,高瞻远瞩地谋划未来。只有从系统上找到一个高人一筹、切实可行的新的行动清单,并将其执行到位,才有可能主动地走出人生逆境,迈向下一个高峰。

三、韬光养晦,能屈能伸,坚韧持久,赢得未来

人生在世,难免遇到误解与冤屈,这个时候的应对之法就是坚韧不拔,以时间换机会。比较科学的方法是,以俯视之眼找解困之法,以未来之心应对当下之屈辱,心大了、看远了就能经得起折腾,耐得住冷遇。坚韧持久,练就在逆境中生存的能力,活下去、挺过来,就有机会鲤鱼跃龙门。

1. 韬光养晦,极度忍耐,战胜浮躁,机会永远会来

在逆境中或发展初期处于弱势时,冷静忍耐是一种生存谋略和能力。

韩信年轻时能忍胯下之辱,所以功成名就,但后来忍不住称霸的贪欲,最后被设计而杀。想未来负重,就得忍暂时之辱。坚毅力既包含对目标的执着与坚持,又包含方法的灵活应变和为生存的阶段性适应。

韬光养晦,不露锋芒,深谋远虑,见机而作,乃生存之道。汉朝的陈平、张辟彊、陆贾都是有大智慧的人,面对吕后的跋扈专权,他们见微知著,洞悉人性,懂得隐忍迂回的处世之道,站在历史的大格局上调整处世的方法,最终扳倒了吕氏外戚集团,保住了刘氏江山。

企业界大名鼎鼎的洛克菲勒在给儿子传授心法时,也反复强调忍耐力的重要性,并且以自己为案例启发儿子。在创业初期,由于资金匮乏,洛克菲勒的另一位合伙人克拉克,就邀请他之前的同事加德纳一起干。但没想到的是,加德纳却提出一个要求,即把公司的名字"克拉克-洛克菲勒"改成"克拉克-加德纳"。说白了,就是看不起出身贫寒的洛克菲勒。面对这样的羞辱,洛克菲勒虽然十分恼火,但最终还是选择了隐忍,并在私底下默默地努力。几年后,公司越做越大,加德纳想要得到更多的分红,并提议将赚到的钱全都分了,但洛克菲勒觉得应将一部分资金用来拓展公司业务。几番劝说无果,洛克菲勒便买下了加德纳所持有的股份,最后又把公司的名字改了回来。

忍耐是一种高明的策略。洛克菲勒的忍耐力助他成为百年前的亿万富翁。正如洛克菲勒说的:"忍耐是一种力量,能忍别人不能忍的事,才能做别人不能做的事。"人在屋檐下,学会低头也是生存之道,先活下来再找机会挺起来。

2. 心中有榜样,意志坚韧,把折腾当成锻炼,越锻打越成材

洛克菲勒十分重视培养孩子的意志力,要求孩子以坚韧不拔、坚毅不屈、顽强拼搏的品格战胜困难。他曾告诫儿子:"没有什么能够打败你,除非你自己放弃。"

这个世界上从不缺少聪明人，但意志力坚定的人却十分难得，而那些意志力不坚定的人都淹没在了人群中。

老话说，"富不过三代"，可洛克菲勒家族的财富已经延续了六代，而这都离不开洛克菲勒的教育理念。

洛克菲勒曾以美国总统林肯启发儿子："世界上没有一样东西可取代决心和毅力。"

他以满怀期待之心在林肯百年诞辰纪念日，举国上下追思林肯为美国做出的贡献的这一天给儿子写信，让林肯的精神在儿子心中产生烙印，播下种子。他告诉儿子："在我真实的记忆中，没有谁能比林肯更伟大。他编织了一段合众国成功而又令人动容的历史，他用不屈不挠的精神与勇气，以及宽厚仁爱之心，使四百万最卑下的黑奴获得解放，同时击碎了二千七百万另一肤色的合众国公民灵魂上的枷锁，结束了因种族仇恨而使灵魂堕落、扭曲和狭隘的罪恶历史。他避免了国家被毁灭的灾难，将一切不同语言、宗教、肤色和种族组合成为一个崭新的国家。合众国因他获得了自由，因他而幸运地踏上了正直公平的康庄大道。"

他动容地告诉儿子之所以纪念林肯，其目的不仅是重现并感激他的光辉伟业，更是要汲取并光大其人生所具有的特殊教益——执着的决心与勇气。纪念他的最好方式就是效法他，让他从不放弃的精神光照美国。

林肯生下来就一贫如洗，曾被赶出家园。他第一次经商就失败了，第二次经商败得更惨，以致用去十几年的时间他才还清了债务。他的从政之路同样坎坷，他第一次竞选州议员就遭失败，并丢掉了工作。幸运的是，他第二次竞选成功了。但接下来是丧失亲人的痛苦和竞选州参议员发言人的失败在等待着他。然而，他依然没有灰心，在以后的竞选中他曾六度失败，但每次失败过后他仍是力争上游，直至当选美国总统。

每个人都有历经沧桑和饱受无情打击的时候，却很少有人能像林肯那样百折不回。每次竞选失败过后，林肯都会激励自己："这不过是滑了一跤而已，并不是死了爬不起来了。"坚韧不拔是克服困难的力量，更是林肯终于享有盛名的利器。

林肯的一生书写了一个伟大的真理：除非你放弃，否则你就不会被打垮。

功成名就的背后是一连串的奋斗。那些伟大的人物，几乎都受过一连串的无情打击，他们每个人都险些宣布投降，但是他们因为坚持到底，终于获得了辉煌的成果。

对一般人而言，失败很难使他们坚持下去，而成功则容易继续下去。但在林肯那里这是个例外，他会利用种种挫折和失败，来驱使他更上一层楼。因为他有钢铁般的毅力。他有一句话说得好："你无法在天鹅绒上磨利剃刀。"

世界上没有一样东西可取代毅力。才干也不可以，怀才不遇者比比皆是，一事无成的天才很普遍；教育也不可以，世上充满了学无所用的人。只有毅力和决心无往不利。

当我们继续迈向高峰时，我们必须记住：每一级阶梯都供我们踩足够的时间，然后再踏上更高一层，它不是供我们休息之用。我们在途中不免疲倦与灰心，但就像一个拳击手所说的，你要再战一回合才能得胜。碰到困难时，我们要再战一回合。每一个人的内在都有无限的潜能，除非我们知道它在哪里，并坚持用它，否则毫无价值。

还有什么比一个人教导儿子的话更情真意切、真实不虚呢？

对脆弱的人而言，好多困难是想象出来的，是自我恐惧，是回避矛盾的借口。所有的成功者都需要倔劲、犟劲、拼劲、狠劲。因其克难，所以伟大。（参考金城出版社 2011 年出版的《洛克菲勒写给儿子的 38 封信》，作者：约翰·D. 洛克菲勒）

四、身健神清，健康的身体是获取持久坚毅力的底盘

身体是载事业与幸福之车，追求生命的长度才能更好地支撑事业的高度。叔本华说过："人类所能犯的最大错误，就是拿健康来换取其他身外之物。"对于生命的长度与事业的高度的关系，必须清醒地认识。事业要为健康百岁人生服务，而非让事业葬送身体，要互为激发、互相支撑。一切成就，皆由身载。

如何拥有健康的身体呢？大量的研究表明，人的心态与身体健康之间是一个相互影响的回路。糟糕的心态会损害身体健康，而乐观的心态会促进身体健康。所以，管理好自己的处事态度与方法，管理好自己的情绪，不但关系到我们所可能取得的成就，还直接关系到我们的身体健康。

1. 做成圣贤事，修好清静心，养成百岁寿。平衡好身体与拼搏的关系，以健康为基石，换取事业的持久力

牺牲健康去换取所谓的成功和梦想，这是极其不可取的做法。创新工场董事长李开复痛定思痛，以自己为案例告诉那些为了"成功"而废寝忘食的人们："癌症面前，人人平等。"在患癌症之前，李开复的头衔有著名企业家、青年梦想导师、创新工场董事长等，从担任微软全球副总裁到出任谷歌大中华区总裁，再到创立创新工场，事业可谓顺风顺水。

他的人生信念是"世界因我不同"。但就在 2013 年，李开复被查出罹患淋巴癌四期，腹腔内有二十多个淋巴肿瘤。

"生病之前，我被美国《时代》周刊评选为'影响世界百大人物'之一，

我意气风发地赴美受奖，自认实至名归、当之无愧。然而，吊诡的是，领奖回来没几个月，我就发现自己生病（淋巴癌）了。赤裸裸地暴露在病痛的风暴中，再大的影响力、再高的知名度都帮不了忙；在诊疗间、在病床上，我什么都不是，就是一个随时可能在呼吸之间顿失所有的病人。"

与病魔抗争17个月后，李开复发微博称："最近两次检查都看不到肿瘤了，自己已经完全康复，肿瘤消失。"并推出感恩之作——《向死而生：我修的死亡学分》。他说："健康、亲情、爱，才是永恒。牺牲健康去换取所谓的成功和梦想，这简直是天大的笑话！"

比尔·盖茨与乔布斯都改变了世界的链接速度与效率：比尔·盖茨在电脑领域改变了世界，乔布斯在手机领域改变了世界。可讽刺的是，一个还在为人类事业奔波，另一个极不情愿且遗憾地走向"天堂"，让人扼腕叹息不已。

我们都在追求生命的长度与事业的高度。但身体是第一位的。"世界是你的，也是我的，但归根结底属于那些身体好的！活得久的！"

乔布斯临终前的一些话值得深思："我在商业界达到了成功的巅峰。在别人的眼里，我的人生就是成功的一个缩影……但是，除了工作之外，我却很少有其他的快乐。到生命之终，我只不过是习惯了财富这一生活事实罢了。此时，我躺在病榻上，回顾我的一生，我意识到，我一生所骄傲的所有名声和财富，在即将到来的死亡面前都显得毫无意义。……世界上什么是最昂贵的床？病床！你可以聘请某人来为你开车，为你赚钱，但你不能让别人替你生病。失去了物质的东西都可以找到。但有一件东西，当它失去了就永远找不到了——生命！"

2. 以工作为乐趣，在忙碌中保养身心

我国新闻漫画的泰斗方成100岁时身体依旧硬朗，甚至仍在坚持创

作。他将自己的长寿秘诀归纳为："生活一向很平常，骑车画画写文章。养生就靠一个字：忙！""忙"的确是全世界众多大师级人物的养生诀窍。比如，被尊为"国学大师"的著名学者季羡林寿高98岁，任继愈寿高93岁，启功93岁，齐白石93岁，巴金101岁，马寅初100岁，钱学森98岁，周有光112岁……这些大师级人物的寿数都远远超过中国目前的人均寿命。为什么？归为一个字：忙。

适度忙碌是门学问。大师们的这种忙，不是瞎忙，不是忙得通宵达旦，而是一辈子忙个不停，不考虑享清福，不打算做个懒人，这样的精神才使他们神清脑健、寿达期颐。

要找到能从容掌控又乐此不疲的事业，它是世界上最便宜的药，也是最美好的药。要战胜怠惰，忙工作，忙锻炼，不忧惧，不超载。

体力是毅力的前提，健康是生命之本。天有三宝日月星，人有三宝精气神。研究证明，事业能强化大脑，为人带来精气神威。与过于清闲的人相比，忙碌的人通常有更好的认知能力，能更迅速地处理信息，并且有更优秀的记忆力和推理能力。忙碌的工作状态会激发人的本能动力，让人产生积极的进取精神，最大限度地发挥人的潜能和创造力，进而增强自信心。忙碌的人不会产生孤独和抑郁感，忙碌能够帮助赶跑消极情绪。有事做，有助于保持快乐。

适度忙碌能够提高身体免疫力。当人忙碌时，身体的免疫系统也处于"总动员式"的戒备状态，使免疫力提高，从而更有效地预防疾病。

新的研究表明，"目标感很强"对健康有益，因为生活中是否有追求，决定了一个人的心态，进而决定其生理状况。英国科学家在40~90岁的人群里做了一个7年的追踪调查，结果发现，没有明确生活目标的，比有明确生活目标的，病死或自杀的人数足足高了一倍，患心脑血管疾病的人数也多了一倍。另外，医学早就发现，人退休后，因人生目标突然消失，身体健康和精神健康状况均会急剧下降。为何会如此？原因是如果没有目标，死亡便成了唯一的目标，那么隐藏在潜意识里的自毁机制就会悄然启动，让身体每况愈下。但是设立的目标一定要切实可行，否则会起副作用。

事业是身体的兴奋剂。巴菲特和芒格长寿的秘诀是"挣钱"，成就和贡献让他们兴奋不已。如今90多岁的巴菲特和芒格仍能滔滔不绝地讲好几个小时，头脑清晰，思维敏捷。大脑常用则会延缓衰老，要做价值投资，首先要活得够长。

从中医角度说，忙碌时，人体的筋骨能得到有效的活动，使浑身气血顺畅，有利于身体健康。

3. 坚持科学饮食、保健和运动

美国著名理财规划师托马斯·科里花了五年时间研究了177位百万富翁的日常习惯，发现76%的富人每天都会用至少30分钟时间来进行有氧运动，包括跑步、快走、骑自行车等。有氧运动不仅对身体好，对大脑也有很大帮助。

体育锻炼能让体内的葡萄糖含量增加，葡萄糖是大脑的养料，葡萄糖越多，大脑获得的养分就越多，人也会越聪明。

Facebook创始人兼首席执行官马克·扎克伯格，绝对是跑步的真爱粉，哪怕收到恐怖分子的死亡威胁，他照样带着保镖上街跑步。

科学家们一直都在研究，运动是如何让人身心健康的。

——运动能够促进脑源性神经营养因子（BDNF）的释放。每次运动的时候，肌肉、脂肪细胞和肝脏都会释放一些生物分子到血液里。一些生物分子经过体内循环后，到达头部，再进入大脑，然后引起一系列有益的生理变化，让人感觉更敏锐、更快乐。其中最关键的一个变化，就是运动会促进BDNF的释放。BDNF可以促进神经元之间建立新的连接或突触，这个过程被认为是人类学习的基础，细胞通过建立连接在大脑内部进行信息交流。例如，BDNF能够促进海马体中神经元与前额叶皮层的细胞形成新的突触。前额叶皮层负责大脑很多高级认知功能的运转，比如决策能力和注意力，这些功能也会随着运动而改善。

——运动能改变大脑的血管网络。当人处在运动状态的时候，身体里的血流量会增多，大脑的血流量也会随之加大，这就会使血管内皮生长因子（VEGF）的含量增高。这个过程可以促进海马体内新血管的生成，而新血管的生成与神经再生有关。

——运动会使体内的神经递质增多。人跑完步之后之所以会感到愉快，是因为包括血清素、多巴胺和内啡肽在内的神经递质增多了。这些物质在情绪调节、动机和奖励机制中发挥着重要的作用。在运动过程中收获最多的人，他们认知能力的改善程度也最大，适度锻炼能带来认知上的提高，无论是散步这样的低强度运动，还是举重和高强度间歇训练，都会让人情绪变好。

——运动能增加肌肉力量，这是延长寿命的秘密。肌肉力量指的是肌肉做功的能力，即肌肉功率，它取决于产生力和速度的能力，以及协调运动的能力。肌肉力量在40岁以后逐渐下降。现代科学证明："肌肉力量与全因死亡率密切相关。但好消息是，你只需要高于同性别人群肌肉力量的中位数就可以，变得更强大没有进一步的好处。"

有坚毅力才能扛事儿，才能撑起最了不起的才华。数据证明，亚裔学生更优秀是因为坚毅。比如，亚裔人口只占美国人口的4%，但亚裔学生在斯坦福大学之类的顶级名校中的占比达到四分之一，而且亚裔学生毕业后的工资也比平均水平高 25%。① 一般人会把这个成就归结为亚裔智商高,但统计表明不是这样的,比如白人科学家的智商是 110,而亚裔只需要 103。亚裔并没有智商上的优势,那亚裔这么厉害靠什么呢?靠的是意志力。鲍迈斯特和蒂尔尼的《意志力》一书介绍了一系列增强意志力的方法,主要有三个观点:第一,意志力就像肌肉,使用的时候会消耗能量,用多了会疲劳;第二,意志力不是一个心理机制,而是一种生理机制,补充葡萄糖能提高意志力;第三,可以通过设定合理目标、养成良好习惯、自我监控等办法提高意志力。

我们可以推断出这样一个模型:坚毅力=远大的目标+强大的内心+科学的营养+有效的运动+持久的时间。这些核心变量构成坚毅力要素。

"战争以一方失去战斗意志为结束。"让我们围绕目标,结硬寨,不服输,屡败屡战,磨砺淬坚韧,锻造成大器。

---

① 数据来源:美国人口普查局公布的"2005 年美国社区调查"。

第五篇

取法乎上，其道大光

第九章

积极力之美：积健为雄，能以美利利天下

伟人因对人类的贡献大而成为众人崇拜的偶像。他们积极将个人智慧贡献给他人，造福社会，能以美利利天下。巨大的贡献力从何而来？本篇回答这个问题：积极强作、向上向善、服务利他是贡献力的三块基石。我试着写了一副对联，给予概括："刚健中正成伟业，含弘光大养人心。"横批："圣贤乾坤。"

一、伟大来自积极强作，积极强作才会对社会有更大的贡献

人们取得的一切伟大成就，都源自积极强作，包括积极的状态、强作的行为。积极强作，既能激活内心的追求渴望，又有助于充分利用、调动一切外部资源，实现目标。唯有积极强作，才能日拱一卒、精进不止，关键时刻更能豁出去，敢扛事，能成事。只有充分强化内部的积极性，勉力而做，才能战胜外部的压力和阻力，不断进步向前。《周易》发现了人生进取的秘密，将第一卦定为"乾"，并且定义了"君子"："君子终日乾乾，夕惕若厉，无咎。"就是说品德高尚的人应当积极向上，勤勉努力，踔厉奋发，笃行不息，提高警惕，预防危险，这样人生就能平安出彩。

1. 保持积极的状态，才可能有机会赢得未来

一个人能否取得成功往往取决于其人生状态是积极的还是消极的。当积极的因素不断累积，达到一个临界点，就会出现爆发式增长。"积极"形成人生的复利，累积多年，结果就是巨大的差异。"状态"宛如命运的控制塔，积极强作或消极躺平、懈怠懒惰决定了我们的人生能否成功。我们所处的外部环境也许不能选择，但内在环境，即心理的、感情的、精神的环境，是可以由自己去改造的，境由心造。成功，是方方面面取得的成绩的叠加累积，其获得在于人的状态，即有能力积极、乐观地战胜人生的各种挑战。一个人如果不具有积极的心态，就可能深陷泥淖，不能自觉、不能醒悟、不能自拔，从而失去所有的机会。人的一生就是以积极对抗消极懒惰的过程。

如果我们能够调整状态，改变处事方法，就可以避免平庸，甚至可以成为收获事业成功的人士和把握幸福人生的智者。人成功不仅是指拥有什么，而是指做了什么，做了什么就拥有什么，这是千古不变的因果律。如果能每天在一点一滴的努力中去实现自己的目标，就可以水滴石穿。成功等于每天进步一点点。

状态越积极，越容易吸引好的变化和转机；状态越消极，则越会陷入沮丧和失望。困住我们的，往往不是外在的压力，而是我们内心的消极怠惰或恐惧；解救我们的，很多时候也不是外在的环境，而是我们内心那份积极的坚持和自信。当一个人拥有了积极的心态，就能更好地熬过难、迈过坎，坚定地赢得未来。

"君子终日乾乾"揭示了一个基本规律：积极向上的状态与积极向上的目标结合起来，外部压力就变成了目标动力，帮助你成为赢家。人生因有目标而积极，因积极而达成目标，获得能量和幸福。

一切改变源于内心、内因。春秋时期，鲁国大夫臧文仲有句名言："禹、汤罪己，其兴也勃焉；桀、纣罪人，其亡也忽焉。"意思是说，大禹和商汤王这样的圣王会把灾害归罪于自己，认真进行自我批评，所以很快就能兴旺发达；而夏桀王和商纣王这样的暴君刚好相反，把一切问题都怪罪到别人头上，从不觉得自己有错，结果转眼间自取灭亡。执政者是"罪己"还是"罪人"，相反的选择会导致相反的结果。

《吕氏春秋》在总结兴亡规律的《论人》篇中，提出了"反诸己"与"求诸人"的标准，在自己身上找原因叫"反诸己"，在别人身上找原因叫"求诸人"。君子应该多"反诸己"，少"求诸人"。这是两千多年来儒家政治思维的一大主旋律。

古今中外的杰出人物无一例外都因积极向上，发现了时代的机会，也因为积极参与其中，改变了时代的走向，创造了一次次奇迹。唯有积极，小可以改变个人命运，大可以主导、推动历史发展进程，正所谓命由我造，积健为雄。

10元美钞上面那个五官精致的男子是亚历山大·汉密尔顿，美国的开国元勋之一。西奥多·罗斯福总统曾这样评价他："汉密尔顿是美国历史上最优秀的政治家。"汉密尔顿因为积极参与，不但精确预见到了美国的未来，他的政治遗产直到今天还深深影响着美国。

如果说人生起点就像一副随机发放的牌，那么汉密尔顿抓到的牌，实在是烂得不能再烂了。首先，他是私生子，且有人怀疑汉密尔顿有一定程度的黑人血统。私生子加黑人血统，这种身份标签在当时等级森严的社会中，会让人一辈子抬不起头。

但这还不是最惨的。汉密尔顿12岁那年，他和母亲一起得了一种怪病，母子两人躺在床上垂死挣扎。最终，汉密尔顿挺过来了，而他的母亲撒手人寰。由于私生子没有继承权，母亲留下的一点微薄遗产也被法院收走，汉密尔顿只能靠社区救济艰难度日。为了谋生，他刚满13岁就进入一家贸易公司当小职员。汉密尔顿17岁那年，一场灾难性的飓风引发的海啸几乎将当地夷为平地。悲恸当中，汉密尔顿给父亲写了一封长信，诉说所见所感。在他父亲和当地商人的帮助下，年轻的汉密尔顿怀揣梦想，在1773年登上了开往北美大陆的航船。

按计划，汉密尔顿本来应该学医，学成之后回到故乡，造福乡里。然而，历史的偶然，把这个异乡小伙的命运和美国独立事业紧紧绑在了一起。1773年，北美发生了著名的波士顿倾茶事件，它被认为是美国开始争取独立的标志性事件。

汉密尔顿在倾茶事件的几个月前抵达了北美。他就读于纽约的国王学院，如饥似渴地学习，遍读政治和法律的经典文献。他还忙里偷闲加入了学生社团，与同学们切磋写作、辩论和演讲技巧。事实证明，这些技能成为了汉密尔顿日后驰骋政坛的利器。

几个月后，当倾茶事件的消息传来，汉密尔顿立马从纽约跑到波士顿，在现场收集第一手资料，并在《纽约杂志》上发表了他的第一篇政论文章，积极支持反抗者。显然，当时才18岁的汉密尔顿懂得乱世出英雄的道理，他感到自己崭露头角的机会来了，必须抓住。他积极参加集会、发表演讲、写作战斗檄文，呼吁北美人民争取自由和独立。他的文章笔锋犀利、旁征博引，令人赞赏。

在人们认为这个小伙儿将要凭笔杆子出名的时候，从莱克星顿传来独立战争的第一枪。汉密尔顿立刻决定，投笔从戎，加入反抗英军的大陆军。这让熟悉他的人大吃一惊。汉密尔顿个子不高，一副瘦瘦小小、弱不禁风的书生模样，之前也没接受过任何军事训练。这样一个人扛枪上战场，不是去送死吗？

汉密尔顿真就去了，而且他作为炮兵连上尉连长，统领68名新兵，严格军纪、勤于操练，展示出很高的军事素养。但是，战争初期，双方实力悬殊，由业余民兵组成的大陆军根本不是英军的对手。没过多久，纽约沦陷。就是在从纽约撤退的途中，汉密尔顿遇到了华盛顿。一路上，汉密尔顿从容冷静地指挥他的炮兵连，用炮火掩护华盛顿军队顺利撤退。稍作休整后，华盛顿对英军发起偷袭。汉密尔顿指挥当时仅存的两门大炮，用密集的炮火造成大军压境的假象，把英军打了个措手不及，俘虏了1000多名英国士兵。这极大地鼓舞了士气，成为独立战争的一个重要转折点。汉密尔顿也因为在这次战斗中的英勇表现，名声大噪。有一位高级将领回忆起迎接他们胜利回来的情况，说："走在最前面的是一个非常年轻的小伙儿，矮小瘦弱。他把手放在大炮上轻轻拍着，好像那是他心爱的玩具。当有人告诉我，那就是大名鼎鼎的汉密尔顿时，我目瞪口呆。"

可惜的是，汉密尔顿没能继续他的征战生涯。华盛顿手下能打仗的人很多，能写出一手漂亮文章的人却很少。华盛顿请求汉密尔顿做他的副官，专门为他处理公文事务。汉密尔顿就像一部写稿机器，能快速捕捉华盛顿想要表达的思想，再用庄重、凝练的笔调一挥而就。汉密尔顿很快就成为了华盛顿最为器重的副官，进入了美国政治的核心圈。

……

汉密尔顿在决定国家走向的关键时刻都以他积极强作的状态发挥作用，深深影响了美国。

第一，汉密尔顿支持美国独立运动，发表了一系列战斗檄文。独立战争打响后，他又投笔从戎，22岁时成为华盛顿最得力的副官。

第二，汉密尔顿促成了美国新宪法的诞生，还主笔了《联邦党人文集》

系列文章，阐释宪法精神，奠定了美国200年的治国基础。

第三，作为美国首任财政部长，汉密尔顿一手建立了美国的财政金融体系，是当之无愧的联邦政府行政体系的总设计师。（参考浙江大学出版社2018年出版的《汉密尔顿传》，作者：罗恩·彻诺）

正因为汉密尔顿不怨天尤人、不自暴自弃，而是积极改变，方能积健为雄，成为推动美国发展进步的政治家。

2. 自古英雄皆强作

千百年来，中华文明都倡导"天行健，君子以自强不息"，意思是：天的运动刚强劲健，相应于此，君子处世，应像天一样，自我力求进步，刚毅坚卓，发奋图强，永不停息。只有自强不息，才能变被动为主动，扭转乾坤。要以积极改变战胜消极等待，避免坐以待毙。围绕目标，设定任务，积极强作，才能走出低谷，战胜平庸，走向强大、强健。

好运不是等来的，慵懒懈怠者没有赢家。有一项心理学研究告诉我们，只有当人的积极情感与消极情感的比例达到或超过3∶1的时候，人的大脑才会发挥出全部机能。积极的心态包括诚恳、忠诚、正直、乐观、勇敢、奋发、创造、机智、亲切、友善、积极、向善、向上、进取、努力、愉快、自信、自勉和有安全感等。

曾国藩在《勉强》中说："余观自古圣贤豪杰，多由强作而臻绝诣。"圣贤豪杰非天生，他们的成功是因为在勉强自己努力、勉强自己改变方面有着超乎常人的毅力。"勉强"二字，是制胜法宝。

曾国藩的一生也是强作的一生，他屡败屡战，最后大功告成。

翻开中国文化典籍，无一例外地都强调"强作"。《淮南子》曰："功可强成，名可强立。"《中庸》曰："或勉强而行之，及其成功，一也。"《吕氏春秋》曰："日功而不衰，以至于王。"

积极热忱，奋力强作，是一种最重要的力量，有史以来没有任何一件伟大的事业不是因为积极热忱、奋发图强而成就的。热忱强作的状态，是做任何事情都必需的条件。

积极强作，既能够鼓励和激励自己采取行动，也具有感染和鼓舞他人的力量。

诺基亚曾是上一个手机时代的经典代表，这家曾经辉煌的巨头公司在以 iPhone 和安卓为代表的智能手机时代轰然倒塌。面对处在生死存亡阶段的诺基亚，新任 CEO 李思拓审时度势，不甘颓败，积极作为，转换赛道，做了三笔关键交易：一是把手机业务卖给微软，先让企业活了下来，能喘息；二是发挥行业优势，收购了一家通信行业的公司，重新校准了前进方向；三是通过收购竞争对手阿尔卡特-朗讯，让自己咸鱼翻身，重振雄风，甚至跻身全球通信行业前三名。

李思拓回顾诺基亚的历程时说，管理者要把每个挑战、问题、坏消息，都看作是进行自我学习和提高的机会。凡事都积极准备很多个方案，那么就算遇到了最坏的情况，也能做到乐观地应对。到 2019 年，诺基亚是全球第二大 5G 通信设备提供商。这个在智能手机时代轰然倒下的手机制造巨头，在李思拓的带领下，通过积极转型成为通信行业的巨头。

3. 积极强作，获得心理支持

在"二战"期间，美国有一个医生叫亨利·比彻，他负责治疗受伤的士兵。有一次他把手头的吗啡都用完了。吗啡是缓解疼痛的，一旦没有了，那么多伤兵还不得疼死？亨利·比彻急中生智，想出了一个主意，他开始给伤兵注射生理盐水，一边注射一边告诉他们，这是吗啡。结果他发现，居然有 40% 的士兵觉得这些假吗啡能缓解疼痛。"二战"结束以后，亨利·比彻根据这件事写了一本书，书名叫《强大的安慰剂》，一下子就炸开了锅，好多人都抨击他。但是后来，科学界进行了许多研究，证明他的做法是有道理的。

积极强作，就是为自己的未来注射希望，编织信心，给自己打气，获得心理支持。人生每一个阶段都应有清晰、积极的追求，这样才能在每一个阶段都光彩夺目、熠熠生辉。其道乃因时而变，与时偕行，善于积极自我掌控。

英国前首相丘吉尔说："我本人是个乐观主义者，因为不乐观的话，似乎也于事无补。"

二、以向上向善为旗帜，才能广泛凝聚共识与力量，吸引更多人参与其中，贡献善力

自古至今，社会发展的整体趋势是向上向善，唯有向上向善才是正道。无论哪个国家、哪个政党、哪个组织、哪个领袖，他们打出的旗帜都是向上向善，扬善惩恶，也只有这样的价值观才能凝聚起广泛共识，凝聚更多的力量参与其中。打家劫舍的山贼土匪只能凝聚极个别的亡命之徒，他们也日夜生活在恐惧中，之所以纸醉金迷，本质上是担心来日不多。积德行善，福海无边。"积善之家，必有余庆；积不善之家，必有余殃。"善力最终都能战胜暴力。

1. 现代化国家公开倡导的价值观及法律制度、社会规则都是向上向善

18世纪苏格兰哲学家大卫·休谟发现，基于自然资源的匮乏、人的自私和有限的慷慨，人类社会在共同的生活中形成了基本的正义规则和其他道德原则与政治制度，它们不但能够有效地促进每个人自己的利益，同时也能促进他人的利益，并且使共同的利益对每个人都是必不可少的。这样一个正义的政治社会才是一个个人利益与公共利益、自私与仁爱共同协调

一致的社会。这应该是利他与利己一致性的哲学基础。伟大的人看到了社会的共同需求，带动社会追求共同需求，实现共识性发展。

我们的先哲老子在《道德经》中也早有论述："天之道，其犹张弓与？高者抑之，下者举之；有余者损之，不足者补之。天之道，损有余而补不足。"大意是说，自然规律、社会规律不是很像张弓射箭吗？弦拉高了就把它压低一些，低了就把它举高一些，拉得过满了就把它放松一些，拉得不足了就把它补充一些。自然规律和社会规律就是减少有余的补给不足的。

总体而言，社会道德规则、政治制度、法律法规、宗教戒律最显著的特点，就是提倡向上向善。唯有广泛性地推广向上向善，才能赋予人类更高的价值追求；也只有广泛性地向上向善，才能增进人类的福祉。

2. 人类进步的历史也是善恶斗法的历史

研究人类的历史就会看到，恶魔嚣张跋扈带来的人间悲剧总在不断上演：纳粹集中营屠杀、南京大屠杀……这是现代人类遇到的至暗时刻。可喜的是，这些恶魔最后都被强大的善力降服了。

这个世界上，更多的是不向恶势力屈服的人，他们为了内心的信念而挺身反抗，这些人被我们称为英雄。比如黑人民权领袖马丁·路德·金、南非前总统曼德拉，还有不抵抗运动的发起人圣雄甘地……他们坚持为大众追求正常权利，唤醒了更多人的善念善行，最终形成浩大的力量，荡涤污泥浊水，达到了他们的目标。

在面对恶势力时，如果能坚持自己的独立性，不屈从虚假的权威，尽自己的责任，不选择逃避，挺身而出，哪怕是平凡的普通人也能成为不凡的英雄。

一个向着高远目标前进的人，就会赢得更多人的追随，也会有更多的人给他让路。

3. 科学技术的本质是向上向善

伟大的科学家都以推动实现多数人的利益为自豪。科学技术的发展不是为了做恶，而是向善。

人类的发展经历了一个漫长的过程，技术进步和人类的生理进步基本上是同步的。人类总会利用新技术来造福这个社会，因为整个社会的绝大多数人都向往幸福的生活，而不是向往邪恶。

例如，人类发明了核技术，核能不仅可以给人类提供清洁的电力，还可以在环境保护、工业、医疗健康、农业等诸多领域造福于人。

4. 揭穿伪善，手中有剑

《管子·版法》曰："罚罪宥过以惩之，杀戮犯禁以振之。"现实社会中，善良的人往往会遭遇各种险恶欺诈。所谓"人善被人欺，马善被人骑"。所以，要用好惩恶之剑，不能让善心、善行成为软肋，要心明眼亮，不当滥好人，不被道德绑架，这也是一个人成熟的标志。

三、"服务、利他"是伟人价值观的深刻诠释，"贡献有我"是伟人的人生意义

被誉为中国台湾"经营之神"的王永庆辞世时曾给儿女们留下了一封信，王永庆写道："如果我们透视财富的本质，它终究只是上天托付作妥善管理和支配之用，没有人可以真正拥有……不忘以服务奉献社会、造福人群为宗旨，而非只以私利作为追求目标……不负于生命之意义。"寥寥数百字，却只字未提生财之道，统领全篇的是几十年来他对"财富"的本质意义的探索。

像王永庆这样认识财富、教育子女的企业家大有人在。他们洞悉人生的本质，探索活着的意义，不把私利作为自己的追求目标，而是尽力发挥

自己的力量，用聪明才智对社会做出贡献，带领更多的人改善命运。人生智慧和财富的意义就在贡献中体现。

1. 见小利则大事不成，"无意于佳乃佳"

《道德经》的最后一章说："圣人不积，既以为人己愈有，既以与人己愈多，天之道，利而不害；圣人之道，为而不争。"我把它概括为：积极作为，不争名利，做成圣贤事，养好清静心。正如乾隆皇帝评苏东坡的《寒食帖》："无意于佳乃佳"。

我国第一位诺贝尔生理学或医学奖得主屠呦呦，几十年潜心钻研、传承创新，甘冒风险以身试药。她执着一生，让中医药造福全人类。如今90多岁的她仍在科技攻关一线，孜孜不辍，诠释着她"心中有国家，造福无国界"的大爱情怀。

谋划未来，积极稳健，不急功近利，留后手有后劲。《论语·子路》曰："无欲速，无见小利。欲速则不达，见小利则大事不成。"

伟大的企业家以客户为上帝，伟大的政治家以人民为中心。亚马逊的创始人贝索斯治理公司的理念是：善良比聪明更重要。当面对客户的时候，使用各种聪明手段，都不可能找到最好的解决之道。但是当抱着善待客户这样一个不变的宗旨的时候，总能找到最好的解决之道。据说贝索斯开董事会时，总要把董事长坐的座位空出来，那儿摆一把空椅子。贝索斯说，我们永远要记住这张椅子上坐着的是客户。他告诫管理层，制定战略、设计商业模式的时候，始终把客户放在首位，总能找到最佳的解决之道。如果仅仅是用自己的聪明，甚至是用自己的聪明去对付客户、去制服客户，就背道而驰了。

真正的聪明是厚道。老子有云：大智若愚，大巧若拙。能为他人着想，才能收获信任与回报，才是人生大智慧。

2. "服务""利他""提升心志"成为伟人的普遍价值追求

奉献于社会、奉献于人类是一个人最崇高的行为。动机善则事必成。吉姆·柯林斯在1994年出版的《基业长青》里，把福特列为更加"高瞻远瞩"的公司。为什么柯林斯给福特这么高的评价呢？

柯林斯引用了福特1916年的话来说明这一点："我认为我们的汽车不应该赚这么惊人的利润，合理的利润完全正确，但是不能太高。我主张最好用合理的小额利润，销售大量的汽车……因为这样可以让更多的人买得起，享受使用汽车的乐趣；还因为这样可以让更多的人就业，得到不错的工资。这是我一生的两个目标。"

福特的商业理念是，商业的最终目的绝对不是追逐金钱，而是服务，即服务消费者、服务自己的员工、服务社会。所以，福特才有了T型车不断降价的壮举，也才有了当时被媒体群嘲为"工业社会最愚蠢尝试"的5美元工资制度[1]。

这就是福特的商业哲学。福特在自传里毫不掩饰地说，一个经营企业的人，最好对金融知道得少一点，因为如果他太过精通各种金融伎俩，那他就会更倾向于通过金融赚钱，结果就是，"不是成了一个企业家，而是成了一个耍钞票把戏的人"。

被称为日本企业管理大师的稻盛和夫认为，工作就是提升心志、磨炼人格的修行，是人生最重要、最有价值的行为。只有积极认真地工作，才能获得人生的幸福和成功。稻盛和夫在《活法》中提出一个非常经典的问题：人活着的目的和意义是什么？他回答道：人活一世，地位、声望、财富，都是生不带来死不带去的，我们最终离开时能够带走

---

[1] 1914年，福特的财务总管向记者大声宣读了一份声明："(福特)将把工人的工作时间从每日9小时一举减至8小时"，同时为工人提供"每日5美元"的工资待遇，这是此前2.34美元日工资水平的两倍多。

的只有更美、更崇高的灵魂。

稻盛和夫用他的财富设立了"京都奖",还将自己的股份全都送给自己的员工。2010年时,他无报酬出任日航的CEO。稻盛和夫说,日航之所以能在短时间起死回生,靠的就是"为社会、为世人而鞠躬尽瘁乃人之最高尚行为"的人生观和价值观。

从上述杰出人物的价值观看,为他人奋斗,为使命奋斗,为主义奋斗,天高地阔,其乐无穷,奋斗无止境;为私利奋斗,越走越窄,自私会挡住一个人的视野,束缚一个人的手脚,侵蚀一个人的心智,阻碍一个人前进的步伐。

贪婪是一个无底黑洞,会吞噬人的性命。在全世界范围内,黄金都是通用的文化符号,它体现了财富、尊贵和完美。黄金还常常作为欲望的化身,让人癫狂。

1510年,西班牙有个落魄贵族叫巴尔博亚,为了躲债违法乘船去往美洲。他本该因此被流放,但因为带领船员屠杀了一群印第安人,搜刮了土著的黄金,所以他被推举为殖民队伍的首领。尝到甜头的巴尔博亚,为了找到更多的黄金,开始费尽心思寻找传闻中的"黄金国"。在印第安人的指引下,他穿过巴拿马的山峦,发现了太平洋。然而,巴尔博亚的故事并没有一个好结局,没过几年,他就被自己曾经的亲信皮萨罗刺杀。这并不是为了主持正义,而是为了获得更多的黄金。在皮萨罗的带领下,西班牙殖民者决定进攻美洲的印加帝国,他们在获得大量黄金后,处死了印加帝国的国王。但天道轮回,几年后,皮萨罗也被他昔日好友的部下杀害。他们都葬送在黄金梦里,这就是恶的循环。

黄金作为欲望的化身,不仅给欧洲人带来探索未知世界的动力,也让无数人最终被贪婪的欲望反噬。

3. 人类的最高境界：能以美利利天下，不言所利，大矣哉

通过研究一百多位世界杰出人物，我发现他们的价值观并不是一朝形成的，而是在长时间的实践历练中不断提炼和升华，最后达到炉火纯青的至境："能以美利利天下"。我对这句话的理解是：能为社会创造优质产品，以优质产品之美服务天下。

人的追求大致可以分为以下三个阶段。

第一个是追求生存的阶段。该阶段的诉求是物质的满足感、财富的自由度。任正非说，他是在为生活所迫、人生路窄的时候创立华为的。

第二个是追求名利的阶段。名利是生命强大的推动力。这个阶段追求名利与社会地位，渴望获得成就感，被大众认可，有尊严地站起来。

第三个是追求利他的阶段。这个阶段主要是完成使命，奉献社会，共享发展的财富成果，分享安全感，分享权力，分享成就感。只有极少数人是拥有超我意识的使命主义者。

这三个阶段正如罗素用哲学和文学语言所表达的："人的一生就像一条河，开始是涓涓细流，被狭窄的河岸所束缚，然后，它激烈地奔过巨石，冲越瀑布。渐渐地，河流变宽了，两岸的堤岸也远去，河水流动得更加平静。最后，它自然地融入了大海，并毫无痛苦地消失了自我。"

在这三个阶段之后，就是人类的最高境界："能以美利利天下，不言所利，大矣哉！"到这个境界的人可以说是凤毛麟角。

中华文明几千年来对"利天下"的思想给予了歌颂与赞美。《周易》乾文言："乾元者，始而亨者也。利贞者，性情也。乾始能以美利利天下，不言所利，大矣哉！大哉乾乎！刚健中正，纯粹精也。六爻发挥，旁通情也。时乘六龙，以御天也。云行雨施，天下平也。"这是多么美好的崇敬、向往和颂扬啊！

老子曾经说过，"非以其无私邪？故能成其私"，意思是说，没有私心地做事情，反而私人的所有愿望最后都得到了满足。因此，要超越自身利益，超越自我，把自己放到更大的境界中去。"能以美利利天下，不言所利，大矣哉！"利他与实现自己的利益并不矛盾，而且具有高度的一致性，成全他人的过程也是壮大自己的过程。

居里夫人极其淡泊名利，爱因斯坦对她的评价是"唯一不为盛名所颠倒的人"。在战争时期，她将获得的诺贝尔奖金全部捐献出来，要不是因为捐赠奖牌没人接受，她连诺贝尔奖牌也会捐赠。

老子在《道德经》中说："孰能有余以奉天下？唯有道者。是以圣人为而不恃，功成而不处，其不欲见贤。"就是说，谁能够减少有余的，以补给天下人的不足呢？只有有道的人才可以做到。因此，有道的圣人才有所作为而不占有，有所成就而不居功，他不愿意显示自己的贤能。

第十章

全景式心智力之美：突破认知天花板，打造全景式心智模型

一切创造力源于突破认知局限，只有先要拆掉思维里的墙，才能超越前人。杰出人物之所以能成就伟业，首先是因为拥有高人一筹的心智力。心智力在人的一生中具有统领作用和决定性意义。

苹果公司CEO库克说，自己以前对于生活的认识没有现在这样清楚，而现在他认识到："生命中最严苛的挑战，就是知道什么时候应该突破传统的观念。"库克的这番话说明，心智力不是与生俱来的，是可以通过后天训练变化升级的。

本篇试图研究世界杰出人物的认知特征及心智力核心变量，以给读者一些启发。

一、人类认知升级的基本规律提醒我们，思维升级是人生大事，知也无涯，学无止境，终身学习就是活到老，认知提高到老

1. 人类自我认知的基本规律：存在认知偏差、认知局限性——达克效应

美国认知心理学家克鲁格（Justin Kruger）和邓宁（David Dunning）在1999年系统地研究了个体对其能力的自我评价问题，他们的研究结果被称为邓宁-克鲁格效应。此效应指的是能力欠缺的人在自己欠考虑的决定的基础上得出错误的结论，但是无法正确认识到自身的不足，存在一种认知

偏差现象。这些能力欠缺者们沉浸在自我营造的虚幻的优势之中，常常高估自己的能力水平，却无法客观评价他人的能力。这个效应又被称作达克效应。

达克效应告诉我们：能力差的人通常会高估自己的技能水平；能力差的人不能正确认识到其他真正有此技能的人的水平；能力差的人无法认知且正视自身的不足及其不足的程度；如果能力差的人能够通过恰当的训练大幅度提高能力水平，他们最终会认识到自己之前的无能程度。

中国的两个成语很生动地诠释了这个认知规律：井底之蛙，盲人摸象。"井底之蛙"出自《庄子·秋水》："井蛙不可以语于海者，拘于虚也。"是指井底的青蛙认为天只有井口那么大，比喻那些见识短浅的人。"盲人摸象"是说众盲人摸到象体的一部分，因而各执一词，争论不休，用来比喻对事物了解不全而固执己见，告诫人们把局部当作整体，往往会得出错误的结论。

有人对达克效应曲线进行了加工，展示了人们认知升级的过程（见图10-1）。

第一阶段是从开始到愚昧山巅，是在巨婴的位置，是不知道自己不知道，人们处在自我感觉良好的状态。据说此类状态的人占95%。

第二阶段是从愚昧山巅逐步下到绝望之谷，是知道自己不知道，此阶段是不断学习的过程，学得越多，越感觉自己知道得少，逐渐地，人们处于极度丧失信心的状态，走入绝望之谷。此类状态的人占4%。

第三阶段是从绝望之谷走向开悟之道，通过不断实践，他们的能力得到显著提升，这个阶段是知道自己知道。此类状态的人占0.9%。

最终他们成为大师，从最初的"自以为是"走到了"敬畏谦卑"，不知道自己知道。此类状态的人占0.1%。

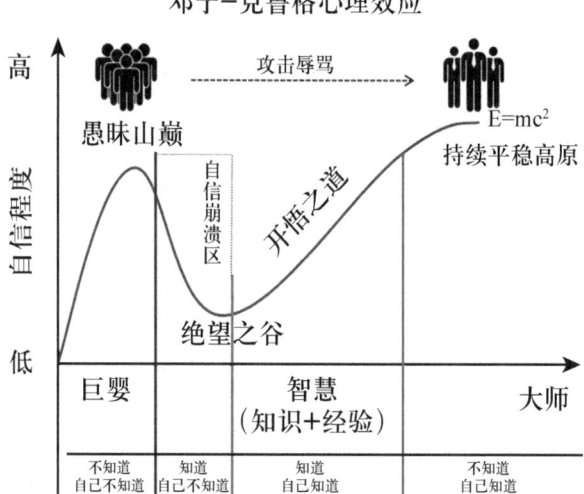

邓宁-克鲁格心理效应

图 10-1 达克效应曲线

我们可以从这个认知规律中获得启示：不要在愚昧山巅而不自知。人要谦虚，要通过学习和实践不断思考完善，通往开悟之道，成为高瞻远瞩之人。认知升级是一个困难的事，进步＝学习＋反思＋开悟＋行动，这个过程不断循环往复，就是认知升级的过程，就是进步的正道。

2. 杰出人物的成功源于他们站到了智慧之巅

杰出人物的思维方式与众不同，他们的心智力超越平凡，总能以全新的视角看待事物，找到具有洞见的创意。

脑科学研究发现，开拓创新是人类的本能，属于人的心理特质。这种特质深深地刻在人类的基因里。考古研究发现，数十万年前，原始人类经历过一场巨大的灾难，一些顽强的幸存者从非洲迁移到了遥远的新大陆上。这说明，那些更有开拓精神和创造力的个体生存下来了。这个过程历经千年，开拓精神和创造力就会反映在基因里。1996年，科学家发现了一种与开拓精神和创造力有关的基因，即多巴胺受体基因。这种基因让大脑产生一种奖励机制,一旦有了开创性的新想法,大脑就会分泌让人感到愉悦的多巴胺。这个奖励机制会让人心甘情愿去做一些看起来没什么实际好处的事,比如艺术创作。这种奖励的力量要远远大于物质奖励。俄国作家陀思妥耶夫斯基曾写信跟朋友说,为报酬写东西,让他经历了地狱般的折磨。这可不是矫情,心理学研究已经证明,金钱驱动创造性活动会扼杀创造性思维。

杰出人物都会努力自觉克服思维障碍和认知盲点,不断拓展认知边界,实现从依靠感性和直觉抉择到依靠理性与模型判断的人生超越。他们围绕目标,塑造和建设"更好的自我",追求自己的事业领域、精神领空,以此为乐,永无止境。

二、杰出人物的心智力特征

我所指的心智力就是人的综合思考、判断、行动能力,它存在于人的内心深处,是人的思想所依据的"标准",包含了智商、情商、世界观、价值观、人生观。这些综合素质叠加在一起,具有乘积效应,就像钢铁加了微量元素,形成各种硬度的好钢。

1. 杰出人物都是聪明人,但聪明人不都是杰出人物

(1)杰出人物的智商水平多数在平均值以上。智商是智力商数的简称,是智力水平高低的测量指标。智力是人们认识、理解客观事物并运用知识、经验等解决问题的能力。智力包括理解、判断、解决问题,抽象思维,表达意念以及语言和学习的能力。1905年,法国心理学家比内(A.Binet)和其助手西蒙(T.Simon)编制出了第一个测量智力的量表——比内-西蒙智力量表。

人们一般通过智商量表评价一个人的智力水平，智商在 90~110 之间为正常智力水平，分值低于 70 表示智力低下，分值超过 130 通常表示智商水平较高，为超常表现（见图 10-2）。

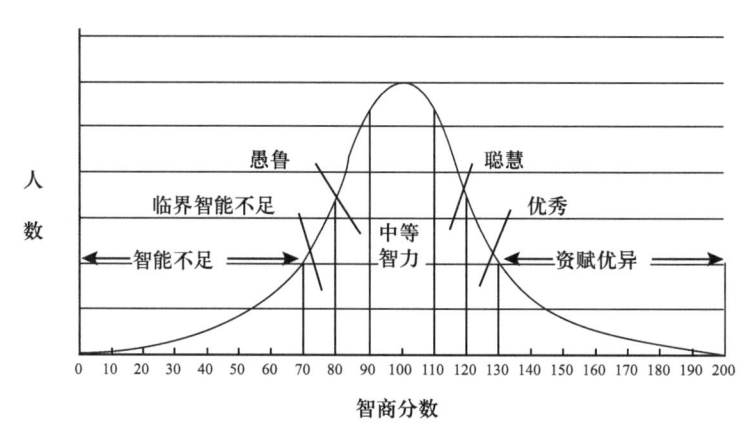

图 10-2　智商水平划分

西方心理学和人类学很早就对人的智力进行了研究，目前比较公认的结论是：人的"智力"存在一个先天的、根本的因素，这是一种从散乱、不完全的观察中提取共同规律的能力，称之为 G 因子。这种能力是不可能学习的，但需要后天的学习训练才能够充分表达先天的潜能，这个过程和效应叫作 G 装载。

智力可分为流体智力和晶体智力。流体智力的主要作用是学习新知识和解决新异问题，它主要受人的生物学因素影响；晶体智力测量的是知识经验，是人们学会的东西，它的主要作用是处理熟悉的、已加工过的问题。后者可以通过学习改变，前者一生无法改变。

通过研究世界百杰发现，这些杰出人物的智商多数都在 120 以上。例如，提出需求层次理论的心理学家马斯洛的智商据说高达 195，爱因斯坦的智商超过 160，埃隆·马斯克的智商超过 150。

有的研究将智力分为三种，分别是分析性智力、创造性智力和实践性智力。分析性智力属于基础智力，是智商测试表想要测试的那部分智力。创造性智力就是一个人的创造力。创造性智力对于许多行业，比如说科学研究、影视制作和艺术设计等都是必不可少的思维能力。研究表明，实践性智力最重要，它反映的是解决实际问题的能力。这个智力水平最难以明确地测量。实践性智力涉及大量的隐性知识，能为从未遇到过的问题想出实际的解决方案，并真正落实。有个好点子固然重要，但能把想法真正变成现实，才是成功的关键。

需要强调的是，并不是智商高就一定能成就伟业，古今中外也有大量的神童，最后业绩平庸。

（2）取得成就，不仅要有较高的智商，还要有较高的情商。情商通常是指情绪商数，它是近年来心理学家们提出的与智商相对应的概念。现代研究普遍认为，情商主要包含以下五个方面。

① 了解自我：监视情绪时时刻刻的变化，能够察觉某种情绪的出现，观察和审视自己的内心世界体验。这是情商的核心，只有认识自己，才能成为自己生活的主宰。

② 自我管理：调控自己的情绪，使之适时适度地表现出来，即能调控自己。

③ 自我激励：能够依据活动的某种目标，调动、指挥情绪。这能够使人走出生命中的低潮，重新出发。

④ 识别他人的情绪：能够通过细微的社会信号，敏感地感受到他人的需求与欲望，即认知他人的情绪。这是与他人正常交往，实现顺利沟通的基础。

⑤ 处理人际关系，拥有调控自己与他人的情绪反应的技巧。

在现代社会，人们面对的是快节奏的生活、高负荷的工作和复杂的人际关系，没有较高的情商是难以获得成功的，情商会影响智商的发挥。情商高的人，人们都喜欢同他交往，他总是能得到众多人的拥护和支持。同时，人际关系也是人生的重要资源，拥有良好的人际关系往往能获得更多的成功机会。

需要指出的是，情商固然包括人与人互动的层面，但情商并非指谄媚、奉承、巴结、虚伪，这些行为反倒会引起人们的反感或厌恶。

情商被越来越多地应用在管理学上。对于组织管理者而言，情商是领导力的重要构成部分。

衡量一个人能取得的成就的大小时，并不只有大脑基础的智力这一个维度。要提醒自己多去提升其他维度的智力水平。智慧和智力不同，智慧是多个维度的智力集合。只有找到更多的智力钥匙，才能打开智慧的大门。

（3）还有一种逆商，全称是逆境商数，一般被译为挫折商或逆境商。它是指人们面对逆境时的反应方式，即面对挫折、摆脱困境和超越困难的能力。

智商、情商和逆商是心智力的核心组成部分，三者结合构成智慧水平。顾名思义，心智力中，心力以情商、逆商为主，智力以智商为主，心智力就是三者的融合。大量研究表明，心智力可以通过训练加以改善。至今为止没有发现任何一种心智指标，是100%被遗传因素决定的，一般而言，能超过50%就算是很强烈了。对于任何人类心智活动，后天因素的贡献仍然是很大的。也就是说，后天的奋斗能占到50%。所以，针对人类心智是先天还是后天这个问题，我们应该采取更积极的心态。

首先，承认人与人之间心智功能的差别，人类独特的语言功能、智商、记忆力、幸福感和自信心等心智指标，甚至我们的价值倾向，都有先天遗传因素的影响。其次，要明白后天环境因素仍然会对人类的心智产生重要影响。人类心智这张蓝图，虽然在没有出生的时候就已经绘制完成，但仍然给我们留下了精雕细琢、浓妆艳抹的空间，我们唯有努力奋斗，才能把它变成自己理想的样子。

这个积极的结论提醒我们，人生不努力奋斗，先天心智再高也会一事无成。正如《爱拼才会赢》里的那句歌词所说："三分天注定，七分靠打拼，爱拼才会赢。"

2. 杰出人物都积极向上，对事业充满热情

积极向上才能激发潜能，成就一番事业。稻盛和夫的人生结果公式把热情放在了重要位置。

高情商的标志是：热情、谦虚、沟通、协调。积极主动是成功的基础条件。一项心理学研究告诉我们："只有当你的积极情感与消极情感的比例达到或超过3∶1的时候，你的大脑才会发挥出全部机能。"

积极耕耘才有收获。伟大的发明家爱迪生是人类历史上第一个利用大量生产原则和电气工程研究的实验室来进行发明并对世界产生重大影响的人。他拥有超过2000项发明，包括对世界影响极大的留声机、电影摄影机、钨丝灯泡等。爱迪生曾说，天才就是1%的灵感加99%的汗水。这99%的勤奋就是积极，积极才会有1%的关键灵感。

3. 杰出人物都思想开放、格局宏大

一个杰出头脑的标志就是能够同时运行两套思考方式，经常用一种思考方式来看待另外一种思考方式。当一个人具备这样一种能力的时候，思考问题和做事情就不大可能钻到牛角尖里去。也就是说，他们不大可能陷入一种愚昧的状态。"愚"字上面是一个禺，下面是一个心，所谓愚，就是心陷入一个角落里而无法抽身出来。如果一个自己在迷宫里走，另外一个自己能够站在迷宫外指点自己该怎么走，那么就很容易走出迷宫。

三、站到巨人的肩膀上，得到一个倾囊相授的导师

在人生的不同阶段，都需要有指点迷津、拨云见日的导师或智囊团。

1. 导师的重要性

高明的导师就是已经站到巨人肩膀上的人。导师在关键时刻能够指明方向，让你少走弯路，提高成功率。同时，导师能够对你采取的行动和出现的结果给予及时评估与点化。高明的导师胜过十万雄师。

钟秉枢先生研究了中国竞技体育的6个传统优势项目，即乒乓球、羽毛球、跳水、射击、体操、举重，这6个项目拿到的奥运金牌占中国代表团所有金牌总数的74%。钟秉枢发现，这些项目有一个共同点，就是带出成绩的优秀教练并不是来自五湖四海的"满天星斗"，而是来自一个师门，同宗同源、一脉相承。这种主教练代际相传的现象被称为"权威保有"（见表10-1）。

表10-1　我国优势竞技体育项目教练传承

项目	教练传承
乒乓球	傅其芳—容国团、徐寅生、李富荣、张燮林—蔡振华、陆元盛、施之皓—刘国梁、乔红、孔令辉
跳水	徐益明—于芬、周继红、张挺、刘恒林
体操	韩毅、陆恩存、朱启平、蓝亚兰、陈孝彰—张健、高健、曲德瑞、潘辰飞—黄玉斌、陆善真、刘群琳、徐惊雷—邢傲伟
羽毛球	林丰玉—王文教、陈福寿—侯加昌、汤仙虎—李永波、田秉毅—吉新鹏、张宁
射击	张恒—许海峰、王义夫
举重	黄强辉—赵庆奎、杨汉雄、吴树德—马文广、马文辉、陈文斌

资料来源：钟秉枢.文化传承与精神永续：70年夺冠之路与国家队管理创新［J］.天津体育学院学报，2019（5）：369-372.

这种现象并不是只存在于体育界，在科学界也非常明显。据统计，诺贝尔奖得主中30%都是有师徒关系的。有一篇论文专门研究近百年来诺贝尔奖获得者之间的师徒关系，发现可以把师徒关系分成好几种模式。比如，有"几代单传"式，从1909年获得诺贝尔化学奖的奥斯特瓦尔德，到1960年获得诺贝尔物理学奖的格拉赛，他们之间传递了五代。还有"桃李满天下"式，比如1908年获得诺贝尔化学奖的卢瑟福，一共培养了11位诺贝尔奖得主。①

体育界和科学界中的"权威保有"现象说明一个道理：在知识已经标准化的现代社会，师徒之间的传帮带仍然有不可替代的价值。师承传统不仅有助于知识的传承，还有一个更重要的作用，就是能够使一个人从共同体的精神、文化、荣誉、信任等中获得支撑。有个体天赋的人，如果有幸加入到一个卓越的师承传统当中，更有可能做出成绩。

书画界尤其注重师承，齐白石有"五出五归"的经历，以大山真水和古今名家为师，并与全国各地的文化名人交往。在这些名人家里，他有机会临摹到八大山人、徐渭的真迹。齐白石非常推崇八大山人、徐渭，以及当时的书画名家吴昌硕，自称是"我欲九原为走狗，三家门下转轮来"。也就是说，他甘愿轮流给这三位画家当看门狗。可见其虔诚与崇拜的程度。

《富有的习惯》一书的作者托马斯·科里研究了世界上177位白手起家的富豪，发现他们都有自己的人生"导师"，也会经常在碰到困境或困惑的时候寻求这些导师的协助。

2. 如何才能找到好的导师？

寻找导师指点迷津，是成功者的捷径。我们以爱彼迎（Airbnb）联合创始人兼首席执行官布莱恩·切斯基（Brian Chesky）如何拜师为案例，分析

---

① 孙习习.诺贝尔奖获得者师徒关系分类探究[J].决策与信息，2013（7）.

我们怎么找到最权威的人为师。

第一，顺藤摸瓜，找到行业权威。切斯基每次去请教之前，都会研究和确定一个领域最权威的人是谁，然后直接和这个人去学习。因为他没有时间浪费在那些不够权威的人身上。比如说，他会向苹果公司的乔纳森·伊夫学习设计理念，向迪士尼公司的鲍勃·伊格尔学习管理才能，向Facebook创始人马克·扎克伯格学习对产品的追求。当然，有的时候他选择的导师也有点出人意料。

第二，问题足够新颖。寻找导师，不能是为找而找，脑子里得有一个真问题。要通过深度思考发现问题的本质，让提出的问题足够新颖，足够引起对方的重视。如果有强烈的好奇心，那么这个好奇也会引发导师的好奇。比如说巴菲特就对切斯基创立的Airbnb非常好奇，他当时还说过，"真希望这是我自己的想法"。只要有好的想法，两个人就有可能会相敬相惜。

第三，克服虚荣心，不怕碰壁丢面子。有人会说，Airbnb那么有名，切斯基当然有机会见到那些名人，而我们这些无名之辈该怎么办呢？其实，Airbnb在创立初期的时候也只是一家小公司，切斯基四处敲门也不是没有碰到过闭门羹。可是，他表现出了一种不怕丢脸的学习精神。比如说，切斯基和几位创业者总是软磨硬泡，想要请求YC的创始人格雷厄姆和他们谈谈。但是格雷厄姆很忙，他并没有那么多的时间给每一个创业者。那怎么办呢？他们就决定硬闯，一定要把导师堵在办公室里，一定要说上两句。他们总是最早到，最后走，比别人更不怕丢脸，也比别人更加勤学好问。

这不是招人嫌吗？其实，即便是最有权威的人物也是从毫无经验的小白成长起来的。如果他们看到那些特别勇于探索、孜孜不倦想要寻求答案的人，他们有可能也会发自内心地去欣赏和帮助他们。

第四，经受住考验。如何让导师对自己刮目相看？就要经得住一个个岔路口的考验，通过一个个具体的选择，通过一件件小事的积累，让导师相信，自己不仅值得信任，而且是可塑之才。在这件事上没有捷径。毕竟，要想站到巨人的肩膀上，至少要先靠自己的力量爬上去。考验通常不是一次性的，不但会多次出现，而且难度还会不断升级。只有被考验者克服了阻碍和干扰，才会获得信任。就像黄石公让张良捡鞋子一样，这都是给拜师者有意设置的重重关卡，考验其真诚度。"三顾茅庐"，就是刘备一关关地经受考验。诸葛亮一次次避而不见，大白天睡觉置刘备于不顾，并不是没来由的傲慢。能为求贤心甘情愿三番五次弯腰，就值得信任。而一旦通过考验，获得了诸葛亮的加盟，刘备的匡汉大业就立即顺风顺水起来。诸葛亮给刘备设关卡，目的同样是检验"成色"。

第五，立即付诸行动。当从导师那里获得建议之后，应该立即实施。向导师请教不是为了聊天，而是为了实践。切斯基见完巴菲特之后，为防止忘记，就在抵达机场以后，立刻写了篇 3600 字的报告分享给团队成员。而且，他马上就把从导师那里"偷"来的智慧复制到了整个公司。比如说，他启动了"周日之夜系列"活动，总结一周学到的经验。再比如说，他会通过邮件与全公司员工交流，让新雇员每礼拜参加 1 小时的 Q & A 会议等。这些都是他从巴菲特那儿"偷"来的经验。

乔布斯曾说过，做事的人和做梦的人最大的差别就在于，能不能马上开始行动。乔布斯自己就特别喜欢直接打电话给某个领域最厉害的人请教问题，根本不在乎是否被拒绝。

卡内基在回忆录里说："年轻人能够和高层接触，且得到认可和赏识，其人生的奋斗阶梯就攀上成功的半途了。所以，有志向抱负的人就应该去做些超越自己职能范围，足以引起大人物刮目相看的事情。"

3. 跟导师学什么？

在人生的道路上，能够遇到一位优秀的导师，将是受益终身的事情。那么，我们具体应该向导师学习什么呢？柏拉图说他向苏格拉底学到了三点：一是原则，原则就是用理性的态度探讨真理，因为古代希腊有很多神话，很多传说，很多未经证实的假设，而现在人应该发挥理性的作用。二是追寻人生的意义才是真正的关键问题，到底人活着的意义是什么？人生的目的何在？应该如何界定呢？三是方法，至少包括反诘法、演绎法、归纳法以及辩证法。每个人在年轻的时候都需要心灵导师，可以亲炙他或者私淑他，用来提升自己的生命境界。

我们以杨振宁为例，分析点评导师如何点石成金、指点迷津，并总结出至少要跟导师学四个要点：①方向；②方法；③经验；④境界。

杨振宁曾向中国科学院大学研究生介绍道[1]：

在西南联大有两个老师对我有长远的影响。

第一位就是吴大猷先生，是因为我在四年级要毕业的时候，需要写一个学士论文。……我去找吴先生，吴先生就要我看一篇文章，是讲怎么用群论来解释物理的现象，尤其是分子物理学，因为分子物理学是吴先生的领域。

群论所讨论的是对称，……用群论的这个数学语言，来了解对称在这个物理的应用，这是20世纪最最重要的物理学的精神之一，而那个时候把对称的观念用到物理的现象是刚刚开始。所以吴先生把我引到这个方面是我一生最大的一个幸运。

我在写完了学士论文以后得了学士学位，又进了清华大学研究院。在研究院我的导师是王竹溪先生。王先生的领域是统计力学，统计力学那个

---

[1] 杨振宁国科大演讲互动：我懂高能物理，我认为你不要走这方向[EB/OL].科学网，2019-07-27.

时候也是有个新的革命。所以王先生把我带进了这个领域。

梳理后发现，我以后一生中2/3的工作是在对称理论，是吴先生带我走的方向；1/3在统计力学，是王先生带我走的。

我一直说自己实在是幸运极了，因为一个年轻的研究生，如果能够走对一个领域，而这个领域在以后五年、十年、二十年是发展的话，那么你就可以跟着这个领域共同发展，这是最最占便宜的事情。

这么多年我看到了成千个研究生，很多都非常优秀，可是十年以后他们得了博士学位再看，有的人非常成功，有的人非常不成功，并不是因为这些人的本事差了这么多，得到过博士学位的人通常本事都还不坏的；也不是因为有的人努力，有的人不努力。

主要是有人走对了方向，要是走到一个强弩之末的方向上，那就没有办法的，而且越走越不容易走出来，要换一个方向不容易，继续做那就走成了最不幸的一个人。【点评：**方向对了，就可以不走弯路，提高成功率。**】

在1945年抗战胜利以后，我考取了一个留美公费，到美国芝加哥大学做研究生，获得了博士学位。

在芝加哥大学有两位物理教授对我最有影响，一位是爱德华·特勒（Edward Teller），那个时候他还不到40岁，是一个聪明绝顶的天才，当时已经很有名了，可是后来他变得更有名。

在20世纪50年代，大家晓得原子弹做完以后，要用原子弹来引爆一个氢弹。这个窍门很多年没能解决，最后解决这个窍门的主要研究人员之一就是特勒，所以国际上说他是氢弹之父。

……

另外一位对我影响更大的，就是芝加哥大学的恩里科·费米（Enrico Fermi）教授，他是20世纪最重要的物理学家之一。就是他率领二三十个物理学家，第一个做出反应堆，制造的地方就在芝加哥大学，所以芝加哥大学现在有一个小的广场，上面有一个雕塑是来纪念人类第一次用核能发电。

我在芝加哥大学学的物理对我非常重要，我在西南联大学的物理也非常重要，可是这两种物理的学法有一个分别。

在联大的时候，我所学的物理学方法是推演法（理论—现象）。我到芝加哥大学以后发现，这些却不是那些重要的教授整天所要思考的，他们想的恰恰是反过来的，即归纳法（现象—理论），从现象开始，归纳出来理论。就是这个现象我懂不懂？如果把它想清楚了，这个跟从前的一些理论是符合的，所以就是从现象到了理论，从而了解了这个现象，也就更近了一步。

假如你发现跟从前的不同，那更好，因为那代表这是修改从前的理论的机会。归纳法注重的是新现象、新方法，少注重书本上的知识。所以从现象到理论的这个研究方法，事实上是更容易出重要成果的。

而我自己觉得在联大时推演法学得非常好，后来根据这个根基，又吸收了归纳法的精神，将二者结合起来，就又是我非常大的幸运。【点评：跟导师学方法，方法对路，取长补短，眼界开阔，别有洞天。】

在1946年1月到1947年，是我感觉最困难的一年。因为在昆明的时候学了很多理论物理，也念得很好，可是基本上没做过什么真正的实验，而我知道物理学根基是在最后的实验。

到芝加哥大学的时候，就下了一个决心，要写做实验的博士论文，所以到了那边就开始进入实验。

当时艾里逊（Allison）教授在做一个加速器，那时算是很大的。他带了有六七个研究生，我就是其中之一。前后做了20个月。可是我不会做实验，笨手笨脚的，所以实验室里的同学都笑我："Where there is Bang, there is Yang!"后来我懂得，自己不是做实验物理的材料，就不做了！

而理论方面我一去就找了特勒，他给了我几个题目，但都不合我的胃口。他喜欢的题目和研究方法，以及他注意的事情跟我不一样。在和他做了一个题目后，他认为结果很好，要我把它写出来，却写不出来了。

因为中间需要做一些近似的计算，而近似的计算没法控制它的准确性，所以我这个论文写不出来。那么他说没关系，觉得我是个很聪明的研究生，就做另外一个题目，结果又是发生这个现象。

这样几个月后，他跟我都知道，我们不是一类的理论物理学家。虽然他跟我的关系一直很好，可是我认为不能从他那得到题目，就开始自己找题目了。

……

原因是因为在本科生的时候，学的是已经有的知识，而研究生要自己找题目，自己找方法，在本科念得多好，都不见得在这方面很快就容易达到一个顺利的地步。

做得不成功，当然会不高兴，不过也不要沮丧。这是我自己的经验。

幸亏我在联大的时候念了很多东西，有好几个问题是别人做了，但还没有完全解决，我就把这些问题拿出来研究。

在那一年一共研究了四个问题。

第一个是贝特（Hans Bethe）在1930年关于自旋波（spin wave）的数学工作，自旋波跟固体的构造有密切的关系。在当时，有几个很年轻、很重要的理论物理学家，他们有一套理论，在中国的时候，我就知道这个很重要，所以在芝加哥大学，我就把他们的文章拿来拼命地念。

第二个是昂萨格（L. Onsager）在1944年的文章，昂萨格做的是统计力学，其中有一个非常难的数学问题，被他在1944年解决了。我还记得这个文章当时印出来的时候，我还是王竹溪先生的研究生。王先生曾经研究过这个问题，没能做出来。忽然看见昂萨格做出来了，他就告诉了我。王先生是一个平常不苟言笑的人，可是那天我可以看出来他很激动，这么困难的问题居然被解决了，我就知道这个里头有文章！所以在1947年，就对这篇文章进行研究。

第三个题目是泡利（W. Pauli）关于场论的文章。

第四个是特勒的一个理论。

这四个题目我都去研究了，每一个花了好几个礼拜到一两个月。结果前三个都不成功！那个时候，除了第四个题目以外，芝加哥大学既没有老师又没有同学对那三个题目发生兴趣，所以我就一个人在图书馆里头研究。

又比如说昂萨格的文章，有十几页，看不懂。他说把公式一换到公式二里头就得出公式三，照着做果然是对的。以此类推都是正确的。但所以说不懂，最主要的是他为什么要这么走？只是跟着一步步操作下来，不能够算了解。最后感觉就像变戏法一样得出了结果，这说明并没有念通。

所以那一年是很不高兴的。

不过幸好第四项做出来的东西，特勒发生了兴趣。他来找我说，你不一定要写个实验的论文，这个题目上做得很好，把它写出来，我就接受这个作为你的博士论文。【点评：导师发现长处优势，扬长避短，旁观者清。】

所以第四个题目的工作得到了芝加哥大学的博士学位。

但由于前三个题目都是没有成功，所以在1947年，我曾经在给黄昆的一封信中，说自己 disillusioned（理想破灭）。

可是我今天要特别给大家讲的是，前三项花的力量并没有白费，因为后来都开花结果了！我要把这个经验告诉大家。【点评：学经验，具体积

累，功夫不会浪费，功不唐捐，机会来了。】

在1948年得了博士学位以后，我留在芝加哥大学做了一年助教。1949年理论物理有个新的发展，叫作重整化（renormalization）理论，是个崭新的理论。芝加哥大学没人搞这东西。

在普林斯顿一个知名的高等研究所里聚集了很多重要的、年长的以及年轻的研究员在搞这些东西，所以我就请求到那儿去做博士后。

这是一个很小的机构。既没有本科生也没有研究生，只有大概十几个教授，有几百个博士后以及一些访问学者。在那里前后待了17年。

在我去的第一学期，大概是1949年10月，因为一个同坐班车的机会，路丁格（Luttinger）对我说，昂萨格的文章被他的学生考夫曼（Bruria Kaufman）简化了，昂萨格这个难懂的文章被一个考夫曼的新方法解决了。他在那仅几分钟的工夫里，告诉我新方法的关键部分，是几个反对易矩阵（anticommuting matrices），而我对这部分极熟悉。

所以一到研究所，立刻就放弃了当时在做的场论研究，把新的想法用到昂萨格的问题上去。因为这确实是关键，所以不过用了两三个钟头，就完全做通了。后来我也就成为这个领域的一个重要贡献者。

这个事情对我启示是什么呢？为什么我能够从路丁格的话得到那么大的好处呢？

第一，因为我曾经在昆明做过狄拉克矩阵（Dirac matrices）的仔细的研究；第二，更因为在1947年的不成功，但对昂萨格工作的研究使得我对于总体的困难有所了解，问题在哪里比较有掌握。所以等到路丁格的出现，自然会把它们加在一起，也就成功了。

这是说明，第一就是要有兴趣！我为什么有兴趣？就是我做研究生的时候，王先生告诉我，昂萨格解决了一个非常困难的问题，简直是难以想象的妙！第二个重要点，就要花功夫去研究。我花了几个礼拜去研究不成功，但那不要紧，不成功是为后来铺了路。第三个是要有机遇，当然这是要有点运气，我那天的运气就是碰见了路丁格，产生了突破。

结论是：要做好一个科学研究，最重要的三个步骤是兴趣、努力地准备和最后突破。这三部曲也是后来我所有研究工作所遵循的路线！

有趣的是100年前，王国维在他的《人间词话》中写到的境界论，非常有意思。

他说古今之成大事业、大学问者，必经过三种境界：昨夜西风凋碧树，独上高楼，望尽天涯路，此第一境；衣带渐宽终不悔，为伊消得人憔悴，此第二境；众里寻他千百度，蓦然回首，那人却在灯火阑珊处，此第三境。

……

第一境界说的是对于想要追求的事情要有点执着，所以要独上高楼，去追寻你所要看见的天涯路。说的就是兴趣。第二境是什么意思呢？就是说即使人变得消瘦了也不要后悔，还要继续下去，要努力地准备。第三境中，在不经意间，一回头，忽然发现秘诀在哪里，就是机遇带来的突破。

我认为这就是代表兴趣、准备、突破的三部曲，不仅在科学领域里是一个好的道路，在文学里同样是这条重要的路径。【点评：成功三步走——兴趣、准备、超越。】

四、构建全景式高心智力模型

杰出人物为什么能取得伟大成就？当普通人面对纷繁的世界束手无策时，杰出人物高瞻远瞩，能看清时代的宏观形势和发展趋势，发现整个时代的困境，然后审时度势，设法找出一条新的道路。他们明晰社会和人心遇到了什么问题，想要什么东西，他们能脱颖而出，为社会提供深入人心的解决方案，这就是他们与众不同之处。

杰出人物站在时代之巅，改变世界，改变历史走向，推动社会前进。通过研究他们的人生历程发现，他们的心智有两个突出特点：一是以超越为目标，超越自我、超越前人；二是善于积聚能量，他们积聚能量的方法可以是做加法，而最高效的是做乘法，产生乘积效应。心智力具有决定意义。在本部分，我将构建全景式高心智力模型。

任何产生让人普遍接受的真理的经验法则，都可以被视为心智模型。没有一个心智模型是完美的，但是一个好的心智模型可以让我们俯视全局，简化复杂性，抓住影响结果的关键变量，提高解决问题的能力，更好地影响结果。正所谓"责其所难，则其易者不劳而正"。

这个世界是高度不确定的，但是心智模型会帮助我们升维。我们周围存在着巨大的复杂性，发生的任何情况都是数不清的不同变量共同作用的结果。自然，如果能操纵影响结果的变量，就能改变结果，提高有利结果出现的可能性。但是怎么知道要选择什么样的变量呢？试图影响每件事的每一个小部分是没有意义的。相反，要使用心智模型，它具有过滤信号噪音的能力。没有任何一个模型能完美地反映世界，只要它们能为我们评估周围的复杂性提供相应的启发，可以用来改进我们的决策，就有可借鉴之处。

平庸之辈只紧盯油盐酱醋，生活一地鸡毛；而要想改变这种低维状态，必须学习伟人的思想，与圣贤对话，站到巨人的肩膀上，建设自我，升华自我，突破局限，获得上帝视野，看透全景，从而从容驾驭风云，享受登高望远之美。

我构建的全景式高心智力模型包括七个关键认知变量。

——关键认知变量一：面向未来，决定当下

站到高处，视通万里，面向未来，拥有上帝式全景视野，居高临下，透过现象看本质，决定当下该干什么。"横看成岭侧成峰，远近高低各不同。"要克服盲人摸象式的思维盲点和障碍，站到高处，透过障碍，看清一切，选择前路，志不求易，事不避难，行不避险。要安装和发射一颗"卫星"，形成自己的"天眼"。对待同样一件事，愚者见石，智者见泉。应高瞻远瞩，以其战略远见，运筹帷幄，不畏艰难，主动克难，决胜千里。

1965年，李光耀领导新加坡独立建国，面对当时的种种困境，他以高超的智慧，纵横捭阖，凭借着地理优势，将新加坡建设成亚洲重要的金融、服务和航运中心。

世界在前进，万事无止境。伟人对过去不纠结，总以独到的视角放眼未来。世界上70亿人在不断产生新需求，这个潮水一样的力量在推动前进，每时每刻都有机会。一切仿佛刚刚开始，智者正在试图为迷路的人指引前进的方向。心向光明，前途有无限变量，就看有没有能力恰当切入。

——关键认知变量二：胸襟宽广，整合内外优势，看到劣势，形成解决当前问题、推动未来前进的超能量方案

面对世界的复杂性，面对困难，杰出人物以宏大的胸襟格局，找到撬动能量的杠杆，积极整合自身优势和外部优势，超越以自我实力为基础的能力发展模式，整合提炼出属于那个时代的社会需求，为遇到的大问题提供超能量精彩方案，推动未来前进。

这种超能量＝自我优势＋外部优势－劣势，即整合多方优势，减少劣势，形成叠加效应。他们甚至能整合对立的资源和价值观，从而发展出一种既罕见又极具价值的方法，整合提炼出属于那个时代的认知、迷茫、情感、勇气、意志、品质，凝聚成新资源、新产品供给世界，让人们重新获得积极、乐观、向上、希望、理性，以改进世界。

他们不仅与朋友合作，而且善于找到甜蜜区、结合点，向对手学习，与对手合作，扩大战略领域合作，取长补短，推动稳定成长。与对手合作，向对手学习，格局才能更大，才能更容易知彼知己，学彼强己，百战不殆。

孔子云："三人行，必有我师焉。择其善者而从之，其不善者而改之。"每个人身上都有值得他人学习的长处与优点，更何况是竞争对手。只有博采众长、为我所用，并以此弥补自身的不足，方能不断成长进步。

面对世界的纷纭，普通人束手无策、踌躇彷徨之时，属于那个时代的伟人都因为为那个时代提供了深入人心、引起共鸣的解决方案，而体现出伟大与不凡。

孔子面对战国时代的纷繁复杂，提出儒家以仁义礼智信为核心价值观的解决方案，倡导"知者不惑，仁者不忧，勇者不惧"，以指引人们的心灵方向。

面对资本主义遇到的激烈矛盾，马克思、恩格斯给出了一个以辩证唯物主义、历史唯物主义、科学社会主义为核心内容的解决方案，相比其他修修补补的改革方案，这个方案具有划时代的颠覆性。这个方案被后来的资本主义借鉴，被社会主义者当作创始理论。

当代世界顶级的企业家，比如比尔·盖茨、史蒂夫·乔布斯和埃隆·马斯克，都有一种共同而罕见的能力，即面对复杂问题，发挥自身优势，抽丝剥茧，化繁为简，善于吸收外来营养，极度开放，将它们整合成更大的特征、价值观和思想能力，创造出思想、文化、社会、经济"产品"，满足和引领社会需求，进而推动新发展。

一个有创造力的人同时具有竞争精神和合作精神。具有复杂的个性意味着能够表达人类的所有特征。他们能够建设性地面对对立观点，而不是以牺牲一个观点来选择另一个观点。他们创造性地解决对立观点，形成一种新的想法，新的想法中包含了相对立观点的元素，但优于每个观点。他们最吸引人的地方是，能够同时拥有相互冲突、矛盾的意识形态、思想和价值观。

杰夫·贝索斯是一位兼顾短期和长期利益的大师。他的座右铭是"不断前进，永不言退"。

埃隆·马斯克对愿景与细节的平衡令人难以置信。一方面，他以对未来几十年的展望而闻名，这些展望包括人类成为跨行星物种、摆脱化石燃料、避免通用人工智能带来的末日等。另一方面，他通过自学成为设计师、火箭科学家和汽车工程师。马斯克第一次给瑞·达利欧展示自己的车时，达利欧说："他对打开车门的钥匙链和他对自己的总体愿景的看法一样多。"

富有远见的史蒂夫·乔布斯也是一个注重细节的人。他以坚持Mac的内部设计应该和外部一样好而闻名。尽管没有人会看到它，但就是要追求极致，提供精彩。

他们对世界的构想都表达在他们伟大的"产品"里、解决问题的"方案"里。

——关键认知变量三：深度思考，更深一步，更先一着，更新一招。改进升维，实现创新与超越

思考，在心理学中被称为认知，指的是加工信息的功能。不管是政治家、企业家还是科学家，普遍会深思熟虑，深度思考，以思考为乐趣，通过明晰思路，更有力地实现目标。

尼克松在回忆录《领袖们》中说戴高乐："他懂得，对于一个领导者来说，有时间进行思考是何等的重要。由于他的坚持，他手下的人每天都为他留出几个小时供他进行不受干扰的思考。"而尼克松自己说："我作为

总统时，很少在椭圆形办公室中作出重大决定。当我要作重大决定时，我往往离开几个小时，躲到林肯起坐间或者戴维营、比斯开湾或圣克利门蒂的小图书馆去。我发现，远离华盛顿的嘈杂声而躲进孤寂的场所，我能够进行最好的思考，做出最好的决定。"通过深度思考，逼近问题的本质，统筹兼顾各种方案，实现最优。

但是多数人都不善于思考问题。英国哲学家罗素说："许多人宁可去死也不愿意思考。"

看看所有诺贝尔奖获得者，他们都是通过深度思考，把对问题的研究往前推进了一步，更深一步，更先一着，更新一招。

思考和思想是一种创新性物质，一种可以改变身体功能的物质。思考的方法有很多，而复盘是实现反思、改进、升维、超越的很好途径。在复盘中，要分析、对比、判断，补充完善，优化方案。对于做过的事情，不管是大事还是小事，都要重新考虑一遍。每过一段时间，都要看一下定的目标合适不合适，边界条件是不是发生了变化。在以前做事的过程中，目标实现了吗？是超额实现还是没有实现？原因到底是什么？通过复盘，总结经验教训，看清机会和漏洞，避免犯同样的错误，这对提高学习能力很重要。苏格拉底曾说："未经反省的人生是不值得过的。"

——关键认知变量四：把控局势，善于谋势，敢于造势，顺势而为，事半功倍

"善弈者谋势，不善弈者谋子。"谋势即分析力量的对比，判断发展走向，确定最好的结果。站对风口，事半功倍。

首先是看清趋势，推动趋势。善于发现规律和趋势，并尊重规律和趋势，站到风口上推动规律和趋势。从最近半个世纪以来IT行业的兴衰成败史看，凡是自觉发现并遵循IT行业四个定律的国家、企业和个人则兴，凡

是怀疑或迟钝的国家、企业和个人则衰。IT 行业的四个定律分别是：①摩尔定律，电子器件的性能每 18 个月就会翻一倍；②安迪 – 比尔定律，软件会不断地吃掉硬件的性能；③诺维格定律，一家企业的市场份额是有限的，它必须不断地扩张来满足所有人的预期；④基因决定定律，企业的基因是限制一家企业转型和发展的源头。

发现这四个定律并推波助澜的国家、企业、个人，可以预测到新的浪潮出现的机会，推动或领导这个浪潮的都兴旺发达，而抱残守缺的都日薄西山。

不仅 IT 行业如此，近百年来，积极主动推动城市化、科技化、市场化进程的国家、企业、个人则兴，没有跟上这一进程的则衰。

每个杰出的人物都会跳出心智力的"井"，登上心智力的"高山"。他们看到大势所趋，看清微观走向，不钻牛角尖，不进入死胡同，不盲目自大、自以为是。他们形成了从微观到宏观、从个别到一般、从一点到一片的规律性认知，然后再从宏观回到微观，完成创造性升华。为什么要让自己的认知、行为升维呢？原因就是低维的东西容易绑架我们，容易让我们陷入那种低品质的勤奋，虽然付出了很大的热情和努力，但是效率和效果很差，反过来当在一个更高的维度看清规律、看透趋势，再来看待一件事情，并采取相应行动的时候，效率和效果就可能要好得多。

其次是敢于造势。看清宏观，做对微观，因时而变。看到全局，看透本质，既要善于谋势，又要善于谋子。步步为营，稳扎稳打。战场上的竞争不仅是兵力的竞争，更是形势的竞争。

当年朱元璋采取高筑墙、广积粮、缓称王的策略，悄悄地接近目标，但绝不暴露自己的动机，不断积累势力。这个时候，他面临两个竞争对手。

西面是陈友谅，势力很大，朱元璋的势力跟他相比较弱；东面是在江浙一带起家的张士诚，张士诚原来是一个盐商，揭竿而起后搞出了一块地盘，占据中国最富的地方，实力也不弱，但是单从兵力上来讲不如陈友谅。

两个敌人都摆在面前，先打哪一个？手下的谋士们都觉得应该打张士诚。原因是张士诚的势力比陈友谅要小。先把小一点的吃掉，朱元璋的势力就会壮大，再来对抗一个强大的敌人陈友谅。但朱元璋主张，不能打张士诚，首先应该打陈友谅。他对局势的分析判断是：张士诚能够有今天的实力，主要是凭借自己的资源。他是个盐商，有钱，能够招兵买马；他所在的区域非常富庶，所以他能够凭借自己在后勤补给方面的优势，拥有今天这样的规模。但"此人器小"，成不了大器。如果打陈友谅，他就会隔山观虎斗，等到鹬蚌相争，剩下一批残兵败将时，他好来收拾残局。但陈友谅不一样，如果打张士诚，他会立即意识到，我一旦把张士诚打败，就会对他形成一个强大的威胁。所以当我打张士诚的时候，他一定会出手打我，我将会遇到两边的夹击，后果不堪设想。所以打陈友谅还有胜算，如果打张士诚，一点胜算都没有。

事实证明朱元璋的判断正确，朱元璋跟陈友谅死磕，最后在鄱阳湖大战中把陈友谅打败了。接下来的故事就非常简单了，他非常容易地打败了隔岸观火的张士诚。

由此可见，朱元璋、陈友谅和张士诚这三个人之间最终的竞争不是兵力的竞争，而是形势、局势的竞争。

战略绝对不是规划出来的，战略是一门艺术。每一个人最终做出来的东西，都是跟他的个性紧密联系在一起的。战略竞争在初级阶段只是信息、知识层面上的竞争，但最终是人格、个性、内在格局上的竞争。如果是一个小格局的人，则不可能做大格局的事情。战略就是对终局的判断，这个终局怎么样，取决于襟怀格局，以及是否善于造势。

最后是掌控局势，变被动为主动。解放战争时期，以毛泽东为首的党中央及时布局和调整兵力，掌控局势，部署辽沈、淮海、平津三大战役，迅速变被动为主动，夺取全面胜利。

《孙子兵法》讲："故善战者，求之于势，不责于人，故能择人而任势。"

掌握局势，特别要注意不能把手里吃饭的家伙先扔了。有一个在码头干苦力的，平常拿一根竹竿给人挑东西。有天买了张彩票，把彩票藏竹竿里了，突然发现自己的号码中了头彩，一高兴就把竹竿扔江里去了，心想这辈子再也不用干这种苦力了。结果到领奖处才发现彩票已经随竹竿扔到江里了。这就是竹篮打水一场空。

——关键认知变量五：运用多元化思维，克服认知盲点和思维障碍

法国社会学家托利得曾说："判断一个人的智力是否属于上乘，就看他脑子里是否能同时容纳下两种不同的思想，而无碍于其处世行事。"

聪明人的大脑里都有一种思维模型的复式框架，即"多元化思维"。很多人之所以成长受限，多半是为自己的思维模式所困。

比如，人的思维模式大致可分为三个层次。

第一层次：一元思维模式。

这是认知的初始阶段，属于直线型的思维模式。此时人们的状态是"以自我为中心"，几乎听不见其他声音，与外界思维无法兼容，也不能流动，因此也叫作"婴儿模式"。

第二层次：二元思维模式。

"我不同意你，但我尊重你"，这是二元思维模式的人最常用的一句话。这个阶段，人们往往可以兼容两种不同的观点，包容与自己想法不同的人，拥有了理性、共情等这些高级情感。

第三层次：多元化思维模式。

凡是身处各界塔尖的人,他们的思维都有一个共同特点——扫描半径宽广,扫视深度无垠。他们的大脑犹如一个工具箱,遇到不同的问题,会提取不同的思维工具,比如数学、物理、心理、工程、经济等。世界对他们而言,是一个多元系统的有机组成。

(1)以多元化思维克服井底之蛙式的以自我为中心的盲目自大。自查无错是伴随人终生的认知困局。不仅个人容易认知自大,国家也容易自大。比如文明中心论就是世界范围内的误解。20世纪二三十年代是西方中心论发展的高峰,这与当时西方的殖民有着很大关系。文明中心论并不是西方社会独有的,也并不是近现代才有的。在古代的犹太社会、中国社会也存在。文明中心论与一个社会的经济、文化发展水平有关。一个文明发展得越完善,越容易形成"以自我为中心"的思想。

比如说早在2000多年前,犹太人在他们的《希伯来圣经》里就曾经说过:犹太人是上帝的"选民",并且是唯一选民。它背后的含义就是:犹太人是最优秀的,是被上帝保佑和眷顾的。

这种心态其实在古代中国也是很常见的。最典型的就是"中国"这两个字。这个称呼并不是近现代才有的,它早在西周时代就已经出现了。那时候的人们认为,自己所在的国土是在天下的中间,所以叫中国。这里边已经蕴含了一种"文明中心"的思想。我们历来认为自己处在世界中央,天朝是泱泱大国,其他国家是蛮夷之地、蕞尔小国。譬如:1793年英国曾经派出使团来中国洽谈通商事宜,也带来了一些礼物。当时清朝乾隆皇帝看了礼物之后,让使臣转交给当时英国的国王乔治三世一封信。信里的大概意思是说:我们是天朝,富有四海,什么东西都有。你们送来的这些礼物并不新鲜,所谓"通商"就没必要了。

站在今天的角度来看,当年英国送来的"礼物"都是先进生产力!它们有蒸汽机、棉纺机、织布机、热气球、豪华的四轮马车、座钟、怀表等，还包括了8门当时最先进的野战炮和世界最大战舰"君主号"的模型，甚至还有一套纯银制作的太阳系运动仪。只可惜当时包括乾隆皇帝在内的很多人都看不懂这些东西的科技价值，发现不了先进生产力的方向，连英国在哪里都不知道，至于太阳系当然也没有听说过。

这种狭隘的视野让中国失去了一次与世界连接的机会。

（2）以多元化思维拆掉思维里的墙，拓宽认知边界，扩大能力圈。文明中心论是狭隘的民族心理。国家尚且如此，何况个人呢？多数平凡的人认知边界有限，思维里存在一道无形的"墙"。

我经常构建一个场景，设想孔子、老子、爱因斯坦、马克思、亚里士多德、柏拉图、尼采、牛顿、伏尔泰、苏格拉底、凯恩斯这些人在一起讨论问题。那么，他们能达成一致吗？恐怕会各执一词、众说纷纭吧。

所以要克服认知障碍，即使伟人也要拆掉思维里的墙，不断拓宽认知边界，扩大能力圈。爱因斯坦被认为是继伽利略、牛顿之后最伟大的物理学家，但他也有不懂的知识，他说："用一个大圆圈代表我学到的知识，但是圆圈之外是那么多的空白，对我来说就意味着无知。而且圆圈越大，它的圆周就越长，它与外界空白的接触面也就越大。由此可见，我感到不懂的地方还大得很呢。"

（3）以多元化思维、反向思维，找到未看见的漏洞，弄明白真正的问题出在哪里。反向或逆向思维从古至今都始终有效，比如被尊称为商圣的范蠡曾说："夏则资皮，冬则资絺，旱则资舟，水则资车，以待乏也。"意思是夏季购入皮货，冬季购入细葛布，旱天时购买舟船，水涝时购买车辆，每一个都是逆向操作。

逆向思维非常重要，有利于人们理解事物的本质，从而帮助人们解决许多困难的问题。

"二战"期间,为了加强对战机的防护,英美军方调查了作战后幸存飞机上弹痕的分布,决定哪里弹痕多就加强哪里。然而统计学家沃尔德力排众议,指出更应该注意弹痕少的部位,因为这些部位受到重创的战机,很难有机会返航,而这部分数据被忽略了。事实证明,沃尔德是正确的。

这是一个真实的故事。沃尔德是哥伦比亚大学统计学教授,之前也是经济学教授。他是统计决策理论(statistical decision theory)和序贯分析(sequential analysis)的创始人之一。上面的故事是他在"二战"期间帮助军方分析的一个例子,说明了统计分析中的"幸存者偏差"(survival bias)问题。那就是我们只看到了那些能够飞回来的飞机,而看不到那些被击落而没能飞回来的飞机。所以,仅仅根据"幸存者"的数据做出的判断是不正确的。这是基于统计推断的思维,也是一种批判性思维能力。

——关键认知变量六:理性科学,避免愚蠢

科学和理性塑造了现代社会。冷静、客观、理性,才能避免愚蠢。高智商并不等于理性思考,聪明人也常常不会理性决策,冷静理性才是人生必修课。

(1)掌控情绪,不被左右。不良情绪是魔鬼,要控制住原始的非理性情绪。苏格拉底说:"想左右天下的人,须先能左右自己。"遇事做好功课和准备,依靠理性,搭建必要的算法,依据算法清单,套入核心变量,来帮助判断讨论,择优科学取舍,而非拍脑袋。当受到一个巨大的刺激,人都会出现很多奇怪的行为。如果能在这样的时候保持冷静理性,就会受益。且看刘邦的冷静:楚汉相争时期,项羽担心长期对峙下去对他不利,于是抓了刘邦的父亲,扬言刘邦不投降就杀了他父亲炖成肉羹吃。刘邦却很理性地回应:我们两人是结拜兄弟,我的父亲也是你的父亲,如果杀了的话就分一杯羹给我。试想：他若冲动，楚汉相争的胜者是谁呢？而刘备就明显逊色一筹：不求同年同月生，但求同年同月死，复仇式指挥战争，导致火烧连营。三国时期的蜀汉章武元年（221年），刘备为报吴国夺荆州、杀关羽之仇，不顾劝告率大军攻吴。吴将陆逊避其锋芒，坚守不战，双方呈对峙之势。因蜀军远征，补给困难，又不能速战速决，加上入夏以后天气炎热，以致蜀军锐气渐失，士气低落。刘备为舒缓军士酷热之苦，命蜀军在山林中安营扎寨。陆逊看准时机，命士兵每人带一把茅草，到达蜀军营垒时边放火边猛攻。蜀军营寨的木栅和周围的林木为易燃之物，火势迅速在各营蔓延。蜀军大乱，被吴军连破四十余营。陆逊火烧连营的成功，决定了猇亭之战蜀败吴胜的结果。这是刘备最后一次率军征战，此役失败后，刘备病气交加，才有了白帝城托孤，最终郁郁而终。

（2）客观唯实，相信科学，不搞迷信，避免陷入迷信的桎梏。所谓神是人塑造的形象。伟大的人被看作"神"，那些"神"都曾经是伟大的人。老子、孔子等都是那个时代伟大的思想家、哲学家，他们洞悉人性，为人指明方向，所以他们被封神称圣了。世俗的迷信、祈祷、许愿只是心灵安慰术。纷繁的世界是被人创造的，随着科学研究能力的不断提高，人们越来越相信科学，反对迷信。历史上那些搞迷信的人也都是在行骗，早被揭穿，贻笑大方。

（3）建立科学决策机制，避免决策损失惨重。"兼听则明，偏信则暗"，在做决策时，要听取正反两种意见，反复论证后做出判断。这种决策机制保障了意见的广泛性，使做出的决策科学理性，避免造成重大决策失误。

每个人都有一定的局限性，所以需要集思广益，所谓"三个臭皮匠，顶个诸葛亮"就是这个道理。

（4）科学理性，但避免陷入"理性的自负"之阱。"理性的自负"就是对人类的理性能力抱有过度的信心，相信理性能获得几乎完美的知识，从而构建出完美的社会规划，实现理想的人类生活。

我们要避免"理性的自负"。哈耶克认为，纳粹德国和苏联这两种国家治理模式的失败都源于"理性的自负"。具体表现就是，在经济领域中推行计划经济，在社会规划中依赖高度理性化的系统设计。

在"理性的自负"下，人们追求的理想可能是极其崇高的，但结果却是事与愿违。一些极权制度的设计者有着美好的愿望，也有敏锐的洞察力，但因为陷入乌托邦的幻想，最终造成了灾难。哈耶克在《致命的自负》中说："理性的自负之所以致命，是因为我们很难逃脱一种诱惑，就是想用理性去做整体设计。因为这给了我们一种期望，用整体规划能够摆脱和征服现代社会的高度不确定性，以及它带来的焦虑和不安。但是，这是一个虚幻的期望。"

哈耶克告诫我们，必须始终清醒地认识到"人类的必然无知"。这不是说人类什么都不知道，而是强调人类的知识总是有局限的，必然包含着无知的一面。

在哈耶克看来，理性有两个作用。第一就是追求知识。但是，理性并不能穷尽所有的知识。想用理性去穷尽知识，这就是"理性的自负"，是一种幻想。第二就是认识到理性知识本身的局限性，对此保持审慎和怀疑。

计划经济的弊端就是认为人类能够获得充分的知识，设计完美的秩序，但这根本是不可行的。而市场机制为这个问题提供了解决方案。市场自发地提供了一个交换系统，把千差万别的需求汇聚起来，形成一个市场价格，能够对复杂的需求及时做出反应。在市场价格的形成过程中，一个没有经过刻意设计的秩序出现了，即使仍然没有人能够获得全部的信息和知识，但市场本身也能自发形成相对合适的价格。这就是自发秩序。

人类真正的成熟是在勇敢运用理性的同时，直面自己永远不可能完全摆脱的无知，勇敢地与不确定性共存。

老子在《道德经》中早有通达的表述："知人者智，自知者明。胜人者有力，自胜者强。知足者富，强行者有志。"

人类先哲苏格拉底也提醒我们："认识自己的无知就是最大的智慧。"

——关键认知变量七：洞察人性，善用人性，避免道德臧否，超然才能超越

伟大的人都能洞察人性，开启灰度模式，激励人性之善，抑制人性之恶。

谋局不过人心，处世无非人性。大量研究已经证明，人性善恶同体，每个人都不同程度地具有两面性。所有成功归根结底是对人性的洞悉，对人性的驾驭，要知人善任，扬善惩恶，扬长避短，对人性不必求全责备。

张艺谋在拍电影《影》时说："人性的复杂，在于它不是非黑即白的，就像水墨一样，中间部分那个流动的晕染开的丰富层次，就是人内心中复杂的东西。"

任正非说："我在哲学上信奉灰度，信奉妥协，'白'与'黑'之间有一个妥协是灰度。"天下没有一个"完美"的人。我们在这个世界上思考、成事，都是在和怪异的人性打交道。

认识人性有助于我们排解困惑，放飞事业。我们要靠激励激活人性之善，靠监督和惩处抑制人性之恶。

杰出人物也难免有道德瑕疵。平静接受一个伟人的污点，也是心智成熟的标志。美国黑人领袖马丁·路德·金有论文抄袭行为，面对这一令人困扰的事件，美国知识界没有回避事实及其伦理后果，也不止于简单的道

德臧否，而是将事件转化为理解历史与文化以及自我反思的契机。正是基于这种诚实和建设性批评的态度，即便存在纷争，即便有一时的困扰与不知所措，整个知识界也不会因为"一个意外的丑闻"而堕入丧失理性、是非不清的混乱，也不会陷入谩骂攻击与恶性对立的分裂。这是一个有尊严的心智成熟的知识共同体的标志。

事实澄清之后，激烈的纷争转向了沉静的思考与探索，作为文化战争的喧哗一幕很快平息下来。虽然有极少数人仍然致力于"更加充分地利用"丑闻，但美国知识界和公众的主流平静地接受了一位有污点的伟人——马丁·路德·金。这种清明与成熟是难能可贵的。虽然我们希望英雄或伟人能具备"道德完整性"，但这个愿望可能落空。一旦落空，成熟的心智并不陷入幻灭或转向苛责，而是能够从容面对，将伟人当作凡人来看待，也当作凡人来体谅。

这也是马丁·路德·金对自己的理解："我在策略上犯错，我在道德上犯错，我屈膝而跪去忏悔，求上帝宽恕我。"而"上帝并不是根据单独的事件或我们所犯的单独错误，而是根据我们生活的总体倾向，来审判我们"。如果没有这种清明和成熟，我们的道德判断永远会处在"偶像崇拜"与"极度幻灭"的分裂两极，会在无限赞美与恶意诽谤之间反复摇摆。但这不是对良知的考验，而是对心智的绑架。

归纳起来，我构建的全景式心智力关键变量模型如图10-3所示。

尼采说："视角是所有生活的基本条件。""我们越是知道更多的眼睛、不同的眼睛是如何打量同一个问题的，那么对这个问题，我们的'概念'以及我们的'客观性'就越是会完整得多。"

受认知能力局限性和实践能力局限性的影响，科学无法达到绝对真理，我们的认知多数是阶段性、相对性真理。因此，我们需要不断拓展认

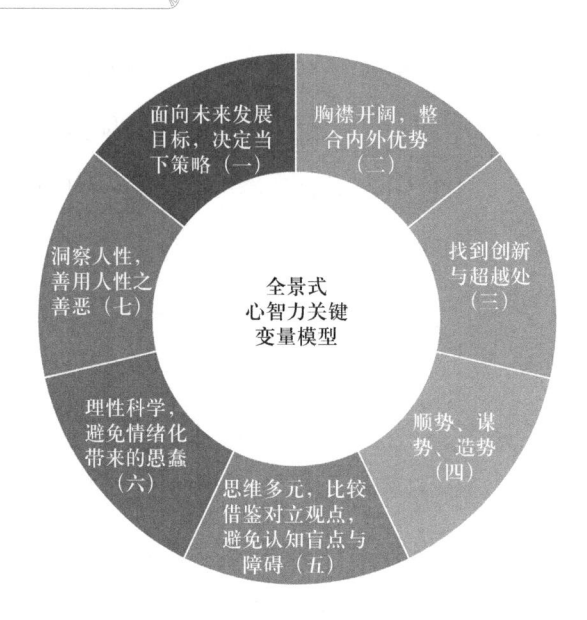

图10-3　全景式心智力关键变量模型

知边界，努力高瞻远瞩，看透全景，避免盲人摸象式的错误判断与结论，保持审慎和怀疑，推动创新永无止境，探赜索隐，无畏向前，进入认知与心智"日又新"的发展境界。

第六篇

大亨以正，心怀昌明

第十一章

平衡力之美：控制风险，正道流芳

《周易》在第一篇"乾卦"中揭示了人事发展的基本规律："君子终日乾乾，夕惕若厉，无咎。"意思是君子要时时处处自强不息，但要自觉保持极度的警惕，以防范失败，这样才没有灾祸，才好继续前行。如果不能"夕惕若厉"，成功会让人陷入"亢"的状态，"亢龙有悔"。经受不住这个发展阶段的考验，将悔之莫及。

几千年来有识之士发出了类似的感叹：成功者掌握了权力后，要提防为权力所害。世界500强迪士尼公司的CEO罗伯特·艾格在其自传《一生的旅程》中深刻地写道："在太长的时间里拥有太大的权力，并不是件好事。不知不觉中，你自己的声音变得越来越大，压过了屋里的其他人。在听取你的意见之前，人们往往对自己的意见缄口不提，这种情况渐渐变成了常态。人们不敢将他们的想法告诉你，他们害怕持不同意见，也害怕起冲突。这种情况，即便在最有善意的领导者身上也有可能发生。你必须积极而刻意地努力，以抵制权力带来的有害影响。"

"权"字本义是秤砣，秤砣用来衡量重量，故"权"又引申指衡量，又指权力、权利、权势。衡量事物讲究灵活变通，所以"权"还引申指应变、变通。人和事物发展的过程中，内外各种变量不断调整，要平衡在一个合理区间，避免一意孤行，引起失衡，导致倾覆。这可能就是被先贤赞美的平衡状态："知进退存亡而不失其正者，其唯圣人乎！"

本篇研究的是一个人如何保持稳健平衡的发展状态。多少曾经叱咤风云、被人仰慕的领袖人物，最终轰然倒塌，造成了巨大的损害。我们要研究失败的规律，从而预防失败。要搭建起自己的防御体系，以自我的力量和制度的力量克服致命的贪婪与致命的自负，看清使人身败名裂的"死地"，避开使人一败涂地的"绝谷"。在工作和生活中，要像真正伟大的人那样，努力构建一种超越本性、超越自我、超越条件反射下的简单冲动、超越平庸的思想和方法，努力创造一种现代社会新君子与时俱进"终日乾乾，夕惕若厉，无咎"的理想奋斗状态，保持人生的健全与精彩。

一、目标与能力平衡，才能稳健前进不翻船

约翰·刘易斯·加迪斯在《论大战略》里这样定义战略："所谓战略，就是目标和能力的平衡。"根据自己的能力去制定目标，不断完成一个个小目标，在完成任务的过程中不断历练，提升能力，通过积累，一步步接近那个梦想中的大目标。古往今来不知有多少英雄豪杰都败于没能把握好目标和能力的平衡。比如叱咤风云的拿破仑，差点统一整个欧洲，但就是因为自我膨胀，率领大军远征遥远而寒冷的俄国，最终满盘皆输。拿破仑的失误，归根结底就是战略判断的失误。能够不断平衡好目标和能力的人，才算得上是当之无愧的大战略家。

1.大亨以正，走正道，行大道，光明正大，才可持续

任何人与事物的发展变革，都要遵循这样一条道路，那就是"正道"。只有以正行之，才会亨通发达。"天地革而四时成。汤武革命，顺乎天而应乎人。革之时大矣哉。"这强调人世间的发展变革是顺乎天而应乎人，亦即适应客观的规律，走"正道"。只有通过走"正道"发展壮大，才能正大光

明，流芳千古，才是可持续的；而走"邪道"就会遗臭万年。

著名企业家和投资人李录说："正道就是可持续的东西，就是你得到的东西在别人看来，在所有其他人看来，都是你应得的东西，这就可持续了。如果当把你自己赚钱的方法一点不保留地公布于众时，大家都觉得你是一个骗子，那这个方法肯定不可持续。如果把赚钱的方法一点一滴毫无保留告诉所有的人，大家都觉得你这个赚钱的方法真对、真好，我佩服，这就是可持续的。这就叫大道，这就叫正道。"

人类的发展历程充满善与恶的搏斗。正则积功，必有余庆；邪则积恶，必有余殃。

世间所有事业，因正而成，因邪而亡。据说上海迪士尼乐园建设之初，参与迪士尼乐园项目建设的几万名工作人员上岗培训的第一课就是一份清单，左边是"要做的对的事"，比如责任人签名、持工卡进园区、每年体检等，右边是"不能做的错事"，比如园区抽烟、上班迟到、随便转发工作邮件、擅自进入非授权区域等。

我们每个人也应当制定行为准则，列出清单，表明底线，只做好事，不做坏事。心中有份清单，哪些必须做，哪些不能做，划清边界，只行善，不做恶。这是一个对价值观底线的最明确的提醒。设定人生底线，惟正而行！

2. 目标适中，与能力匹配，可以从容不迫地驾驭，留有余地

目标要与能力匹配，要有"谈笑间，樯橹灰飞烟灭"的能力，这样才能从容应对职责与挑战。鸟为食亡，若贪婪满盘山珍海味，贪得无厌，不知节制收敛，会撑死。

人既要点燃理想，又要控制欲望在合适的范围内。在《罗马盛衰原因论》里，孟德斯鸠表面是在写罗马盛衰的历史，但其实是想要批评路易十四的对外扩张政策，从而警戒他的法国同胞和欧洲人，任何以战争和扩张为动力的政体必然是自我摧毁的。除了理解罗马的兴衰，更要理解孟德斯鸠传递的政治和道德教训：人性的征服和支配欲望，必须节制。做大做强是很好的愿望，但如果欲壑难平，驾驭不了，必然走向衰亡。

3. 看清盛衰规律，在动力与阻力间保持激活状态，才能保持人与组织的旺盛生命力

任何一个系统，永远受制于一种命运，那就是盛极而衰，死亡是一个最终的归宿。老子警告我们："不知常，妄作，凶。"我们应该知道自然规律，提高认知能力，让高瞻远瞩的认知来指导个人行动。

所谓"道法自然"，就是从自然规律中发现社会治理规律。热力学第二定律又叫熵增定律，讲的是自然社会任何时候都是高温自动向低温转移的。在一个封闭系统，最后会没有温差，再不能做功，这个过程叫熵增，最后的状态称为热寂。一切自发的过程总是向着熵增的方向发展，最后就是死亡。如果真正明白了热力学第二定律，就不会认为人和组织是一台"永动机"。对于一个封闭的系统，外在的能量没办法进入到这个系统中来。当外在的能量没法输入进来的时候，这个系统本身的有序性就会逐渐减弱，直到最终归于静态的死亡。

系统持续地运转只有一个办法，就是让它从封闭变成开放，不断地从外面输入能量，通过不断地与外界进行物质和能量的交换，在耗散过程当中产生负熵流。同样，人作为一个系统，要生存下去，也必须从外面输入能量，让外部资源激活内部能力，重新焕发能量。这种自然规律告诉我们，任何一个人、一个组织，不仅要内部奋发图强，还要靠外部力量激发，只有内外力量不断竞争激活，才能保持个人和组织系统的精气神威。

任正非为什么时不时地唱衰自己的企业？其实他不是在唱衰自己的企

业，而是他意识到衰不是唱出来的，衰是一种宿命。只有意识到这种衰的宿命的时候，才会采取决绝的努力来避免组织从兴盛快速地走向危机，直至死亡。

我们看清了世间万物的盛衰规律，就要自觉在动力与阻力间保持激活状态。不管是个人还是组织，如果没有目标、没有追求，不努力、不学习，一味安逸散漫，封闭自我，最后就是熵增的死寂状态。只有围绕理想，主动参与竞争，踔厉奋发，积极向上，保持开放，胸襟开阔，主动吸纳外部力量，与懒惰懈怠做斗争，不断实现发展壮大，才能呈现精气神威，才能保持个人与组织的旺盛生命力。但又要注意不能追求过度，防止超过法律界限。唯有保持活力与秩序的黄金平衡，既"终日乾乾"，又"夕惕若厉"，才是避免熵增的最美状态。

二、工作与生活平衡好，劳逸结合，人生真味是探索生命的丰富、精彩、圆满

人生最好的状态，可能是既能体验事业之美，又能品尝生活之乐，二者能够相辅相成，相得益彰。

我们在现实中发现，有许多年轻有为之士过度透支身体，英年早逝，让人扼腕叹息。任何以牺牲身体为代价的成功都是无益的。诺贝尔奖有一个条件，就是只颁发给活着的人。这提醒人们，活得足够长才是王道。

1. 平衡压力，避免超负荷带来的损伤

脑科学研究发现，过大的压力会损伤大脑。压力促使体内分泌肾上腺素，压力过大，肾上腺素就会一直保持在一个较高的水平，它退不下去。这其实就是进入了一种慢性应急状态。持续性的过大压力会让人烦躁不安。压力有一个临界点，如果没有超过这个临界点，一点点的压力其实是可以

给人以持续的动力的,它并没有什么危害。但是只要超过临界点,长时间处在压力之下,对于大脑就是一场灾难。过大的压力会严重地损害认知系统,降低免疫力,损伤学习能力,让一个人长期产生无助的感觉,慢慢地就会演变成抑郁症。

压力既可能来自工作,也可能来自家庭;既可能来自自身,也可能来自外部。如果自己感觉到压力,一定要学会及时地调节,学会让自己放松,尽快让自己从高压的状态中跳脱出来,避免产生灾难性的后果。

"鞠躬尽瘁,死而后已"是一种可贵的精神状态,但这种行为损害很大。拼搏有道,拼命有度。劳逸结合,才能长久。

2. 平衡体力,通过运动变聪明

研究发现,定期运动的人在认知操作上明显高一个层次。其原理是运动可以让我们长出新的毛细血管,而且还可以增加血管的宽度,让血液流通得更加顺畅,这样就可以给各个器官提供更多的氧气和葡萄糖。葡萄糖带去能量,氧气带走废料,身体的各个机能,包括大脑的运作,自然就会改善很多。

大量的实验表明,其实并不需要运动很多,只需要每周两次30分钟的有氧运动,大脑的机能就会运转到最佳。通过有氧运动,最关键的是可以保持血液的通畅,从而保持旺盛的精力,拥有旺盛的生命状态。

伟大的人物多数都擅长一项运动,通过动静结合调节工作压力。

3. 塑造生活,学会与不完美共处共生

人性的不完善、不完美是导致失败的内在的人类遗传基因性原因。精神分析与心理学大师马斯洛在他生命的最后几个月里,更加意识到,任何关于人性的理论都应该承认我们自身的不完善,但也不要陷入绝望。马斯洛看到,即使最优秀的人,包括他怀着崇敬心情研究了很长时间的自我实

现的人，也同样是不完善的。对于人和人之间关系的任何完美期望都是错误的，甚至是危险的。他在日记中坦率地写道："一个美满的婚姻是不可能的，除非你愿意接纳对方的丑陋与缺陷。"

他还坚信，传统家庭纽带以及亲密关系的破裂，部分是由许多人没有能力同人类的不完美性共处造成的。无论在抽象的意义上还是在日常生活中，期待人的完美而不是改善都是一种极大的错误……对于完美的工作、完美的朋友或完美的配偶的寻觅，恰恰是失望和幻灭的前奏。（参考中国人民大学出版社2014年出版的《马斯洛传：人的权利的沉思》，作者：爱德华·霍夫曼）

这段精辟的话有两个重点：一是人性是不完美的，不必追求完美；二是通过改善，与不完美共处，而不是与不完美决裂。

都说成功的男人背后往往有一个好伴侣，失败的男人背后往往有一个坏伴侣。伴侣是身边最近的人，伴侣的作用其实就是该帮助加油时加油，该帮助刹车时刹车，该提醒时提醒，而非沆瀣一气。

马静芬谈到与老伴儿褚时健的感情时说："我们不是可以在一起融洽生活的那种性格，他也难，我也难，但是我们还是处了62年……如果当时我离婚了，那就是大错！他就没有今天，我也没有今天……"

1955年的冬天，褚时健与银行家的二小姐马静芬喜结良缘，从此两人的命运紧密相连。婚后几年，褚时健被打成"右派"。当时正好怀孕又病倒的马静芬，被逼离开学校，靠打毛衣养家，之后又迁居至丈夫劳动改造的农场，成了农场的饲养员。那个年代，如果男方被划成"右派"，女方往往就会提出离婚，但是马静芬却一直守在丈夫身边，不离不弃，劳苦养家。后来褚时健在玉溪卷烟厂出事，马静芬被带到河南隔离审查，吃了不少苦。但她觉得这都没什么。她和褚时健都认一个理字，也从来不服老。

等到出狱之时，褚时健 74 岁，马静芬也已经 69 岁。当褚时健决定开始种橙子，马静芬毫无怨言，陪着丈夫就开始干。马静芬用她的爱和默默付出，助力丈夫从低谷中走出来，最终有了今天声名大噪的"褚橙"。

这对曾经经历了无数磨难的夫妻，道出了"忍让、理解、互助"的婚姻秘诀。

2017 年，已经 85 岁高龄的马静芬入选中国商界女性领袖 50 人。她用坚毅和睿智，为自己的人生又画上光辉的一笔。

三、方法与效果平衡，刚柔相济，用智慧的方法求得最好的结果

采用智慧的方法才能有理想的结果。方法要服从和服务于理想结果。这就要求思维缜密，方法得当。只有超越了人性的弱点，超越了人性的原始欲望，超越了条件反射式的冲动，才能找到最佳方法。

1. 刚柔相济，阴阳合一，恩威并重，是中国文化倡导的很好方法

儒家文化也不是要求无原则地一味忍让，它强调仁义礼智信勇，对不仁不义非礼非信之徒，也要勇毅不受欺辱。平等交换，是人性的第一原理。恩威并施，不可偏废。罗伯特·阿克塞尔罗德的《合作的进化》一书介绍了一个游戏，即在计算机上以博弈论原理模拟囚徒困境，而且是百万次重复博弈。在两轮比赛中好人策略都大获全胜，而冠军是一个非常简单的"一报还一报"策略，它拥有善良、不被欺负、宽容和清晰这四大优点。

这个游戏给我们的启示是，如果我们想要在现实博弈中获胜，就要向冠军策略"一报还一报"学习，并且在合作过程中需要注意：不要嫉妒，不要做恶，赏罚分明，不要小聪明。要增加未来的影响力，确保未来有足够重要的力量，这样合作才能稳定持续。

合作问题可以说是人类社会的头等大事，如何才能让人类社会实现合作最大化、冲突最小化，让人类走出"囚徒困境"，一直是古今中外的思想家们苦苦探索的问题。上述游戏的结论在某种程度上和儒家思想是相通的，都相信"仁者无敌"。在一定条件下，做好人能够获得显著的生存优势，这就给了我们希望，人类社会建立起永久合作是有可能的。但游戏与现实还是存在一定差距的。光靠个人的利益博弈，还不足以让破坏合作的坏人坏事彻底消失，制度建设、道德建设也仍然是不可或缺的。

2. 超越情绪化，斗智不斗蛮。学会以善意化恶意，借智力泄蛮力，以柔克刚，找到四两拨千斤的妙法

明朝著名学者吕坤是察人任人的高手，他在《呻吟语》中对人才的资质有个著名排序："深沉厚重，是第一等资质；磊落豪雄，是第二等资质；聪明才辩，是第三等资质。"为什么"深沉厚重"排在常人认为更重要的"磊落豪雄""聪明才辩"之上呢？我认为深沉厚重就是冷静沉稳，不被激烈的情绪裹挟，不让情绪牵着鼻子走，这种气质更容易不动声色，打长谱，善运筹，会平衡，放长线钓大鱼，成大事。只有超越本能反应、超越原始冲动、超越条件反射式的一触即发的情绪，才能获得这种深沉厚重的第一等理智、理性、理想气质。理智才会产生更多智慧，理性是智慧的优化选择，而情绪化的激烈冲动会让人跌入陷阱和悬崖。拥有理性才能更冷静全面地寻求解决问题的方案；硬碰硬，用感性思维发泄情绪，看似更简单，本质是草率、不动脑子、不计后果，图快逞能，更容易制造新问题、新矛盾。冲动是魔鬼，冲动时智商归零，往往适得其反，更容易被击垮击溃。只有深刻体验"打脱牙和血吞"的隐忍不发，暂时不动声色，才会懂得大智若愚的高明，将来必有转机。《大学》曰："静而后能安，安而后能虑，虑而后能得。"其中"静"是安定、思虑和有所得的基础。凡为将为相者，"静"是成就万世功名的前提。东晋宰相谢安便是其中的典范。淝水决战时，谢玄、桓冲率领晋军成功挫败了苻坚所统率的前秦大军。当捷报送到时，谢安正与客人下棋，看完捷报，便随手放到一旁，继续下棋。客人看到是急报，怕延误要事，便问谢安要不要先处理军务，再来下棋，谢安却平静地说道："没什么大事，只是边关可以安生几年了。"真是胸藏雄兵，气定神闲。

一是要以柔克刚，控制情绪，超越简单的条件反射式的回击，先避其锋芒活下来，再伺机而动，先超越自我才能超越对手。

从三国到魏晋时期，最智慧、收益最大的是谁？我的答案是司马懿，他就是具有这种一等资质的英雄。

在曹叡死后，曹爽嚣张跋扈，独断专权，一手操纵把司马懿升为太傅，明升暗降，架空了司马懿在朝堂的控制权。面对曹爽种种咄咄逼人的行径，司马懿的学生钟会按捺不住，希望司马懿采取措施，夺回士族在朝堂的地位。钟会上门给司马懿点火："老师，你就甘于这坐而论道的太傅之位吗？"

但老谋深算的司马懿却不为所动，静静等待机会，他告诉钟会："人，不能怯懦，但不能不知敬畏。"（故事来源于电视剧《虎啸龙吟》）

此话一语双关，没有破绽。司马懿看到，静水流深，浮躁和急功近利害人不浅，对于人生劲敌，不能急于鱼死网破，而是要静待良机。

二是不能用愚蠢的方式对待愚蠢，高明的做法是超越愚蠢，以智对蛮，利用愚蠢，虎行似病，伺机而动，动则虎啸山岗，气吞山河。

还是以司马懿为例。曹爽毫不顾忌同为辅政大臣的司马懿，要逼郭太后迁宫，以此来架空年幼的皇帝。司马懿的儿子司马昭愤愤不平地对父亲说，曹爽实在太过分了，这是在凌辱司马家，忍无可忍之时就无须再忍。

但司马懿反问司马昭："这曹爽比诸葛亮如何？"司马昭回答道："蝼蚁尔。"司马懿于是进一步告诉儿子："与愚蠢硬碰硬，拼个头破血流，岂不更愚蠢？人这一生，难免和愚蠢为伍，要学会向愚蠢低头。"司马懿此时仿佛甘居人下，不惜装病不朝，韬光养晦，以迷惑曹爽。最后司马懿借机以谋反罪名将曹爽处死。司马懿完胜。（故事来源于电视剧《虎啸龙吟》）

司马懿的故事告诉我们，当遭遇一些愚蠢的挑衅和下作的手段时，没必要睚眦必报，要避其锋芒，超越人性的条件反射式的愚蠢，积蓄力量，寻找机会。

三是对反对自己的人要善于化干戈为玉帛。《孙子兵法》曰："上兵伐谋，其次伐交，其次伐兵，其下攻城。"要用对话代替对抗，以激励代替激怒。这需要超人的襟怀与气度。

"二战"期间，美国总统罗斯福提出一项政策，遭到部分议员的反对，其中，索罗亚更是在报纸上直接开骂，甚至准备联合更多议员弹劾总统。

一天，罗斯福找人传话，要与索罗亚面谈，索罗亚表示同意。见面前，罗斯福叫来助手吩咐说："去收集一下索罗亚的信息。"这几天，罗斯福被骂惨了，助手想，看来总统要反击了。于是，到处收集索罗亚的问题证据，很快，许多资料放到了罗斯福的办公桌上。罗斯福看一看，笑了，对助手说："我不要这些东西，我要他的爱好或者特长。"助手有点懵，只好再去收集。最后，罗斯福得知：索罗亚是一个汽车爱好者，对世界上各种车型都了如指掌。

见面那天，罗斯福并没有与索罗亚正面讨论政策问题，而是向他虚心请教汽车知识。索罗亚本来想大骂罗斯福一通，没想到总统也喜欢汽车，索罗亚挺意外，后来两人竟然相谈甚欢，最后还在罗斯福的办公室共进午餐。吃饭的时候，罗斯福顺便解释了一下政策，索罗亚态度大转，表示坚决支持。从那天起，索罗亚再也没骂过罗斯福。

卡耐基说过："一个人的成功，15%取决于知识和技能，85%取决于人脉和沟通。"与一个充满敌意的人沟通，要以欣赏的眼光、平等的姿态、平和的语气、共同的爱好构建起温暖的氛围。有了共同点，就会使对方消除戒备，先软化，再感化，最后实现同化的目的。

3. 稳健内敛，切忌张扬跋扈

管住心，管住嘴，稳住神，守口如瓶，沉默是金，一默如雷。这样才能掌握主动权，也有回旋的余地。逞强示能好胜，图口快者必早亡。《周易·系辞传》专门对"密"有深刻的论述："乱之所生也，则言语以为阶。君不密则失臣，臣不密则失身，几事不密则害成。是以君子慎密而不出也。"

中国历史上，但凡是名门望族，都会给子孙后代立下家训，希望他们能秉持家风，将家族的辉煌历史延续传承。清代历史上，以良好家风、家训而传承时间长、成就大的家族中，最突出的是以下两个：一是山东诸城以刘统勋、刘墉父子为代表的刘氏家族，二是安徽桐城以张英、张廷玉父子为代表的张氏家族。

我们在此主要分析桐城张氏家族。从远祖张淳明于明隆庆二年进士及第，直到清嘉庆十年张聪贤进士及第，在前后二百多年的时间中，张氏家族共出了进士18人、举人30余人，此外还有贡生、监生及秀才不下数百人。入仕为官者，则有上百人。张氏家族二百余年的兴盛，虽然与他们自身的努力分不开，但最重要的原因就是有着良好的家教家风，即所谓的道德传家。张英、张廷玉致仕后，在张家原有家训的基础上，分别编写了《聪训斋语》和《澄怀园语》作为新的家训，张家后人将其合编在一起，名为《父子宰相家训》。这本家训的内容十分丰富，其中有四句最为精辟：

"读书者不贱，守田者不饥，积德者不倾，择交者不败。"

张英告老还乡后，在龙眠山盖草堂，从不以宰相自居，而以山间老人的身份与当地百姓交往。张廷玉为人、为官最重"知足"二字，据说他每次登山游览，从来不登顶，不登最高处；到寺庙登塔，也从来都是止于一二层，从来不登顶。他说这是张氏家族的祖训，时存知足之心，切凛高危之戒。

世家大族经验丰富，懂得高处不胜寒的深意，身居高位，位高权重，定要稳健内敛，一旦张扬跋扈，轻则惹怨，重则送死。年羹尧、隆科多恃宠而骄，居功自傲，不知收敛，由雍正心腹变成了阶下囚。而张氏父子都能善始善终。

中国历史上有不少宦官对权力不知敬畏，比如秦代"指鹿为马"的赵高，唐代服侍唐玄宗和杨贵妃的高力士，明代大宦官"九千九百岁"魏忠贤。终其一生，他们都是在自掘坟墓，自取灭亡。

四、进退存亡之间保持平衡，避开死地绝谷，预防一败涂地，努力寻求最大值

人和事业发展到《周易》"乾卦"上讲的"飞龙在天"的阶段后，就要更加谨慎警惕，否则就要落入"亢龙有悔"的境地。什么是"亢"呢？亢者，过也，即过头了。人到了这个阶段，容易自以为是，忘乎所以。"亢之为言也，知进而不知退，知存而不知亡，知得而不知丧。其唯圣人乎！知进退存亡而不失其正者，其唯圣人乎！"

一个水桶最可怕的是底板腐烂，这样的话，忙碌辛苦半天，到最后全漏了。所以人生最重要的是固底板，防漏洞，否则不仅徒劳无功，还有可能是负值。人生的事业线跌入基线之下，成为负数，岂不悲哉？

如何既能乘风破浪、行稳致远，又不翻船呢？

1. 学会明哲保身，安身才能有机会立命

儒家的人生观，首先就是明哲保身、安身立命。明哲保身、安身立命，是一种非常强大的人格。"明哲保身"出自《诗经·大雅·烝民》，原文为："既明且哲，以保其身。""明哲"就是明白事理，做个明白人；"保身"就是保护自己和家人的人身安全，保持自己的节操清白，守住自己的底线。

孔子对君子的强有很清晰的定义："君子和而不流，强哉矫！中立而不倚，强哉矫！国有道，不变塞焉，强哉矫！国无道，至死不变，强哉矫！"意思是说，君子强大要做到：

第一，坚守底线以保身。和而不流，不同流合污。以道德和法律为底线，永远不要做一个坏人，不做坏事。

第二，中立而不倚，保持人格独立以保身。即不依附，不为虎作伥。君子有自己的独立人格。如果"强"来自"倚"，来自靠山，那离了靠山可能连活命都做不到。多少人垮台，都是因为靠山倒了，或者他的靠山把他抛出来当牺牲品了。如果一开始能做到人格独立，不去投靠别人，后面就不会受到牵连。

第三，戒亢以保身。人在富贵发达了以后，往往容易骄奢放逸，刚愎自用，改变当年的志向操守。所以，君子之强，就是要"富贵不能淫"，富贵之后不放松对自己的要求，不忘初心，不改本色，绝不膨胀。人实在是太容易膨胀了，一膨胀，就忘乎所以，祸从口出，带来灾难。这时候，就是"亢龙有悔"了。

第四，知止知退知丧知亡以保身。为而不争，急流勇退，时机不成熟，君子一定要退隐，坚守自己的志向，然后等待下一个机会，以逸待劳，以退为进。这是智者之举。

《论语》里孔子表扬颜回:"贤哉,回也!一箪食,一瓢饮,在陋巷,人不堪其忧,回也不改其乐。"如此状态,自得其乐,有什么不好呢?

第五,平衡好"苟全性命于乱世"与"国无道,至死不变,强哉矫"。"苟全性命于乱世"出自诸葛亮的《出师表》。意思是说,在乱世中苟且保全性命,不提倡无意义的牺牲,以图有机会治乱。也就是"留得青山在,不怕没柴烧"。

有这样一个案例:方孝孺是明代建文帝朱允炆的翰林侍讲。燕王朱棣起兵,造反成功,夺取了帝位,因为方孝孺在内廷比较有号召力,朱棣就让方孝孺给他写即位诏书。方孝孺拒绝写,朱棣说:"你不写,我就屠灭你九族。"方孝孺脖子一昂,说:"灭十族又如何!"朱棣龙颜大怒,真就灭了他十族。但是,九族是有明确规定的,第十族是哪些人不知道,没有清晰的说法。于是,朱棣就把方孝孺的门生故旧列为第十族,最后一共杀了873人。后人有的歌颂方孝孺坚守志向,威武不屈,却忘记了孔子说过:"邦有道不废,邦无道免于刑戮。"方孝孺逞一时口快,头一昂,说"灭十族又如何!"他自己快意那一下,杀身成仁,就多送了几百人的性命。这是朱棣的罪恶,却是方孝孺激发的。命都没了,还怎么有机会?不必对舍生取义扩大化。

当然,对这个案例见仁见智,有人看到的是"国无道,至死不变,强哉矫"。

第六,积蓄力量,敢于斗争,赢得胜利。

2. 学会应对失败,才能超越自我,反败为胜,努力寻求最大值

在人生坐标上,事业的高度可能跌过基线,出现负值。人生最可怕可悲可惜的是满盘皆输,一败涂地,失去机会和希望,永不翻身。

研究失败,防止失败,意义很大。一个事情要做成,需要所有要素都具备，缺了哪一个都不能成功；而只要一个要素出问题，就足以导致失败。研究失败能够让人更清醒地知道为什么会失败。学会应对失败，提高对失败的免疫力，才有东山再起、起死回生的反弹力。

如何对失败免疫呢？要认识到失败是发展过程中遇到的正常情况，"失败乃兵家常事"。面对小失败，别把它看作是对自己能力的否定，要把它看作是成长进步过程中的真实反馈，及时总结教训，反其道而行，就可以积累经验。面对大失败，要把人生当作一个无限游戏，训练自己面对失败时的反应，对失败免疫，减轻负面情绪带来的影响，在打击和失败中变强大。历史上的杰出人物无一例外都遇到过失败，他们是如何高明地应对失败的呢？

在与诸葛亮对阵失败，被抢了陇上小麦后，魏军众将士都十分沮丧。明明魏军兵力是蜀军的数倍，居然还输给了诸葛亮。司马懿的两个儿子怒气冲冲地去了司马懿的大帐，却只见司马懿居然优哉游哉地打着五禽戏，两个儿子顿时连连吐槽。司马懿非常淡然地问儿子："你们是来打仗的，还是来斗气的？那些一心想赢的人，就能赢到最后吗？打仗，先要学的是善败，败而不耻，败而不伤，才真的能笑到最后。"（故事来源于电视剧《虎啸龙吟》）

司马懿教育儿子要对失败多一些耐心，才能赢得最后的成功。这或许就是能够灭魏开晋的司马家族的高明之处。

而"力拔山兮气盖世"的楚王项羽，面对失败，却因怕丢面子，"无颜见江东父老"，不登来接应的小船，而自刎乌江之畔。这也是情绪化导致的，让无数人叹息"至今思项羽，不肯过江东"。过了江东也许能东山再起。但项羽这种面对成败的态度，也决定了其失败的命运。

3. 学会避开死地，不越雷池，避免一败涂地，不能翻身

我们总结造成失败的原因，无非是各种自负与贪婪，自大自恋自用，贪名贪利贪功贪色……人的失败原因几乎是相似的，悲哉。因此，总结不能触碰的死地绝谷,非常重要。巴菲特的黄金搭档查理·芒格说:"如果知道我会死在哪里,那我将永远不去那个地方。"

(1)败在贪财。所有贪腐之徒都错在对财富有错误的理解,进而贪得无厌,结果多了一些无用的钱,积累了一摞罪。财富超过了生存所需,皆为多余。

(2)败在贪功。以为功劳越大越好,殊不知功高盖主,再不谨慎小心,那就是罪了。

(3)败在贪色。英雄难过美人关,周幽王为博美人褒姒欢心一笑,竟然烽火戏诸侯,结果败在美人怀里。

(4)败在贪权恋位。历史上多少人迷恋权位,对权力不知足也不知止,一味地往上攀,结果头破血流。譬如李斯一生精明算计,可最后身死族灭。

(5)败在贪快。朝为田舍郎,暮登天子堂。试问,能力够吗?能力与岗位不匹配,不是找罪受吗?

……

拥有权力看上去风光无限,但如果定位错了,理解错了,把权力使用错了,权力可能就成为自取灭亡的绳索。

阿道夫·希特勒(1889—1945年),1933年登上最高权力的宝座,成为德国元首。本该为德国人民造福,但他却利用至高无上的权力,积极宣扬法西斯主义、极端民族主义、反共产主义、反资本主义、反犹太主义。1939年9月1日,德国入侵波兰,掀开第二次世界大战欧洲战场的序幕。1939年到1941年,德国相继占领了欧洲的14个国家,惨无人道地屠杀犹太人,妄图灭绝犹太民族。但邪恶战胜不了正义,最后一败涂地。1945年4月30日下午3点30分,希特勒在德国总理府地下室开枪自杀。真是自取灭亡!他为世界、为自己都带来了无可挽回的灾难。

我通过研究思考，更加深刻地理解了"穷则独善其身，达则兼济天下"的内涵。"达"就是发达成功，成功的目的和目标要立足于"济天下"，为天下人服务。企业家要为员工、顾客服务，政府领导要为社会服务，国家领袖要为世界和平与发展服务。如果"初心"是在满足私欲上，贪得无厌，必然摆脱不了失败的命运。

五、建立防止人性之恶的现代化监督考评治理制度，是防止个人和组织走向毁灭的必由之路

自律不如法律，制度和法律具有强制性。现代化国家治理体系，保障现代化治理能力。这种现代化的监督考评治理制度，有助于提高个人和组织的效能，解决个人和组织的缺陷，防止其走向自我毁灭之路。

1. 建立公开透明的民主决策机制，防止出现大失误

决策者在决策时往往会受到利益诱惑、情感依附、误导性预判等因素的影响，这个时候就会出现"当局者迷，旁观者清"的局面。根本防御措施是将众人是圣人的理念变成民主透明的决策制度。例如，组织团队辩论，补充完善方案。学会正反辩论，由"红军"和"蓝军"两军对阵演练，真理越辩越明，"兼听则明，偏信则暗"。如果个人面临重要决策，可以找不同观点的人进行交谈，往往就能看到自己观点的不足之处。把有不同意见的人找过来，大家角色互换，这样做也能挑战已有的观点，形成新的观点。

上市公司的组织构架里有一个角色叫"独立董事"。独立董事不是这个公司的员工，是一个与上市公司没有利益瓜葛的外部人士。这个人，就是那个旁观者，从不同侧面给管理层提出不同的意见。

2. 建立系统性控制过程缺陷的制度，避免执行失误，保证最终质量

借鉴工程思维的方法，搞好过程监督，才能保证结果圆满。好多人不

看过程只要结果,其实这是一种简单野蛮的思维方式,没有合理的过程,哪有合理的结果?譬如用工程学的焊接思维,可以控制衔接缺陷。焊接是让两块金属紧密结合在一起,这是一个天生制造缺陷的工艺,因为两块金属结合得再紧密,也不可能像一块金属那样完美。焊接工程师的任务,就是让缺陷尽可能变得可控。项目管理的协作也是如此。每一次沟通都是人与人之间或组织之间的联系,一定有信息的损耗,有外界因素的影响,会带来各种各样的缺陷。每一次成功的协作都不能被完美地复制,所以越是独特、越是重要的项目,譬如指挥战争,各种情况瞬息万变,越要提前预测风险,制定方案和参数,还要做好监控纠偏,控制缺陷会造成的风险,尽力把缺陷变得可控,以取得好的效果。

譬如全球第一个北极圈内的极地液化天然气开采项目,地点在俄罗斯的亚马尔半岛。在亚洲的设备制造阶段,有17个国家的200多个工程师一起工作,这种衔接的工作量很大。而且,因为北极圈常年是零下60摄氏度的极地状态,在青岛或天津设计的钢铁设备,都要按照温度差,考虑热胀冷缩效应来设计尺寸。零上20摄氏度做出来的钢铁,到了零下60摄氏度,不但长宽高都不能变样,还得保证用上60年不变样。这种情况下,人与人之间的衔接、物与物之间的衔接、环境与环境之间的衔接都非常复杂,一处出漏子就影响质量和进度。所以,控制过程缺陷就是重要任务。

3. 监管机制健全透明到位,为未来背书

监督监控机制是人类在发展过程中创造的一项不可或缺的高明制度,它既能防止人性之恶,又能发现物性不足,及时加以改进。

迪士尼有一个"为未来背书60年"的工程管理与监督标准,是指迪士尼所有项目所有环节的执行,都需要当事人亲笔签字。每份签好的报告会印成4份,分别在不同部门存档保存,有效期为60年。这意味着,在这60

年间，所签字的任何一个产品，如果出了任何安全问题，作为经手人，都会被追究相应的法律责任。

迪士尼坚守原则的态度，和"为未来背书60年"的时间检验标准，让工作人员每一天的行为都是在为未来60年负责，形成人生的长线思维。如果员工选择短视思维、急功近利或偏离原则哪怕千分之一，都会问自己：愿意承担60年的风险吗？

当把自己和未来的时间放在天平上时，再严苛的原则坚守起来也没那么难，而它带来的是长远的信誉收益。只有让所有参与项目建设、验收的人都一丝不苟，对照标准，执行标准，剔除隐患，才能避免工程和人生大厦轰然倒塌。

建设上海迪士尼乐园时，要购买一个价值1000多万元的非常核心的巨型装置。供应商交货时，检测团队做了几百项测试，只有一个细微处不达标，即当设备运动20米后，回归的位置比标准参数超出2厘米，存在千分之一的误差。按照规定应该返回检修，但供应商的工程师表示，可以当场调试，很容易达标。

迪士尼的态度果断干脆：千分之一的误差也是误差，不能为未来埋下任何隐患。最终，1000万元的设备被退回，返修让迪士尼延迟验收几个月。但这是原则，必须坚守。如果延迟几个月的代价都不能承担，未来就可能使千万人面临安全风险。

这种监督管理制度，不仅企业需要借鉴，每个人都应该借鉴。

4. 学会掌握攻与守的尺度。保持领先不被淘汰，是人前进应当掌握好的火候。这个火候就如炖奶，保证烧开还不溢出来

人的观念和行动推动了发展。人们在与自己、与他人、与世界的互动和交流中，酝酿了形形色色的观念。这些观念变成力量，推动了人类的发展变化，形成了一个不断演进的循环。不断探索适应变化或领导变化，才能保持旺盛的生命力。现代社会日新月异，观念和作风要跟上时代，跟不上时代，注定要被淘汰。没有谁可以永远大而不倒。世界500强企业的平均寿命已经从过去的60年降到了现在的18年。摩尔定律与技术进步对企业管理的影响越来越大，如果不能与时俱进，被淘汰就会成为常态。因此，构建捕捉和适应未来变化的能力和运行系统，是每个人都迫在眉睫的大事。

（1）胜利者是领先者，必须跟上时代的步伐。要自觉敏锐地学习新知识，培养新能力，让新认知、新经验、新数据和新分析消除我们过去经验的片面性。不能用老黄历解决新问题。比如，当年通用集团的传奇CEO杰克·韦尔奇想要在集团借助互联网发展公司业务，可是他和传统经理人没有这方面的经验，而且杰克·韦尔奇甚至自己都承认，他比较害怕互联网，因为他都不会打字。但这个传奇CEO却懂得引入不同的经验和数据。他从集团内部找来了懂互联网的年轻同事给通用集团600多位高管展示互联网的力量，并教高管们亲身体验，让他们对比过去的做法和如今互联网给出的全新解决方案。高管团队因为有了这样全新的经验，对互联网的力量有了全新的认识。这就是新经验和新数据，有助于避免决策错误。这个举动让通用集团紧跟新科技，保持先进性，如虎添翼。

（2）落后于时代必遭淘汰。因落后于时代而失败的典型就是诺基亚。诺基亚被收购的时候，CEO埃洛普说了一句很有名的糊涂话："我们并没有做错什么，但不知为什么，我们输了。"他驾驭如此巨大的企业，竟然浑噩到如此地步，不知道自己为什么失败，也不追究自己的责任，那也就必然要面对失败的命运了。这真应验了巴菲特的洞见："最大的风险就是不知道风险在哪里。"

唐代诗人杜荀鹤有一首诗："泾溪石险人兢慎，终岁不闻倾覆人。却是平流无石处,时时常说有沉沦。"发人深省!

为什么赌徒往往赢不了赌场?因为赌徒是个运气系统,而赌场是个数据系统。应该给自己的系统升个级,不要让自己成为一个受情绪驱使的个体,而是要把自己打造成一个受数据、计划、原则约束的决策机器,也就是把整个决策过程升级成一套稳定的算法。保持"夕惕若厉"的警醒,既要通过自省,更要通过构建监督系统,才能超越人性必然的自负与贪婪,避免陷入致命的"亢龙有悔"的恶性循环中,才能砥砺前行,善始善终。

第十二章

乾坤亨泰发展力之美：奋力超越，大美大安，做优质新产品的提供者，追寻生命的最高意义

通过研究世界百杰的发展道路，我有一个意外收获，那就是发现了推进文明进步的生生不息的力量，我将其提炼概括为乾坤亨泰发展力。乾坤亨泰发展力是一种往前进的综合力量，它围绕目标调动资源全面发力，以奋发超越、造福众生的巨大动力让生命向上，追求盛德大业、绽放光华，具有乾坤并建、内圣外王的伟大气象，创造异彩纷呈、大美大安的人类文明光明前景。

一、人生道路选择：发展即是造福，躺平实为寄生

人类文明是在战胜各种困难和挑战中诞生的。在向自然挑战、在向人自身的能力挑战的过程中，实现了经济、政治、社会、文化、科技和自身的发展。而在发展中走在前面的勇敢积极的探索者、创造者被歌颂为领头雁、掌舵人，他们受命如响，成为文明的里程碑。

中华文明的古圣先贤也早就发现了一个伟大的真理："天地之大德曰生，圣人之大宝曰位。何以守位曰仁，何以聚人曰财。理财正辞，禁民为

非曰义。"（《周易·系辞传》）这透彻地揭示了五个秘密：①"天地之大德曰生"，就是天地间最优秀的品质是生生不息，发展壮大。②"圣人之大宝曰位"，就是说伟大人物最高的职责是完成所处位置赋予的使命。这个"位"指的是位置、岗位、地位、职位等。③"何以守位曰仁"，字面意思是如何才能守住这个至高无上的位置呢？方法是仁。何为仁？仁者爱人。用现代语言解释仁就是为他人服务、担责、贡献、操心、受累，为人民服务，俯首甘为孺子牛。④"何以聚人曰财"，如何凝聚人才人心？要依靠财，即财富，也就是靠发展生产力、发展经济。⑤"理财正辞，禁民为非曰义"，就是生产和管理财富，端正言行，禁止为非作歹，实现社会公平正义，这是社会治理的主要内容。圣贤的观点与当代社会倡导的"发展才是硬道理"如出一辙。

人类社会发展到今天，为了激励和保护发展，创造和健全了各种制度和与各个时代的追求相协调的价值观。其中，竞争制度是现代社会保障发展的最重要的制度，其目的是激励人类向上向善，通过公开公平公正的规则让优者胜出，极大地提高人类文明的发展速度和质量。譬如世界范围内倡导的运动会竞技比赛制度，目的就是激励运动员互相超越，以实现人类更快、更高、更强、更团结的发展目标。2022年北京冬奥会上，运动员们一直在挑战有难度的目标。中国选手谷爱凌参加大跳台比赛时，当她完成最后高难度的一跳，旋转，平稳落地的时候，全场都沸腾了，她为此获得了雪上项目金牌。但大跳台不是谷爱凌的强项，她在最后一跳选择的转体动作，也是之前训练过程中从来都没有完成过的动作。一个从来没有完成过的动作，敢放在冬奥会的赛场上，作为大跳台决赛的最后一跳，这需要承担多大的心理压力。运动员们的精彩表现一次又一次地创造了不可能，不断刷新人类的极限。他们为此获得了光芒四射的奖牌和响彻云霄的喝彩！谷爱凌在接受采访时说："我也希望能够通过一个年轻混血女孩的身份，让更多人第一次了解这项运动。当你想做一件事情时，想着她能做到，我也能。她能打破极限，我也能。"

现代社会，人一出生，就不自觉地进入了这种鼓励超越、歌颂绽放的制度体系里。现代社会的智者会最积极、最自觉、最主动地选择融入这种激励发展的制度中，主动迎接挑战，积极承担责任，在发展的大海里劈波斩浪，建设自我，超越自我，绽放自我，创造价值，惠及社会。

那么，我们的生命应选择以何种方式呈现呢？我们应成为什么样的人呢？是选择发展，点燃创造物质和精神产品的能力，让生命有响，绽放光华，还是选择躺平？

悲观主义者选择躺平，而积极向上的人选择发展，慕先贤，比圣贤，选择靠劳动创造幸福甘甜的生活，体验生命的丰富多彩。

无论选择追求发展还是选择甘心躺平，都会吃苦。不同的是，追求发展的苦形成正向累积，人生越来越甜；而选择躺平者将会成为一潭死水，毫无生机，生活会变得索然无味。躺平的本质是怠惰，依赖发展者的残杯冷炙，维持生活的苟延残喘。《周易·节卦》就为躺平的人预测了命运："不出门庭，凶。失时极也。"也就是说，跟不上时代，失去机会，应当有为而不为，必招致凶险。

现代社会的主流价值观是真诚地赞美劳动者，唾弃不劳而获。自力更生，自食其力，有劳有获，有激情有激发，才能激活生命潜能，催人奋进，绽放光华。所谓躺平，就是畏葸不前、不战自退、懒惰寄生的托词，是现代版的阿Q精神。唯有进取才有收获，前进才能致远。

每个时代，每个区域，都呼唤承担发展使命，给社会带来繁荣昌盛的人。唯有参与发展，推动发展，才会收获发展的红利。谁能发展好，谁就是时代领袖，时代之精气神威。要做前人没有做过的后人能乘凉的事业，"生如蝼蚁，当立鸿鹄之志；命薄似纸，应有不屈之心"。

我通过研究世界百杰的发展密码，发现了一种世间最伟大美好的力量——乾坤亨泰发展力。乾坤亨泰发展力＝动力（±100）×目标（±100）×资源（100）×方法（±100）＝±1亿个能量单位。成功者选择的是正能量，结果是正值；失败者选择的是负能量，结果是负值。

千古以来，所有成功者无一例外都是靠事业激活精气神威，遇矛盾逼出德能勤绩。仁人志士都追求"修身齐家治国平天下""为天地立心，为生民立命，为往圣继绝学，为万世开太平"的圣贤情怀，选择了"事业驱动，目标赋能，守正出奇，心向光明"的发展道路，世界因此越来越美好繁荣。

二、不同的发展动机与动力决定着人的发展成果

人与生俱来的欲望，千差万别的发展动机与动力，决定着人不同的追求和发力方向，也带来了千姿百态的发展成果，形成了绚丽多彩的大千世界。在金字塔顶端的是那些具有向上向善的欲望，以造福众生为发展驱动力的人。他们由需求者发展为先进生产力的供给者。他们继往开来，超越自我，绽放光华，给人们带来了福音，追求生命的最高意义。

1. 以实现生存为基本动力的生存型发展

生存中伴随的压力可以转化为发展的动力。这类人群通过日出而作的辛勤劳动，实现向往的美好生活。这个过程符合马斯洛的需求层次理论，从层次结构的底部向上，需求分别为生理需求（食物和衣服）、安全需求（工作保障）、社交需求（友谊）、尊重需求和自我实现需求。前四个层次的

需求通常称为缺陷需求，而最高层次的需求称为增长需求。

缺陷需求主要是针对物质领域，处于这一需求层次的人，其主要矛盾就是为生存所需的衣食住行忙碌。有人专门做过一项研究，发现一个人的收入与他的幸福感正相关，但存在一个临界值，一旦收入超过这个临界值，他的幸福感受收入影响的程度就会越来越小。

2. 以展示自我能力为动力的精神型发展

有的人以发展兴趣爱好，展示自我特长为发展动力，其间伴随的压力也转化为动力。

人的基本生存需求获得满足之后，对外在的物质奖励就会开始失去兴趣。这个时候，内在的驱动力就会取而代之。人们更倾向于去做能自己控制时间、自己感兴趣的项目，或者追求一些更有意义的事。从神经生物学的角度来说，实际上，只有当一个人对某件事充满好奇，有激情和使命感，并且这件事能够被自己掌控时，大脑才会释放多种愉悦性的神经物质，比如多巴胺、去甲肾上腺素等，这些奖励性的神经化学物质会使人沉浸其中，想要不断做更多的事，获得更好的心流体验。

3. 以超越为动力的"状元"型发展

这期间伴随的压力更大，更大的压力可以转化成更大的动力。

三百六十行，行行出状元。行行有状元，也行行要状元。这就是行业的领头雁，这就是人们追求的"位"：地位、岗位、职位、段位。人真正要建立的是超越个人利益的目标，要做内心真正想做的事情，而不仅仅是满足自身的利益。

超越需要强大的力量，只有站到巨人的肩膀上，才能超越自我，超越前人。

这种超越包括超越自我的贪嗔痴慢疑，超越人类已经取得的成就，超越人能达到的极限，超越历史高峰，开创新高峰，乃至超越旧规则，制定新规则，开创新秩序。正是因为有了这份超越心，也正是有了这些以超越自我和突破自我为己任的使命主义者，人类才实现了更好的发展。

4. 以"能以美利利天下"为动力的福音供给型发展

承担更大的责任意味着更大的压力，这种压力是常人所不能承受的，因此也转化成更大的动力。这是发展的最高境界，是最伟大的动力。这类人立志于造福天下，向社会供给前无古人的优质物质和精神产品，已经到了"为而不争"的圣贤境界，他们慈爱天下人，"老吾老以及人之老，幼吾幼以及人之幼"，动机"纯粹精也"。

福音供给型发展者在惠他中利我，在对社会的巨大贡献中成就自我。他们不是不食人间烟火，而是进入了更高一级的"利益分配机制"，这个机制在老子的《道德经》中已有充分明确的揭示："圣人不积，既以为人己愈有，既以与人己愈多。"

5. 有一种动力就是为人类建设精神灯塔，这类人属于极个别的特殊人才，其价值可能并不在当代，而是光照千秋，成为人类丰富的精神源泉的供给者

这些人往往已经不能为常人所理解。像孔子那样，他的一生过得并不丰裕，半生如"丧家犬"，在漂泊流浪、被追逼、被驱逐的状态中生活，他对自己的概括就是"知其不可而为之"。老子、庄子、李白、杜甫……还有西方的哲学家们，比如亚里士多德、尼采、叔本华……他们的日子过得也都不是太好，但是他们为这个世界留下了巨大的精神财富，为人类提供了源源不断的精神营养。

6. 乾坤亨泰发展力的特征是以供给为动力

创造价值、贡献丰硕者的幸福感更强。人不仅需要满足自身的需求，也需要对社会进行供给，供给与需求是互补的。已超越自我的伟人，肩负起对社会的责任，为社会创造和供给更多的价值。他们砥砺奋发，使命必达，以超越自我之心俯视自我，绽放光华。

"自我"犹如树之本，超越就是树上开的花和结的果。伟大的圣贤就仿佛是一棵绽放光华、提供荫泽的大树。无数伟人为世界提供了丰富多彩的物质和精神产品，满足人们的需求。

现代社会已健全了劳动保障制度，为人们更好地以供给为动力不断发展，创造了良好的物质条件。

三、发展目标：盛德大业，亨泰之美

随着认知和实践能力的提高，人生的目标应不断递进和升华。

1. 发展目标是一种对自身能力判断后做出的恰当的认知规划

在我看来，一个人最理想的目标就是实现亨泰之美。"亨者，嘉之会也"，"泰"则是"天地交而万物通也，上下交而其志同也"，泰还包含着平安、泰适、美好、通泰、祥和之意，代表一种稳健强大的力量，是大而安的状态。亨泰之美，就是一种美好、富强、和谐、安泰、强大、祥和的状态，或者概括为富而美、大而强。这种大美大安的状态与现代国家治理目标和核心价值观完全一致。譬如，我们的国家目标"富强、民主、文明、和谐、美丽"，不就是一种"亨泰之美"吗？

2. 古今中外人们向往、赞美并为之不懈努力的理想状态是：盛德大业，富贵平安

我发现，人生最难做成的其实就是两件事：一是提高能力，二是实现富贵。最容易做的是大而无当的空喊、吹牛。而恰恰就是世间最难做到的这两件事为人所赞美，是古今中外圣贤所追求的。

对于富贵，即使是儒家典籍也非常清晰地表达了对它的赞美："盛德大业至矣哉！富有之谓大业，日新之谓盛德。"字里行间表达了对富贵的憧憬与崇尚："著明莫大乎日月，崇高莫大乎富贵。"从来没有谁对贫穷、落魄、饥寒给予赞美，最多就是给予同情和施舍。

"富有之谓大业"，所谓"富有"，其实并不仅仅是物质财富的富有，更是精神的富足，生活状态的健康良好，人际关系的和谐。"金钱"是人类最伟大的发明之一，它有一个高雅的名字叫"通货"，具有价值尺度、流通手段、贮藏手段、支付手段和世界货币五大职能。其实它最本质的能力是改善民生，实现国家富强与个人尊严。合法获取与使用，它就像上帝；违法获取与使用，它就变成魔鬼。考评一个国家或地区实力的主要指标就是GDP，这是反映其实力的不含糊、不含蓄的第一大数据。只有依法获得了更多的财富，才能帮助更多的人。譬如比尔·盖茨，成为世界首富后，他认识到了财富的意义是帮助更多的人，于是用财富推动科技事业的新发展，用财富做更好的慈善事业。

"日新之谓盛德"，这句话把提高能力的方法说透了。持续不断提高能力的方法唯有"日新"。所谓"日新"，即《大学》里讲的"苟日新，日日新，又日新"，也就是思想、知识、能力日日更新，终身学习，天天进步，不断创新。本杰明·富兰克林等世界伟人们的一生所呈现的状态就是持之以恒，踔厉奋发，笃行不息。我们要战胜懒惰，永远在奋斗的路上，而不要做空喊者、吹牛者。曾国藩曾说："天下事，在局外呐喊议论，总是无益，必须躬身入局，挺膺负责，乃有成事之可冀。"

3. 为大目标奋斗，能激活更大的精气神威，遇到更大的矛盾时，能逼出更大的德能勤绩

美国黑石集团董事长苏世民有一个发人深省的经验："做大事和做小

事的难易程度是一样的。所以要选择一个值得追求的宏伟目标，让回报与你的努力相匹配。"刘邦从一介平民，战胜无数艰难险阻，坐上天子宝座。在未央宫落成的时候，刘邦搞了一场盛大的宴会，席间举杯给老父亲祝寿，骄傲又自豪地调侃他父亲："当年您总瞧我像个无赖汉，不如二哥那样会治理产业，现在您再看看，我置办下来的这份产业比二哥如何？"（参考司马迁《史记·高祖本纪》）

4. 发展目标是一步一个脚印实现的

"修身、齐家、治国、平天下"是有先后顺序的，这符合递进规律。有研究证明，从开始为梦想努力，到实现自己的梦想，平均耗费的时间是12年。我们就按照12年可以完成一个大目标，将实现人生亨泰发展目标的过程分为六个阶段。

亨泰发展第一阶段，大约在24岁之前。这是学习成长阶段，属于智能蓄积期。通过广泛学习知识，积累间接经验，积累势能。此时宜"遁世无闷"，"潜龙勿用"。

亨泰发展第二阶段，大约在25~36岁。这是进德修业期，为生存而发展。此时积极向上，"见龙在田，利见大人"，通过实践探索，积累直接经验，崭露头角，展现势能。自然科学家在这个阶段创造力最强，多数成果是在这个阶段取得的。

亨泰发展第三阶段，大约在37~48岁。此为积极开疆拓土期，初步认识利他主义的价值观，进一步直接积累经验教训，放胆奋斗。"终日乾乾，夕惕若厉，无咎。"要警惕失利失败。多数人在这个人到中年的阶段就不再奋发向上了，认为"人到中年万事休"。

亨泰发展第四阶段，大约在49~60岁。此为盛德大业期，为众生发展，云行雨施，含弘光大，品物咸亨。此时应防止亢奋，被胜利冲昏头脑。"亢之为言也，知进而不知退，知存而不知亡，知得而不知丧。其唯圣人乎！知进退存亡而不失其正者，其唯圣人乎！"

亨泰发展第五阶段，大约在61~72岁。此为圣贤阶段，为社会而充分发展，超越自我，绽放光华，登峰造极，造福社会。"能以美利利天下，不言所利，大矣哉！"可谓"夫大人者，与天地合其德，与日月合其明，与四时合其序，与鬼神合其吉凶。先天而天弗违，后天而奉天时。天且弗违，而况于人乎？况于鬼神乎？"

亨泰发展第六阶段，大约在73岁之后。这是传递化育阶段，含万物而化光，体力逐渐衰退，从心所欲，此时已到无我之境，回馈社会，颐养天年。

以12年为一个大阶段，看似有点长，但这12年应该像一年分四季一样，再以三年为一段。"日新之谓盛德"，年年都实现小目标，三年一个大台阶，逐步拾级而上，风云际会，伺机而动，见机而作，登峰造极。

任何事物的发展都遵循量变质变规律，不可能是匀速运动，不可能一帆风顺，不可能静止不变。伟大与平凡的区别，就是前者不断求变，后者在等待中迎接失望。

四、将发展目标融入喜爱的事业中，构建强大的生产系统，才能在实践中超越和绽放

将理想的发展目标具体化，融入一项事业中去，将事业化作具体的项目，即目标事业化，事业项目化。目标越具体，内容越充实。否则，就是空谈，无的放矢，"老虎吃天，无处下口"。

1. 事业驱动

大千世界由无数个事业组成，我们每个人都应当从自身的体智禀赋优势出发，从吾所长，从吾所能，从吾所好，扬长避短，融入一项喜爱的事

业中去。在事业中确定发展目标，找到载体。在实现目标的实践中发现自我，建设自我，发展自我，超越自我，绽放自我。

马斯克的事业从电动汽车特斯拉，发展到太空探索，再到今天的 AI 人工智能。马斯克将自己的理想化作耀眼的三个超级计划：星链计划、火星计划、意识工程计划。三大计划真可谓惊心动魄，把相关的人才和技术等优质资源组织起来，很有可能会改变人类的科技进程。科学的探索永无止境，马斯克树立了宏伟的改变世界的目标，并充分组织利用人类创造的一切科技成果，投入到新科技的发展之中，从而去实现人类更大的辉煌。

2. 目标赋能

围绕具体目标，组织资源。世界上的资源看上去杂乱无章，但确立了目标后，就会形成一个磁场，把一切相关资源集聚起来。一切资源都是为目标而存在的，有了清晰具体的目标，资源才产生其使用价值。有了清晰具体的目标，才能吸引资源、组织资源。什么目标就吸引和配置什么资源，什么阶段需要什么资源，什么格局集聚什么资源。目标赋予能量，目标让人才涌来，目标让技术涌现，目标让资源涌动，目标让你追我赶的氛围形成。

3. 为实现目标寻找良好的发展生态

机会并不是平均分布的。当大师们在某个地方定居，总是能吸引很多有类似志趣的年轻人投奔过去，以获得大师们的赏识。芝加哥大学经济学系走出了世界超过 35% 的诺贝尔经济学奖得主，比其他任何一所大学产出的诺贝尔经济学奖得主都多。怎么解释这个现象呢？在经济学方面，芝加哥大学拥有充满挑战和竞争的氛围，人们醉心于研究，不搞别的。人们在经济学系工作时，周围都是极有能力的同事，可以互相学习借鉴，提高工作成效。这个优势也不断吸引着全球对经济学感兴趣的人才加入进来。所以，对于科学、艺术、商业等领域的工作者来说，选择工作地点和选择在哪里买房一样重要。因为距离重要的实验室、院校和研究所越近，新的观点就越容易被接收到。

美国硅谷是近几十年来世界技术的爆发地，中国的长三角、珠三角也成为发展的枢纽地带，汇聚了丰富的资源。这种良好的发展生态让一部分人和一部分地区先富起来。看准了哪里是先富起来的地区，人、科技、资本等先进生产要素就往哪里流动。

4. 目标任务化，任务能驱动目标的达成

将目标倒推，日日有任务，月月有进展，年年有成果。不断递进，接近目标，完善事业领域，拓展精神领空，滚滚向前。

有心理学家做过一个实验，设定一个指标后，人们的业绩和生产力可以提高 11%~25% 左右。这就说明，不管处于什么阶段，哪怕只是每天列一个待办事项，生活和工作也会有效率得多。目标的作用之一就是过滤信息，避免人们被很多无用的信息吞没，从而把自己有限的注意力用在愿意投入的事情上。

红旗渠是 20 世纪 60 年代林县人民在极其艰难的条件下，在太行山腰修建的引漳入林的水利工程，被誉为中国最壮观的"人工天河"，演绎了愚公移山改造山河的神话。

红旗渠工程于 1960 年 2 月动工，至 1969 年 7 月支渠配套工程全面完成，历时近十年。该工程共削平了 1250 座山头，架设 151 座渡槽，开凿 211 个隧洞，修建各种建筑物 12408 座，挖砌土石达 2225 万立方米，红旗渠总干渠全长 70.6 千米。红旗渠的建成彻底改善了林县人民靠天等雨的恶劣生存环境，解决了 56.7 万人和 37 万头家畜的吃水问题，54 万亩耕地得到灌溉，粮食亩产由红旗渠修建初期的 100 千克增加到 1991 年的 476.3 千

克。红旗渠被林县人民称为"生命渠""幸福渠"。

世界各地的大运河也都与红旗渠类似,都是将目标任务化,通过持续不断的艰苦奋斗建成的。

每个人一生都可以修筑自己的"红旗渠",为此需要每天一锤一镐地加油干、不懈怠。只有将目标任务化,日日月月年年看似重复地完成任务,有愚公移山挖山不止的拙劲蛮劲,才会修建成人生的"幸福渠"。

5. 在实现目标的路上,往往会有喜出望外的收获

只要集中精力往前走,往往会有"无心插柳柳成荫"的意外收获。像退烧药阿司匹林、降糖药二甲双胍,最初并没有那么多功能,但这些产品带给人们许多意外收获。世界在前进,万事无止境。对过去不要纠结,相信未来,机会永远存在。世界上 70 亿人在不断产生新需求,需要开发无数个新产品,这个潮水一样的力量在推动前进。一切恰如春天的大地,刚刚开始,智者正在试图为迷路的人指引前进的方向。心向光明,前途有无限变量,就看有没有能力恰当切入。

五、发展方法与策略:乾坤亨泰发展法

人类在推动经济社会发展的过程中,在适应自然环境及与其斗争的过程中,总结了一系列智慧的方法。这些方法体现在中国的典籍,特别是《周易》,以及西方的一系列著作中。这些系统论述人与事业的书籍为人性做了扫描,为人生发展指出了光明正大的方向和方法。我将这些方法称为"乾坤亨泰发展法",它们为人类探赜索隐提供了许多指导。它们强调的核心价值观是通过奋斗可以降低命运的不确定性,每一种困境都有光明之路。可谓"乾坤大法无尽藏"。"夫乾!天下之至健也,德行恒易以知险。夫坤,天下之至顺也,德行恒简以知阻。能说诸心,能研诸侯之虑,定天下之吉

凶，成天下之亹亹者。"可以说，成就伟业、涵养人心的方法都包含在乾坤大法之中。

1. 乾坤亨泰发展力是君子的力量，是正能量

《周易》"为君子谋，不为小人谋"，其服务的主要对象是君子。《周易》64卦也是人生不同阶段的不同状态，每一种场景都是指导如何成为君子或大人。我将64卦对君子的描述收集在一起，组成一个完整的君子即现代社会成功者的形象。

《乾卦》：君子终日乾乾，夕惕若厉，无咎。《乾卦》象曰：天行健，君子以自强不息。《坤卦》象曰：地势坤，君子以厚德载物。《屯卦》象曰：云雷，屯；君子以经纶。《蒙卦》象曰：君子以果行育德。《需卦》象曰：君子以饮食宴乐。《讼卦》象曰：君子以作事谋始。《师卦》象曰：君子以容民畜众。《比卦》象曰：先王以建万国，亲诸侯。《小畜卦》象曰：君子以懿文德。《履卦》象曰：君子以辩上下，定民志。《泰卦》象曰：后（君主）以财成天地之道，辅相天地之宜，以左右民。《否卦》象曰：君子以俭德辟难，不可荣以禄。《同人卦》象曰：君子以类族辨物。《大有卦》象曰：君子以遏恶扬善，顺天休命。《谦卦》象曰：君子以哀多益寡，称物平施。《豫卦》象曰：先王以作乐崇德，殷荐之上帝，以配祖考。《随卦》象曰：君子以向晦入宴息。《蛊卦》象曰：君子以振民育德。《临卦》象曰：君子以教思无穷，容保民无疆。《观卦》象曰：先王以省方观民设教。《噬嗑卦》象曰：先王以明罚敕法。《贲卦》象曰：君子以明庶政，无敢折狱。《剥卦》象曰：上以厚下安宅。《复卦》象曰：先王以至日（冬至日）闭关，商旅不行，后不省方。《无妄卦》象曰：天下雷行，物与无妄，先王以茂对时，育万物。《大畜卦》象曰：君子以多识前言往行，以畜其德。《颐卦》象曰：君子以慎言行，节饮食。《大过卦》象曰：君子以独立不惧，遁世无闷。《坎卦》象曰：君子以常德行，习教事。《离卦》象曰：大人以继明照于四方。《咸卦》象曰：君子以虚受人。《恒卦》象曰：君子以立不易方。《遁卦》象曰：君子以远小人，不恶而严。《大壮卦》象曰：君子以非礼弗履。《晋卦》象曰：君子以自昭明德。《明夷卦》象曰：君子以莅众，用晦而明。《家人卦》象曰：君子以言有物而行有恒。《睽卦》象曰：君子以同而异。《蹇卦》象曰：君子以反身修德。《解卦》象曰：君子以赦过宥罪。《损卦》象曰：家族惩忿窒欲。《益卦》象曰：君子以见善则迁，有过则改。《夬卦》象曰：君子以施禄及下，居德则忌。《姤卦》象曰：后以施命诰四方。《萃卦》象曰：君子以除戎器，戒不虞。《升卦》象曰：君子以慎德，积小以高大。《困卦》象曰：君子以致命遂志。《井卦》象曰：君子以劳民劝相。《革卦》象曰：巳日乃孚，革而信之。文明以说，大亨以正，革而当，其悔乃亡。天地革而四时成，汤武革命，顺乎天而应乎人，革之时大矣哉。《鼎卦》象曰：君子以正位凝命。《震卦》象曰：震来虩虩，恐致福也。笑言哑哑，后有则也。震惊百里，惊远而惧迩也。出可以守宗庙社稷，以为祭主也。《艮卦》象曰：君子以思不出其位。《渐卦》象曰：君子以居贤德善俗。《归妹卦》象曰：君子以永终知敝。《丰卦》象曰：君子以折狱致刑。《旅卦》象曰：君子以明慎用刑，而不留狱。《巽卦》象曰：君子以申命行事。《兑卦》象曰：君子以朋友讲习。《涣卦》象曰：先王以享于帝，立庙。《节卦》象曰：君子以制数度，议德行。《中孚卦》象曰：君子以议狱缓死。《小过卦》象曰：君子以行过乎恭，丧过乎哀，用过乎俭。《既济卦》象曰：君子以思患而豫防之。《未济卦》象曰：君子以慎辨物居方。

2. 乾道的核心价值观与方法

《周易》对乾的解释主要就是：乾，元亨利贞，刚健中正，云行雨施，能以美利利天下，不言所利，大矣哉。乾是一种一往直前的能量，这与西方文明的开放、法治、科学等价值观是相通的，是一种敢于超越与绽放的力量。运用好了乾法，就能成圣贤事业。我试着解释一下乾包含的核心价值观和方法，具体如下。

（1）刚毅。做大事必须要有阳刚之才，非阳刚之才绝难济大事。坚韧不拔，坚定不移，坚持、坚贞、坚固，行正道，踔厉奋发，笃行不息，足以干成事业。孔颖达说："贞固足以干事者，言君子能坚固贞正，令物得成，使事皆干济。此法天之贞也。"（《周易正义》卷一）。在前进的路上总会遇到各种挑战，需要培养强大的可持续的意志力，也就是坚毅力，帮助不断推进。每当顶尖高手遇到各种困难的时候，他们都会本能地迎接挑战，没来得及考虑要不要退缩，就已经挺身向前了。这当然不是因为他们不会感到害怕，而是他们深知，只要有一次退缩，恐惧就会战胜自己。培养坚毅力，本质上就是要训练一种面对恐惧时的条件反射，把勇猛精进的状态变成一种习惯。我们要在日常生活中培养坚毅力，这样到了关键时刻，就不至于被恐惧压垮。

成功人士都具有决断力和行动力。遇到任何问题，要尽可能早、尽可能快地做出决策，而且还必须非常坚定。哪怕是当前的局面还不明朗，信息还不完全，甚至对这个领域很陌生，作为决策者，仍然需要快速拍板，拍板了才能行动。

有人说："只要有65%的把握，就会做出决定。"谁都不可能拥有完美的信息，如果什么事情能有百分之百的把握，那何必还要来做决定？这个哲学就是：错误的决定也比没有决定要好得多。犹豫不决是最糟糕的做法。如果犹豫不决，没有行动力，就可能错失良机。那万一决定错了怎么办？别担心，行动是可以随时调整的。

研究者发现，在做决定这件事上，聪明人可能不如那些有决断力的人。聪明人考虑的因素往往过多，瞻前顾后。当然，决策只是做事的第一步，有了决定，还得有能耐让别人支持这个决定。

（2）强健，积极向上，开拓进取，终日乾乾。我们干任何事业，都得从长远考虑问题。当环境快速变化的时候，应该积极做出相应的改变，比如推出新产品、转变思想观念等，这是决策者最重要的职责之一。优秀的决策者会花50%的时间去考虑长远问题。心里有一个非常明确的长期战略，看问题的眼光就不一样了。从战略视角去看，会获得见微知著的能力。能从长远考虑问题的决策者不会在意短期的挫折，会主动放弃那些与目标无关的鸡毛蒜皮的事。普通决策者视为失败的事情，高水平决策者会把它当成学习成长的机会。

（3）聚人养贤中和，即找到最大公约数，达成共识，团结最广泛的力量，发挥好每个方面的作用。中和足以养贤，君子之养士，以为民也。《易》曰："圣人养贤，以及万民。""夫贤者，其德足以敦化正俗，其才足以顿纲振纪，其明足以烛微虑远，其强足以结仁固义。大则利天下，小则利一国。是以君子丰禄以富之，隆爵以尊之。养一人而及万人者，养贤之道也。"成就伟业，要善于争取各方支持。每当要做重大决定的时候，可以画一个人物关系图，标出办成这件事情涉及的所有重要人员，然后与这些人挨个谈话，取得他们对这个决定的支持。如果有人始终反对这个决定，就尽力把这个反对的力量往正面的方向引导。

（4）正义，给人可靠感。大亨以正，所有大事业无一例外以正取胜。谋略尽头，即是正义。要办事公正，寻求正义，行为正当，作风正派稳当。只干善事，行善积德，不干坏事，给人可靠感。"可靠感"有两层意思：第一，给人一个合理的预期，让人觉得"有谱"；第二，达到并且最好能超出这个预期，让人觉得"靠谱"。譬如上市公司每个季度都要发布一次财报，总结这个季度做到了什么，汇报下个季度想做到什么。华尔街对报表非常敏感，对每个公司都有一个预期，一旦达不到预期，或发现造假，其股价就会受到影响。

（5）革故鼎新，纯粹精也。惟精惟一，不断创新。精诚所至，金石为开。云行雨施，德泽广布，天下平也。

（6）掌握好度，"知进退存亡而不失其正"。做事要恰到好处，统筹兼顾，不过火不过头，不矫枉过正，否则会"亢龙有悔"。秦朝和隋朝之所以二世而亡，主要原因就是做过了头，人民不堪重负，只能揭竿而起。

（7）不断强化能力建设。在注释《周易》的著作之中，都有对能力建设的论述："君子藏器于身""备以致用，立成器以利天下"。陈寿在写完《武帝纪》后，对曹操的评语就是其靠能力取胜："汉末，天下大乱，雄豪并起……太祖运筹演谋，鞭挞宇内，揽申、商之法术，该韩、白之奇策……"人的能力是可迁移的本领，是谁也偷不走的。比如，解决问题的能力、沟通和说服的能力、帮助和求助的能力、吸引人才的能力等。这些能力不仅是帮助一个人完成眼前工作的技术、知识、方法，还是一个人从一个工作换到另一个工作，甚至从一个行业换到另一个行业都能依靠的利器。创造力不是一种随心所欲的能力，它有四个核心特征：第一，创造力是能够在短时间内产生大量想法的能力；第二，创造力是从多个角度处理问题的能力；第三，创造力是产生新奇想法的能力；第四，创造力是组织这些想法并付诸实践的能力。要提升创造力，就要保持好心情。好心情能够点亮大脑中关于发散思维的特定区域，让它变得更活跃、更敏感。另外，我们要从熟悉的环境中跳脱出来，唤起对很多事情的好奇心，进一步专注去研究，把那些感兴趣的事变成现实。

3. 坤道的核心价值观与方法

《周易》中对坤的解释很丰富，其核心价值观和精神是："至哉坤元，万物资生，乃顺承天。坤厚载物，德合无疆。含弘光大，品物咸亨。"如果说乾法是主角，那么坤法就是配角，古代社会将其归属于地道、臣道、妻道。西方文明的包容、民主、自由、监督等价值观与坤法很相似，我试着解释一下坤法。

（1）遵循发展规律，顺应和服从发展趋势，与时偕行，不能逆潮流而动。与乾的刚健相配合，坤具有柔顺、有韧性、有弹性等显著特征，体现一种执行力。"坤至柔而动也刚，至静而德方，后得主而有常，含万物而化光。坤道其顺乎，承天而时行。"

（2）遵循循序渐进、善恶有报定律。善有善报，恶有恶报。"积善之家，必有余庆；积不善之家，必有余殃。臣弑其君，子弑其父，非一朝一夕之故，其所由来者渐矣。由辩之不早辩也。"

（3）为而不争功，与乾相应，厚德载物，包容、支持、配合，更不要居功自傲。"阴虽有美，含之以从王事，弗敢成也。"

（4）围绕目标，能管控言行，就实现了重要的自我超越。《易》曰："括囊，无咎无誉。盖言谨也。"提倡谨言慎行，谦虚谨慎，不骄不躁。"乱之所生也，则言语以为阶。君不密则失臣，臣不密则失身，几事不密则害成。是以君子慎密而不出也。"

《富有的习惯》一书的作者托马斯·科里调查了177位百万富翁，其中一个结论是：富人更加慎言慎行。在富人的私人生活里，充满着克制的习惯。如果看一下世界级富豪们一天的时间安排，会发现，富人们一天的工作往往是很紧张的。他们精力旺盛，身体健康。富人们普遍都在乎自己的身体状况，他们很清楚健康有多重要。

（5）人生最美好、最精彩的是干事业、促发展。"君子黄中通理，正位居体，美在其中，而畅于四支，发于事业，美之至也！"《富有的习惯》一书指出，90%的富人不相信命运，他们认为自己的人生掌握在自己手中。79%的富人坚信自己能够摆脱贫穷，或从中产阶层跃升为富有阶层。90%的富人相信努力工作比高智商更重要，他们相信勤能补拙，他们自信是因为他们很清楚自己是一个勤奋的人。高达92%的富人相信，只要坚持自己热爱的事情，就能创造出好运气。他们总是心无旁骛、百折不挠地追求梦想和目标。从开始为梦想努力，到实现自己的梦想，他们平均耗费的时间是12年。在这12年里，会有很多不如意的事情和反对的声音，如果没有前面所说的自信，人是很难坚持下来的。

（6）与乾配合，遵守规矩，履行职责，各得其所，不要僭越无度。主次颠倒，"阴疑于阳必战"。

4. 解决主要矛盾，不要害怕冲突，要敢于解决冲突

"责其所难，则其易者不劳而正。"（司马光《资治通鉴·汉纪》）解决一切难题的最好方法是抓住主要矛盾，解决了主要矛盾，就能带动其他问题的解决。发展是硬道理，发展是人生的主要任务，发展才能解决人生矛盾。解决了发展这个主要矛盾，其他问题就能迎刃而解。往前走就峰回路转，海阔天空，往后退就落入深渊，不能自拔。唯有发展才能战胜重重困难。

5. 乾坤互为一体，构建乾坤亨泰发展模型

"乾坤相并俱生"，乾给予万物以始，坤给予万物以生。乾坤并建，刚柔相济，阴阳和谐，可以形成无坚不摧的能力。乾坤互含，乾坤互换，乾坤一体，犹如合金，形成势能。出神入化地掌握了乾坤大法，就能炉火纯青地正确认识人性，善于调动人的积极性。人性善恶同体，既有贪婪与自私的一面，又有慷慨与仁爱的一面。要积极面对人性善恶，

以向上的力量推动向善的力量。所有困难都与人性之恶相关，或者说人性之恶造成了人的困境，但人性之善可以化解困境。气定神闲的乾坤亨泰发展能力，是在战胜困难中淬炼出来的，就如金刚石，遇到困难才见其从容的风度。

六、发展结果评价

事业的高度与生命的长度，是古往今来人们所追求的。"有亲则可久，有功则可大。可久则贤人之德，可大则贤人之业。"

我粗略地画了一个人生成果评价坐标图，如图12-1所示。横轴代表生命的长度，这个越长越好；纵轴代表事业的高度，尽管不同职业、不同使命不太好完全用一种方法评价，但也基本差不多，应该是越高越好。

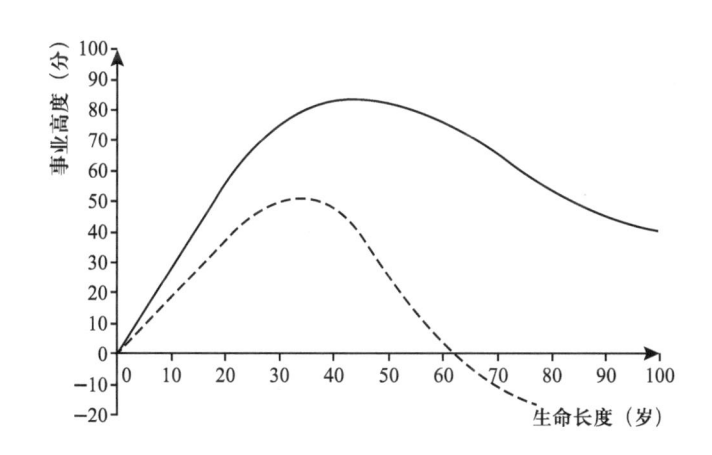

图12-1　人生成果评价坐标图

1. 追求事业的高度

衡量事业的高度，核心是看在近百年的生命里，创造了什么价值，绽放了什么光华。譬如，对于政治家，用推动社会发展的功绩评价其高度；对于企业家，用推陈出新的产品及创造的财富评价其高度；对于科学家，用发明发现评价其高度；对于文学艺术家，用作品评价其高度，也可以以获奖层级评价其高度，如获得诺贝尔奖就是登峰造极。在事业的纵轴上，应该是越高越好。但也可能出现负值，代表事业的失败程度。例如，希特勒的事业高度就是负值，他发动世界大战，滥杀无辜，遗臭万年，遭人唾弃。

发展的过程中有许多障碍，懒惰就是最大的障碍。所以我们在追求事业高度的道路上，每天都要与自己的懒惰做斗争，不苟且，不偷安，不躺平，力所能及地干事业。

2. 追求生命的长度

我们倡导既要对社会有贡献，又要健康长寿。这才是人生双丰收。譬如周有光、杨振宁……他们在各自的事业领域可谓登峰造极，而人生又享百余岁养怡之福。最可惜的就是那些满腹才华却英年早逝的人，比如历史上的贾谊、王勃。

3. 后世影响力

影响，顾名思义，影即形象，响即声音、响动。雁过留声，人过留名。受命如响，人生当有响，活在世上就要发出声音，有动静，像鞭炮礼花一样，响亮地灿烂一把，哪怕昙花一现，也不辜负自己。一个有影响力的人，就是能够在当代乃至后来，让人们因事而发，想起形象，聆听声音或观点的人。人应该追求长远的影响，这是世界文化的共识。

"天地之大德曰生"。扪心自问：我"生"了什么？哪些"形象"由我所生？这个"生"应该包罗万象。我总结人"生"有三大任务：健康自我，传递基因，延续生命；建设自我，创造价值，贡献社会；丰富自我，体验和享受生命之美。这三大任务是人生快乐与痛苦的来源，它凝练形成了人生的意义。我们要追逐高飞的梦想，走向人生可能的巅峰。当然，人生在世，若能将一个点变好，将一条线变好，将一个区域变好，都有积极的意义。世界就是在一点点变好的过程中前进的,继往开来。如果人人都奉献一点爱,这个世界将变成美好的人间。

  乾坤大法无尽藏,

  亨泰中和谐阴阳。

  刚健中正成大业,

  含弘光大载无疆!

后　记

城市因人而聚，因事而活，因业而成，因物而名，因善治（制）而兴。城市历史绵长，宛如"大器"，包罗万象，功能完备，内涵丰富，运行不息，是人类最伟大的发明，人类因城市而美好！

我热爱城市深邃之美，怀着对建设美好城市的至诚，二十年来，一直探索研究城市的发展与繁荣。我将关注的重点规划成四个课题，空间从大到小，内容从事到人，形成一个系统性整体。前三个课题"提升城市核心竞争力""中央商务区财智集聚力""社区治理——实现活力与秩序的黄金平衡"，回答的都是我自己在工作中遇到的疑问和困惑：如何提升城市的核心竞争力？如何展示城市的雄心，生财聚智？如何高效能治理城市并臻于化境？这三个课题的研究成果已出版发行。第四个课题是关于人的驱动力与创造力的研究。

长期以来，我经常问自己：那些彪炳史册的杰出人物为何非同凡响？他们走向杰出有没有规律可循？带着这些疑问，我跨越时空，选择了一百多位杰出人物进行研究，努力搜寻他们的成功秘籍。我将该研究课题定为"巨人的力量，催人生超越向上，创造价值，绽放光华——世界百杰发展力研究"。这一百多位杰出人物，我无法直接接触，只能通过阅读传记等间接资料，与他们神交。但随着掌握的资料越发丰富，研究越发深入，思想

后　记

越发变化，我对这些杰出人物越发崇敬，也就越有清晰的结论，不禁感叹：大道至简，率以为常，贵有恒矣！尽管有人批评英雄史观，但杰出人物对社会的发展功不可没。人民创造历史，英雄引领时代！这些杰出人物靠事业激活精气神威，创造价值，华彩飞扬；遇矛盾逼出德能勤绩，盛德大业，日新月彰。

在研究过程中，收获最大的还是我自己。我将"六经之首"《周易》与西方文明经典合璧，结合杰出人物的成长成就，探索提炼了一种学术观点：乾坤亨泰发展学。乾坤二法，刚柔并济，目标是成事。乾坤并建，与时偕行，见机而作，品物咸亨。敢担当，受命如响，大乾能成伟丈夫；善谋事，综数通变，至坤方行真君子！

乾坤亨泰发展学，定位是研究城市、事业、人才、组织的成长发展规律，包括发展认知、发展选择、发展动力、发展定位、发展目标、发展步骤、发展资源、发展方法、战略布局、发展绩效、发展价值观、发展评价、发展美学、创造意义等。乾坤亨泰发展学旨在为有志者提供理论与案例，提升其认知境界与行动能力，使其能以美利利天下，不断攀登人生新高峰，绽放人生亨泰发展之美！

乾坤亨泰发展学并非精深晦涩，而是言简意赅，是大美大安学。与圣贤同行，其道大光；革故鼎新，大亨以正；取法乎上，一骑绝尘；含弘光大，正道流芳！超越自我，塑造新我。

乾坤大法无尽藏，探赜索隐和阴阳。我对城市和人的认识还处于初级阶段。今后，我将从以下四个方面不断深化提炼城市发展学：城市竞争的力量，中央商务区财智集聚的力量，社会活力与秩序实现黄金平衡的力量，巨人的力量。关于人的发展，我将对人的判断力、生存力、创造力三种核心能力进行深化研究，将城市发展学与人的发展学融为一体，完善更

> 超越：创造价值，绽放光华

新乾坤亨泰发展学。向圣贤学习，以实践为师，心有寄托，明心见性，力所能及。乐此不疲，向远焕新，其妙璨发，踏实欣然！

文以载道，如果有读者从这些研究观点中得到一点启发，实现了人生和事业的升华，我将十分欣慰！更盼志同道合者的真诚批评指正，以期我们日夜相守的城市发展发达、昌盛美丽！

冯天韬

2022 年 9 月 9 日

附录　书中人物简介

1. 索伦·奥贝·克尔凯郭尔（Soren Aabye Kierkegaard，1813—1855年），丹麦宗教哲学心理学家、诗人，现代存在主义哲学的创始人，后现代主义的先驱，也是现代人本心理学的先驱。曾就读于哥本哈根大学。后继承巨额遗产，终身隐居哥本哈根，从事著述，多以自费出版。他的思想成为存在主义的理论根据之一，他被视为存在主义之父。他反对黑格尔的泛理论，认为哲学研究的对象不单单是客观存在，更重要的是从个人的"存在"出发，把个人的存在和客观存在联系起来，哲学的起点是个人，终点是上帝，人生的道路也就是天路历程。

2. 戴尔·卡耐基（Dale Carnegie，1888—1955年），美国著名人际关系学大师，美国现代成人教育之父，西方现代人际关系教育的奠基人，被誉为20世纪最伟大的心灵导师和成功学大师。

戴尔·卡耐基利用大量普通人不断努力取得成功的故事，通过演讲和著书唤起无数陷入迷惘者的斗志，激励他们取得辉煌的成功。其在1936年出版的著作《人性的弱点》，始终被西方世界视为介绍社交技巧的圣经之一。他在1912年创立卡耐基训练班，以教导人们学习人际沟通及处理压力的技巧。

3. 王守仁（1472—1529年），号阳明，浙江余姚人，明朝杰出的思想家、文学家、军事家、教育家。

弘治十二年（1499年），中进士，自刑部主事历任贵州龙场驿丞、庐陵知县、右佥都御史、南赣巡抚、两广总督、南京兵部尚书、左都御史等职，接连平定南赣、两广盗乱及朱宸濠之乱，获封新建伯，成为明代凭借军功封爵的三位文臣之一。他是阳明心学创始人，文章博大昌达，行墨间有俊爽之气，有《王文成公全书》传世。

4. 玄奘（602—664年），唐代高僧，我国汉传佛教四大佛经翻译家之一，中国汉传佛教唯识宗创始人。

5. 亚伯拉罕·马斯洛（Abraham H. Maslow，1908—1970年），美国著名社会心理学家，第三代心理学的开创者，提出了融合精神分析心理学和行为主义心理学的人本主义心理学，并在其中融合了其美学思想。他的主要成就包括提出了人本主义心理学，提出了马斯洛需求层次理论，代表作品有《动机和人格》《存在心理学探索》《人性能达到的境界》等。

6. 孔子（公元前551年—公元前479年），中国古代伟大的思想家、政治家、教育家，儒家学派创始人，被誉为"大成至圣先师"。孔子开创私人讲学之风，倡导仁义礼智信。有弟子三千，其中贤人七十二。曾带领部分弟子周游列国十四年，晚年修订六经（《诗》《书》《礼》《乐》《易》《春秋》）。去世后，其弟子及再传弟子把孔子及其弟子的言行和思想记录下来，整理成《论语》，被奉为儒家经典。

7. 苏格拉底（公元前469年—公元前399年），是希腊（雅典）哲学的创始人之一。苏格拉底在后来的古代和近代对哲学家产生了强烈的影响。苏格拉底对艺术、文学和大众文化的描述使他成为西方哲学传统中最广为人知的人物之一。

8. 老子（约公元前571年—公元前471年），姓李名耳，字聃，一字伯阳，或曰谥伯阳，春秋末期人，中国古代思想家、哲学家、文学家和史学家，道家学派创始人和主要代表人物，曾被列为世界文化名人，世界百位历史名人之一。老子传世作品《道德经》，是全球文字出版发行量最大的著作之一。

9. 斯蒂芬·茨威格（Stefan Zweig，1881—1942年），奥地利小说家、诗人、剧作家、传记作家。代表作有中篇小说《一个陌生女人的来信》和《象棋的故事》，长篇小说《心灵的焦灼》，回忆录《昨日的世界》，传记《三大师》和《一个政治性人物的肖像》。

10. 稻盛和夫（1932—2022年），出生于日本鹿儿岛县鹿儿岛市，鹿儿岛大学工学部毕业。日本著名实业家。27岁创办京都陶瓷株式会社（现名京瓷Kyocera），52岁创办第二电信（原名DDI，现名KDDI），这两家公司又都在他的有生之年进入世界500强。他痛惜战后的日本以选择聪明才辩型的人做领导为潮流，忽略了道德规范和伦理标准，导致政界、商界丑闻频发。他建议领导者的选拔标准是德要高于才，也就是居人上者，人格第一，勇气第二，能力第三。他指出热爱是点燃工作激情的火把。无论什么工作，只要全力以赴去做就能产生很大的成就感和自信心，而且会产生向下一个目标挑战的积极性。成功的人往往都是那些沉醉于所做之事的人。

11. 齐白石（1864—1957年），原名纯芝，号白石，近现代中国绘画大师。早年曾为木工，后以卖画为生，1919年定居北京。曾任中央美术学院名誉教授、中国美术家协会主席等职。1953年被文化部授予"人民艺术家"称号，1956年被世界和平理事会授予国际和平奖，1963年获评为世界文化名人。

12. 诸葛亮（181—234年），字孔明，号卧龙，琅琊阳都（今山东省临沂市沂南县）人，三国时期蜀汉丞相，中国古代杰出的政治家、军事家、发明家、文学家。

13.约翰·戴维森·洛克菲勒（John Davison Rockefeller，1839—1937年），美国实业家、慈善家，是19世纪第一个亿万富翁，被人称为"石油大王"。

约翰·洛克菲勒1855年毕业于克里夫兰高级中学，1859年与克拉克合伙开办公司，1870年创立标准石油，1890年创办了美国芝加哥大学，1901年创办了洛克菲勒大学。2009年7月，《福布斯》网站公布了"美国史上十五大富豪"排行榜，约翰·洛克菲勒名列榜首。

14.贝聿铭（1917—2019年），生于广东广州，祖籍江苏苏州，是苏州望族之后。美籍华人建筑师，美国艺术与科学院院士，中国工程院外籍院士，土木专家。

贝聿铭于20世纪30年代赴美，先后在麻省理工学院和哈佛大学学习建筑学。美国建筑界宣布1979年为"贝聿铭年"。他曾获得1979年美国建筑学会金奖、1981年法国建筑学金奖、1989年日本帝赏奖、1983年第五届普利兹克奖及1986年里根总统颁予的自由奖章等，被誉为"现代建筑的最后大师"。

贝聿铭的作品以公共建筑、文教建筑为主，善用钢材、混凝土、玻璃与石材，代表作品有巴黎卢浮宫扩建工程、香港中国银行大厦、苏州博物馆新馆等。

15.曾国藩（1811—1872年），号涤生，晚清时期政治家、战略家、理学家、文学家、书法家，清末汉族地主武装湘军的首领。道光年间进士，曾任内阁学士。他曾鼓吹并推进洋务运动，主张对外坚守"以羁縻为上"，对内修明政事，急求贤才，引进西方的军事和技术。曾国藩与李鸿章、左宗棠、张之洞并称"晚清中兴四大名臣"。封一等毅勇侯，谥号"文正"，后世称"曾文正"。

16. 杰奎琳·杜普蕾（Jacqueline Mary du Pré，1945—1987年），英国大提琴家。5岁即展现过人的禀赋。16岁开始职业生涯，才华与年龄的落差倾倒众生。1973年，被确诊罹患多发性硬化症，遂作别舞台，卒于盛年。她的故事在1998年被改编为电影《无情荒地有琴天》。

17. 迈克尔·乔丹（Michael Jordan），1963年生于美国纽约州布鲁克林，前美国职业篮球运动员，司职得分后卫/小前锋，现为夏洛特黄蜂队老板。

18. 克莱顿·克里斯坦森（Clayton M. Christensen，1952—2020年），哈佛商学院教授，1995年度麦肯锡奖得主。克里斯坦森是"颠覆性技术"这一理念的首创者。他的研究和教学领域集中在新产品和技术开发管理以及如何为新技术开拓市场等方面。代表作为《创新者的窘境》和《创新者的解答》。

19. 查尔斯·罗伯特·达尔文（Charles Robert Darwin，1809—1882年），英国生物学家，进化论的奠基人。曾经乘坐贝格尔号舰做了历时5年的环球航行，对动植物和地质结构等进行了大量的观察和采集。出版《物种起源》，提出了生物进化论，从而摧毁了各种唯心的神造论以及物种不变论。除了生物学外，他的理论对人类学、心理学、哲学的发展都有不容忽视的影响。恩格斯将"进化论"列为19世纪自然科学的三大发现之一（其他两个是细胞学说、能量守恒转化定律）。

20. 本杰明·富兰克林（Benjamin Franklin，1706—1790年），美国政治家、科学家、印刷商和出版商、作家、发明家，以及外交官，美国开国元勋之一。

21. 路德维希·凡·贝多芬（Ludwig van Beethoven，1770—1827年），出生于神圣罗马帝国 - 科隆选侯国的波恩，维也纳古典乐派代表人物之一，欧洲古典主义时期作曲家。贝多芬一生创作题材广泛，重要作品包括9部交响曲、1部歌剧、32首钢琴奏鸣曲、5首钢琴协奏曲、多首管弦乐序曲及小提琴、大提琴奏鸣曲等。因其对古典音乐的重大贡献，对奏鸣曲式和交响曲套曲结构的发展和创新，他被后世尊称为"乐圣""交响乐之王"。

22. 褚时健（1928—2019年），云南红塔集团有限公司和玉溪红塔烟草（集团）有限责任公司原董事长，褚橙创始人，先后两次成功创业，被誉为"中国烟草大王""中国橙王"。

1999年1月9日，71岁的褚时健因巨额贪污和巨额财产来源不明罪被判处无期徒刑。2002年，保外就医后，74岁的褚时健与妻子在玉溪市新平县哀牢山承包荒山种橙，开始第二次创业。

2012年11月，85岁的褚时健种植的"褚橙"通过电商开始售卖，褚橙品质优良，常被销售一空。褚时健成为"中国橙王"。

23. 刘金标，生于1934年，捷安特的创办人暨董事长，以推广自行车运动而闻名，因为他的推广，每年的五月成为"台湾自行车月"。"捷安特"目前是全球营收最高、经营绩效最佳的自行车品牌，在全球拥有4个生产基地、2个原料制造工厂、10多家行销公司、1万多个行销据点，不但在中国市场占有率排名第一，在欧洲也是第一大品牌。

24. 彼得·林奇（Peter Lynch），生于1944年，是一位卓越的股票投资家和证券投资基金经理。他曾是富达公司（Fidelity）的副主席，富达基金托管人董事会成员之一，现已退休，从事慈善事业。

25. 米开朗琪罗·博那罗蒂（Michelangelo Buonarroti，1475—1564年），意大利文艺复兴时期伟大的绘画家、雕塑家、建筑师和诗人，文艺复兴时期雕塑艺术最高峰的代表，与拉斐尔和达·芬奇并称为"文艺复兴后三杰"。米开朗琪罗的代表作有《大卫》《创世纪》等。

26.列奥纳多·达·芬奇（Leonardo da Vinci，1452—1519年），意大利文艺复兴时期的画家、自然科学家、工程师，与米开朗琪罗、拉斐尔并称为"文艺复兴后三杰"（又称"美术三杰"）。达·芬奇思想深邃，学识渊博，擅长绘画、雕刻、发明、建筑，通晓数学、生物学、物理学、天文学、地质学等学科，是人类历史上少见的全才。现代学者称他为"文艺复兴时期最完美的代表"。达·芬奇最大的成就是绘画，他的杰作《蒙娜丽莎》和《最后的晚餐》等作品，体现了其精湛的艺术造诣。达·芬奇的艺术实践和科学探索精神对后世产生了重大而深远的影响。

27.斯蒂芬·威廉·霍金（Stephen William Hawking，1942—2018年），生于英国牛津，获剑桥大学博士学位，现代最伟大的物理学家之一，20世纪享有国际盛誉的伟人之一。

1963年，霍金21岁时患上肌肉萎缩性侧索硬化症，全身瘫痪，不能言语，手部只有三根手指可以活动。1979—2009年任卢卡斯数学教授，主要研究领域是宇宙论和黑洞，证明了广义相对论的奇性定理和黑洞面积定理，提出了黑洞蒸发理论和无边界的霍金宇宙模型，在统一20世纪物理学的两大基础理论——爱因斯坦创立的相对论和普朗克创立的量子力学方面走出了重要一步。获得CH（英国荣誉勋爵）、CBE（大英帝国司令勋章）、FRS（英国皇家学会会员）、FRSA（英国皇家艺术协会会员）等荣誉。预言2600年能源消耗增加，地球或将变成"火球"。

28.史蒂夫·乔布斯（Steve Jobs，1955—2011年），生于美国加利福尼亚州旧金山，美国发明家、企业家、苹果公司联合创始人。

29.比尔·盖茨（Bill Gates），1955年生于美国华盛顿州西雅图，企业家、软件工程师、慈善家、微软公司创始人、中国工程院外籍院士。曾任微软董事长、CEO和首席软件设计师。

30.任正非，1944年生于贵州省镇宁县，毕业于重庆大学，华为技术有限公司主要创始人兼总裁。

31.卡尔·海因里希·马克思（Karl Heinrich Marx，1818—1883年），马克思主义的创始人之一，第一国际的组织者和领导者，马克思主义政党的缔造者之一，全世界无产阶级和劳动人民的革命导师，无产阶级的精神领袖，国际共产主义运动的开创者。主要著作有《共产党宣言》《资本论》等。马克思创立的广为人知的哲学思想为历史唯物主义，其最大的愿望是实现个人的全面而自由的发展。

32.袁隆平（1930—2021年），生于北京，无党派人士，江西省九江市德安县人。享誉海内外的著名农业科学家，中国杂交水稻事业的开创者和领导者，"共和国勋章"获得者，湖南省政协原副主席，国家杂交水稻工程技术研究中心原主任，中国工程院院士，被誉为"杂交水稻之父"。

33.彼得·德鲁克（Peter F. Drucker，1909—2005年），被誉为"现代管理学之父"，其著作影响了数代追求创新以及最佳管理实践的学者和企业家们，各类商业管理课程也都深受彼得·德鲁克思想的影响。

34.司马迁（公元前145年或公元前135年—卒年不可考），字子长，西汉史学家、文学家、思想家。28岁任太史令，继承父业，著述历史。后因替李陵败降之事辩解而受宫刑，调任中书令，发奋继续完成所著史籍。他以"究天人之际，通古今之变，成一家之言"的史识创作了中国第一部纪传体通史《史记》（原名《太史公书》），被公认为中国史书的典范。

35.大卫·休谟（David Hume，1711—1776年），苏格兰不可知论哲学家、经济学家、历史学家，被视为苏格兰启蒙运动以及西方哲学历史中最重要的人物之一。

36. 艾萨克·牛顿（Isaac Newton，1643—1727年），爵士，英国皇家学会会长，英国著名的物理学家、数学家，百科全书式的全才，著有《自然哲学的数学原理》《光学》。他在1687年发表的论文《自然定律》里，对万有引力和三大运动定律进行了描述，奠定了现代工程学的基础。他通过论证开普勒行星运动定律与他的引力理论间的一致性，展示了地面物体与天体的运动都遵循着相同的自然定律，为太阳中心说提供了强有力的理论支持，并推动了科学革命。在经济学上，牛顿提出了金本位制度。

37. 克里斯托弗·哥伦布（Cristoforo Colombo，1451—1506年），生于中世纪的热那亚共和国（今意大利西北部）。意大利探险家、航海家，大航海时代的主要人物之一，是地理大发现的先驱者。哥伦布的航海带来了第一次欧洲与美洲的持续接触，并且开辟了后来延续几个世纪的欧洲探险和殖民海外领地的大时代，这些对现代西方世界的历史发展有着不可估量的影响。

38. 亚当·斯密（Adam Smith，1723—1790年），生于苏格兰法夫郡，英国经济学家、哲学家、作家，经济学的主要创立者。亚当·斯密强调自由市场、自由贸易以及劳动分工，被誉为"古典经济学之父""现代经济学之父"。

39. 亨利·福特（Henry Ford，1863—1947年），美国汽车工程师与企业家，福特汽车公司的建立者。他开发了世界上第一条汽车装配流水线并投入生产。这种新的生产方式使汽车成为一种大众产品，对现代社会和文化的发展产生了巨大的影响。美国学者麦克·哈特所著的《影响人类历史进程的100名人排行榜》一书中，亨利·福特是唯一上榜的企业家。

40. 松下幸之助（1894—1989年），生于日本和歌山县，20世纪实业家、发明家，日本著名公司松下电器的创始人。创立"终身雇佣制""年功序列"等管理制度，被称为"日本经营之神"。

41. 艾伦·麦席森·图灵（Alan Mathison Turing，1912—1954年），英国数学家、逻辑学家，被称为"计算机科学之父""人工智能之父"。1931年，图灵进入剑桥大学国王学院，毕业后到美国普林斯顿大学攻读博士学位，第二次世界大战爆发后回到剑桥，后曾协助军方破解德国的著名密码系统Enigma，帮助盟军取得了"二战"的胜利。

42. 李彦宏，生于1968年，山西阳泉人，无党派人士。百度创始人、董事长兼首席执行官。

1991年，李彦宏毕业于北京大学信息管理专业，随后前往美国纽约州立大学布法罗分校攻读计算机科学硕士学位，先后担任道·琼斯公司高级顾问，《华尔街日报》网络版实时金融信息系统设计者，Infoseek公司资深工程师。2000年1月，李彦宏创立百度，并持有"超链分析"技术专利。2018年1月19日，李彦宏成为《时代》周刊亚洲版的封面人物。2018年12月18日，党中央、国务院授予李彦宏改革先锋称号，颁授改革先锋奖章。

43. 伯特兰·阿瑟·威廉·罗素（Bertrand Arthur William Russell，1872—1970年），英国哲学家、数学家、逻辑学家、历史学家、文学家，分析哲学的主要创始人，世界和平运动的倡导者和组织者，主要作品有《西方哲学史》《哲学问题》《心的分析》《物的分析》等。1950年获诺贝尔文学奖。

44. 阿尔弗雷德·贝恩哈德·诺贝尔（Alfred Bernhard Nobel，1833—1896年），生于斯德哥尔摩，瑞典化学家、工程师、发明家、军工装备制造商及矽藻土炸药的发明者。

诺贝尔一生拥有355项专利发明，并在欧美等五大洲20个国家开设了约100家公司和工厂，积累了巨额财富。

1895年，诺贝尔立嘱将其遗产的大部分（约920万美元）作为基金，将每年所得利息分为5份，设立诺贝尔奖，分为物理学奖、化学奖、生理学或医学奖、文学奖、和平奖5种（1968年瑞典银行增设经济学奖），授予世界各国在这些领域对人类做出重大贡献的人。为了纪念诺贝尔做出的贡献，人造元素锘（Nobelium）以诺贝尔命名。

45. 埃隆·里夫·马斯克（Elon Reeve Musk），1971年生于南非的行政首都比勒陀利亚，企业家、工程师、慈善家、美国国家工程院院士，他同时具有南非、加拿大和美国三重国籍。现任太空探索技术公司（SpaceX）CEO兼CTO、特斯拉（TESLA）公司CEO、太阳城公司（SolarCity）董事会主席。2012年5月31日，马斯克旗下公司SpaceX的"龙"太空舱成功与国际空间站对接后返回地球，开启了太空运载的私人运营时代。2018年2月7日4点45分，SpaceX公司的"重型猎鹰"运载火箭在美国肯尼迪航天中心首次成功发射，并成功完成两枚一级助推火箭的完整回收。2021年12月13日，马斯克被评为《时代》周刊2021年度人物。

46. 保罗·格雷厄姆（Paul Graham），生于1965年，美国著名程序员、风险投资家、技术作家。

47. 范蠡（公元前536年—公元前448年），春秋末期政治家、军事家、谋略家、经济学家和道家学者，越国相国、上将军。曾献策扶助越王勾践复国，兴越灭吴，功成名就之后急流勇退。世人誉之："忠以为国，智以保身，商以致富，成名天下。"

因范蠡一生艰苦创业、三致千金，又能广散钱财救济贫民，加之其经商思想的巨大影响力，范蠡去世后逐渐被后世尊为财神、商圣、商祖。

48. 温斯顿·伦纳德·斯宾塞·丘吉尔（Winston Leonard Spencer Churchill，1874—1965年），英国政治家、历史学家、画家、演说家、作家、记者，出身于贵族家庭，父亲伦道夫勋爵曾任英国财政大臣。

丘吉尔于1940—1945年和1951—1955年两度出任英国首相，被认为是20世纪最重要的政治领袖之一，在第二次世界大战中领导英国人民赢得了战争的胜利，是雅尔塔会议"三巨头"之一。他写的《不需要的战争》获1953年诺贝尔文学奖，著有《第二次世界大战回忆录》16卷、《英语民族史》24卷等。丘吉尔是历史上掌握英语单词数量最多的人之一（12万多），被美国杂志《人物》列为近百年来世界最有说服力的八大演说家之一，曾荣获诺贝尔和平奖提名。2002年，英国BBC发起了一个名为"最伟大的100名英国人"的调查，结果丘吉尔获选为有史以来最伟大的英国人。

49. 富兰克林·德拉诺·罗斯福（Franklin Delano Roosevelt，1882—1945年），美国第32任总统（1933—1945年），美国历史上首位连任四届（病逝于第四届任期）的总统。

在20世纪30年代经济大萧条期间，罗斯福推行新政，提供失业救济，并成立众多机构来改革经济和银行体系，从经济危机的深渊中挽救了美国。1941年珍珠港事件发生后，罗斯福力主对日本宣战，并引进了价格管制和配给。罗斯福以租借法案使美国转变为"民主国家的兵工厂"，使美国成为同盟国主要的军火供应商和融资者。

罗斯福是第二次世界大战期间反法西斯同盟阵营的领导人之一，也是美国历史上在任时间最长的总统，他所发起的一些计划现在仍继续在美国的商贸中扮演重要角色，其任内设立的一些制度得到保留。他曾多次被评为美国最佳总统。2006年，他被美国权威期刊《大西洋月刊》评为影响美国的100位人物第4名。

50. 约翰·奈斯比特（1929—2021年），世界著名的未来学家，埃森哲评选的全球50位管理大师之一。

1963年，约翰·奈斯比特被肯尼迪总统任命为教育部助理部长，还曾任约翰逊总统的特别助理。主要代表著作为《大趋势》，与威廉·怀特的《组织的人》、阿尔文·托夫勒的《未来的冲击》并称为"能够准确把握时代发展脉搏"的三大巨著。

51. 拿破仑·波拿巴（Napoléon Bonaparte，1769—1821年），19世纪法国伟大的军事家、政治家，法兰西第一帝国的缔造者。历任法兰西第一共和国第一执政（1799—1804年），法兰西第一帝国皇帝（1804—1815年）。

拿破仑对内多次镇压反动势力的叛乱，颁布了《拿破仑法典》，完善了世界法律体系，奠定了西方资本主义国家的社会秩序。对外率军五破英、普、奥、俄等国组成的反法联盟，打赢五十余场大型战役，沉重地打击了欧洲各国的封建制度，捍卫了法国大革命的成果。他在法国执政期间多次对外扩张，发动了拿破仑战争，成为意大利国王、莱茵联邦的保护者、瑞士联邦的仲裁者、法兰西帝国殖民领主（包含各法国殖民地、荷兰殖民地、西班牙殖民地等）。在最辉煌的时期，欧洲除英国外，其余各国均向拿破仑臣服或与其结盟，形成了庞大的拿破仑帝国体系，创造了一系列军政奇迹与短暂的辉煌成就。

52. 沃伦·巴菲特（Warren E. Buffett），1930年生于美国内布拉斯加州的奥马哈市，经济学硕士，现任伯克希尔·哈撒韦公司董事长和首席执行官。他是全球著名的投资家，主要投资品种有股票、基金。

53. 刘邦（公元前247年—公元前195年），沛县人，中国历史上杰出的政治家、战略家，汉朝开国皇帝，对汉族的发展以及中国的统一有突出贡献。

刘邦出身农家，为人豁达大度，早年不事生产。秦朝建立后，出任沛县泗水亭长。后因释放刑徒，亡匿于芒砀山中。陈胜起义后，集合三千子弟响应，攻占沛县，自称沛公，投奔反秦义军首领项梁，任砀郡长，受封武安侯。秦二世三年（公元前207年），率军进驻灞上，接受秦王子婴投降，废除秦朝苛法，约法三章。鸿门宴之后，受封为汉王，统治巴蜀及汉中一带。他能够知人善任，虚心纳谏，充分发挥部下的才能，积极整合反对西楚霸王项羽的力量，最终击杀项羽，于汉五年（公元前202年）赢得楚汉之争，统一天下。

54.秦始皇嬴政（公元前259年—公元前210年），中国古代杰出的政治家、战略家、改革家，首次完成中国大一统的政治人物，也是中国第一个称皇帝的君主。自公元前230年至公元前221年，先后灭韩、赵、魏、楚、燕、齐六国，完成了统一中国的大业，建立起一个中央集权的统一的多民族国家——秦朝。秦王嬴政认为自己"德兼三皇，功过五帝"，遂采用三皇之"皇"、五帝之"帝"构成"皇帝"的称号，是中国历史上第一个使用"皇帝"称号的君主，所以自称"始皇帝"。同时在中央设置三公九卿，管理国家大事；地方上废除分封制，代以郡县制；同时书同文，车同轨，统一货币、度量衡。对外北击匈奴，南征百越，修筑万里长城；修筑灵渠，沟通长江和珠江水系。但是到了晚年，秦始皇求仙梦想长生，苛政虐民，扼杀民智，动摇了秦朝统治的根基。公元前210年，秦始皇东巡途中驾崩于邢台沙丘。

55.梅耶·阿姆斯洛·罗斯柴尔德（Mayer Amschel Rothschild，1744—1812年），罗斯柴尔德家族的创始人。罗斯柴尔德家族起源于德国，从18世纪开始在欧洲建立银行和金融机构。罗斯柴尔德家族是给铁路和苏伊士运河提供资本以及为基础设施项目融资的先驱，塑造了当今国际金融界的运作方式。19世纪的罗斯柴尔德家族有"第六帝国"之称。罗斯柴尔德家族控制全球经济命脉近两个世纪，其鼎盛时所掌控的财富占当时全球财富的近一半。

56. 约翰·皮尔庞特·摩根（John Pierpont Morgan Sr., 1837—1913年），美国银行家、艺术收藏家。

摩根于1861年创立摩根商行；1892年撮合爱迪生通用电力公司与汤姆逊－休士顿电力公司合并成为通用电气公司；1901年组建美国钢铁公司。

57. 托马斯·阿尔瓦·爱迪生（Thomas Alva Edison，1847—1931年），生于美国俄亥俄州米兰镇，逝世于美国新泽西州西奥兰治。世界著名的发明家、物理学家、企业家，被誉为"世界发明大王"。拥有的发明专利超过2000项，被称为"门洛帕克的奇才"。爱迪生是人类历史上第一个利用大量生产原则和电气工程研究的实验室来进行发明并对世界产生深远影响的人。

58. 马克·吐温（Mark Twain，1835—1910年），美国作家、演说家。代表作有《百万英镑》《哈克贝利·费恩历险记》《汤姆·索亚历险记》等。

59. 安迪·格鲁夫（Andy Grove，1936—2016年），出生于匈牙利，犹太裔美国著名企业家、工程师，毕业于美国著名高等学府加利福尼亚大学伯克利分校（1963年，博士）。他参与英特尔公司的创建并主导了公司在1980—2000年的发展，1998年当选为《时代》周刊年度世界风云人物。

60. 戈登·摩尔（Gordon Moore，1929—2023年），生于旧金山佩斯卡迪诺，美国科学家、企业家，英特尔公司创始人之一。

戈登·摩尔于1965年提出"摩尔定律"，1968年创办英特尔公司，1987年将CEO的位置交给安迪·格鲁夫，1990年被老布什总统授予"国家技术奖"，2000年创办拥有50亿美元资产的基金会。

2021年4月，2021年福布斯全球富豪榜发布，戈登·摩尔以121亿美元位列第182名。

61. 山姆·沃尔顿（Sam Walton，1918—1992年），沃尔玛创始人，山姆会员店创始人，1985年成为美国首富，1992年获老布什总统颁赠的自由奖章。

62. 刘备（161—223年），字玄德，西汉中山靖王刘胜之后，三国时期蜀汉开国皇帝。

63. 武曌（624—705年），即武则天。唐朝至武周时期政治家，武周开国君主（690—705年在位），是中国历史上唯一的正统女皇帝，也是即位年龄最大及寿命最长的皇帝之一。

64. 赵匡胤（927—976年），五代至北宋初年军事家、政治家、战略家，宋朝开国皇帝（960—976年在位）。在"陈桥兵变"中被拥立为帝，并回京逼迫后周恭帝禅位。同年，赵匡胤登基为帝，改元建隆，国号"宋"，史称宋朝或北宋。

赵匡胤在位期间，依据宰相赵普"先南后北、先易后难"的策略，先后灭亡荆南、武平、后蜀、南汉及南唐南方割据政权，完成了全国大部的统一。通过两次"杯酒释兵权"，罢去禁军将领及地方藩镇的兵权，加强中央集权，解决了自唐朝中叶以来地方节度使拥兵自擅的局面。今有诗作《咏初日》传世。

65. 孛儿只斤·忽必烈（1215—1294年），成吉思汗铁木真之孙，大蒙古国第五任可汗及元朝开国皇帝（1260—1294年在位）。

忽必烈是少数能够重视汉文化，推崇儒术的蒙古统治者之一。在位期间，建立包括行省制在内的各项制度，加强对边地的控制，注重农桑，倡办学校，使社会经济得以恢复、发展。马可·波罗尊崇其为"诸君主之大君主或皇帝"。《新元史》赞其统治"纪纲法度灿然明备，致治之隆，庶几贞观"。

66. 朱元璋（1328—1398 年），明朝开国皇帝。朱元璋幼时贫穷，曾为地主放牛。二十五岁参加郭子兴领导的红巾军，反抗元朝。他陆续消灭陈友谅、张士诚等割据势力，并以"驱逐胡虏，恢复中华"为号召，派遣徐达、常遇春举兵北伐，以推翻元朝统治。

朱元璋在位期间，政治上，强化中央集权制度，废除丞相和行中书省，设三司分掌地方权力，严惩贪官和不法勋贵；军事上，实施卫所制度；经济上，大搞移民屯田和军屯，兴修水利，减免赋税，丈量全国土地，清查户口等；文化上，紧抓教育，大兴科举，建立国子监培养人才；对外关系上，确立"不征之国"。在他的统治下，社会生产逐渐恢复和发展。

67. 阿尔伯特·爱因斯坦（Albert Einstein，1879—1955 年），生于德国巴登－符腾堡州乌尔姆市，美国和瑞士双国籍的犹太裔物理学家。1905 年，爱因斯坦获苏黎世大学物理学博士学位，并提出光子假设，成功解释了光电效应（因此获得 1921 年诺贝尔物理学奖），同年创立狭义相对论，1915 年创立广义相对论，1933 年移居美国，在普林斯顿高等研究院任职。1999 年 12 月，爱因斯坦被美国《时代》周刊评选为 20 世纪的"世纪伟人"。

68. 杨振宁，1922 年生于安徽合肥，物理学家，1957 年获诺贝尔物理学奖。1997 年，国际小行星中心将编号 3421 号的小行星命名为"杨振宁星"。杨振宁在粒子物理学、统计力学和凝聚态物理等领域做出了里程碑式的贡献。20 世纪 50 年代与 R.L. 米尔斯合作提出非阿贝尔规范场理论；1956 年与李政道合作提出弱相互作用中宇称不守恒定律；在粒子物理和统计物理方面做了大量开拓性工作，提出杨－巴克斯特方程，开辟量子可积系统和多体问题研究的新方向等。杨振宁还推动了香港中文大学数学科学研究所、清华大学高等研究中心、南开大学理论物理研究室和中山大学高等学术研究中心的成立。

69. 阿诺德·施瓦辛格（Arnold Schwarzenegger），1947年生于奥地利施蒂里亚州格拉茨市塔尔村，美国演员、导演、制片人、奥林匹亚先生、健美运动员、政治家，曾任加利福尼亚州州长，拥有美国和奥地利双重国籍。

70. 苏世民（史蒂芬·施瓦茨曼，Stephen Schwarzman），美国黑石集团共同创始人、全球主席兼首席执行官。"苏世民学者"项目始于2013年4月，苏世民宣布以个人名义捐赠1亿美元在清华大学创立奖学金项目，每年资助来自世界各地的学生在清华大学攻读为期一年的硕士项目。截至2016年，该项目已募集到了4.35亿美元。

2020年1月2日，《福布斯》发布2019年美国慈善捐赠榜，苏世民以1.88亿美元的捐款排名第六位。

71. 杰克·韦尔奇（Jack Welch，1935—2020年），生于美国马萨诸塞州塞勒姆市，1960年毕业于伊利诺伊大学，获化学博士学位，毕业后加入通用电气塑胶事业部。1971年底，韦尔奇成为通用化学与冶金事业部总经理，并不断晋升。1979年8月成为通用公司副董事长。1981年4月，年仅45岁的杰克·韦尔奇成为通用电气历史上最年轻的董事长和CEO。在短短20年间，这位商界传奇人物使通用电气的市场资本增长了30多倍，达到了4100亿美元，排名从世界第十提升到第一。他所推行的"六西格玛"标准、全球化和电子商务，几乎重新定义了现代企业。

2001年9月，杰克·韦尔奇退休，他被誉为"最受尊敬的CEO""全球第一CEO""美国当代最成功、最伟大的企业家"。

72. 李隆基（685—762年），唐朝在位时间最长的皇帝（712—756年在位）。李隆基在位前期，注意拨乱反正，任用姚崇、宋璟等贤相，励精图治，开创了唐朝的极盛之世——开元盛世。在位后期逐渐怠慢朝政，宠信奸臣李林甫、杨国忠等，宠爱杨贵妃，加上政策失误和重用安禄山等，结果导致了后来长达八年的安史之乱,为唐朝由盛转衰埋下伏笔。

73. 奥托·爱德华·利奥波德·冯·俾斯麦(Otto Eduard Leopold von Bismarck,1815—1898年),德意志帝国首任宰相,人称"铁血宰相""德国的建筑师""德国的领航员"。

74. 屠呦呦,1930年生于浙江宁波,1951年考入北京大学医学院药学系生药专业。多年从事中药和西药结合研究,突出贡献是创制新型抗疟药青蒿素和双氢青蒿素。1972年成功提取分子式为$C_{15}H_{22}O_5$的无色结晶体,命名为青蒿素。2011年9月,因发现青蒿素——一种用于治疗疟疾的药物,挽救了全球特别是发展中国家数百万人的生命,获得拉斯克奖和葛兰素史克中国研发中心"生命科学杰出成就奖"。2015年10月,获得诺贝尔生理学或医学奖,成为首获科学类诺贝尔奖的中国人。

75. 康有为(1858—1927年),中国晚清时期重要的政治家、思想家、教育家,资产阶级改良派的代表人物。光绪二十一年(1895年)得知《马关条约》签订,联合1300多名举人上万言书,即"公车上书"。

76. 于敏(1926—2019年),核物理学家,国家最高科技奖获得者,共和国勋章获得者。

77. 罗伯特·艾格(Robert A.Iger),1951年生于美国纽约长岛,毕业于美国伊萨卡学院,现任华特迪士尼公司执行主席兼董事会主席。

78. 瑞·达利欧(Ray Dalio),1949年生于美国纽约,桥水基金的创始人,现任桥水投资公司董事长,著作有《原则》《债务危机》。

79. 艾德·卡特姆(Ed Catmull),生于1945年,皮克斯动画工作室联合创始人、总裁。2006年皮克斯加入迪士尼后,同时担任皮克斯动画工作室和迪士尼动画工作室的总裁。他荣获过5次奥斯卡奖,其中包括戈登·索伊尔科学技术终身成就奖。乔布斯曾称赞艾德·卡特姆"极为明智""极具自知之明""思想深邃""非常、非常聪明"并具有"抚慰人心的力量"。

80.莫罕达斯·卡拉姆昌德·甘地（Mohandas Karamchand Gandhi，1869—1948年），被尊称为"圣雄甘地"，印度民族解放运动的领导人，印度国民大会党领袖。

81.本·伯南克（Ben Shalom Bernanke），1953年生于美国佐治亚州，美国经济学家，美国联邦储备委员会前主席。1979年获得麻省理工学院博士学位。2002年被布什总统任命为美联储理事。2005年6月，伯南克担任总统经济顾问委员会主席。2006年2月1日，接任格林斯潘出任美联储主席。2009年12月，伯南克当选美国《时代》周刊2009年度人物。2010年1月28日，获得美国国会参议院最终投票，确认连任。

82.阿尔贝·加缪（Albert Camus，1913—1960年），法国作家、哲学家，存在主义（有争议）文学、"荒诞哲学"的代表人物。主要作品有《局外人》《鼠疫》等。加缪于1957年获得诺贝尔文学奖，在20世纪50年代以前，他一直被看作是存在主义者。

83.雅克·莫诺（Jacques Lucien Monod，1910—1976年），法国生物化学家。1941年在巴黎大学获博士学位，并留校工作直至1945年。与弗朗索瓦·雅各布一起，为阐明基因如何通过指导酶的生物合成来调控细胞代谢做出了很大贡献。两人与安德列·利沃夫共同获得了1965年的诺贝尔生理学或医学奖。

84.塞勒斯·韦斯特·菲尔德（Cyrus West Field，1819—1892年），美国实业家，以经营造纸业起家，后集资铺设第一条横越大西洋、连接欧美两洲的海底电报电缆。

85.弗里德里希·威廉·尼采（Friedrich Wilhelm Nietzsche，1844—1900

年），哲学家、语文学家、文化评论家、诗人、作曲家、思想家。主要著作有《权力意志》《悲剧的诞生》《不合时宜的考察》《查拉图斯特拉如是说》《希腊悲剧时代的哲学》《论道德的谱系》等。

86. 雷军，1969年生于湖北省仙桃市，小米公司创始人。雷军曾获中国经济年度人物、十大财智领袖人物、中国互联网年度人物等多项国内外荣誉，并当选《福布斯》（亚洲版）2014年度商业人物。2017年12月，荣获2017"质量之光"年度质量人物奖。

87. 詹姆斯·瓦特（James Watt，1736—1819年），英国发明家、企业家，第一次工业革命的重要人物。1776年制造出第一台有实用价值的蒸汽机，以后又经过一系列重大改进，使之成为"万能的原动机"，在工业上得到广泛应用。他开辟了人类利用能源的新时代，使人类进入"蒸汽时代"。后人为了纪念这位伟大的发明家，把功率的单位定为"瓦特"。

88. 玛丽·居里（Marie Curie，1867—1934年），出生于华沙，世称"居里夫人"，法国著名波兰裔物理学家、化学家。

1903年，居里夫妇和贝克勒尔由于对放射性的研究而共同获得诺贝尔物理学奖；1911年，因发现元素钋和镭再次获得诺贝尔化学奖，因而成为世界上第一个两获诺贝尔奖的人。居里夫人的成就包括开创了放射性理论、发明分离放射性同位素技术、发现两种新元素钋和镭。在她的指导下，人们第一次将放射性同位素用于治疗癌症。由于长期接触放射性物质，居里夫人于1934年7月4日因再生障碍性恶性贫血逝世。

89. 蒲松龄（1640—1715年），别号柳泉居士，清代杰出文学家，优秀短篇小说家，著有《聊斋志异》。

90. 纳尔逊·罗利赫拉赫拉·曼德拉（Nelson Rolihlahla Mandela，1918—2013年），生于南非特兰斯凯，先后获南非大学文学士和威特沃特斯兰德大学律师资格。曾任南非非洲人国民大会青年联盟全国书记、主席。于1994年至1999年间任南非总统，是首位黑人总统，被尊称为"南非国父"。

91. 曹德旺，1946年生于上海，福耀玻璃工业集团股份有限公司创始人、董事长。1987年成立福耀玻璃集团，目前是中国第一、世界第二的汽车玻璃制造商。他是不行贿的企业家，自称"没送过一盒月饼"，以人格做事；他是行善的佛教徒，从1983年第一次捐款至2020年，累计个人捐款已达110亿元，认为财施不过是"小善"。2009年5月，曹德旺获得有"企业界奥斯卡"之称的"安永全球企业家大奖"，是首位华人获得者。2014年12月，自传性著作《心若菩提》正式出版。

92. 王传福，生于1966年，安徽芜湖人。1995年创办比亚迪公司，短短几年时间，比亚迪发展成为中国第一、全球第二的充电电池制造商，2003年进入汽车行业。2018年，王传福入选《改革开放40年百名杰出民营企业家名单》。在2021福布斯中国最佳CEO榜中排名第3位。

93. 维克多·弗兰克尔（Viktor Emil Frankl，1905—1997年），生于奥地利维也纳一个贫穷的犹太家庭，是维也纳第三心理治疗学派——意义治疗与存在主义分析的创始人。

94. 亚伯拉罕·林肯（Abraham Lincoln，1809—1865年），美国政治家、战略家，第16任美国总统。林肯是首位共和党籍总统，在任期间主导废除了美国黑人奴隶制。在美国爆发南北战争期间，林肯坚决反对国家分裂。他废除了叛乱各州的奴隶制，击败了南方分离势力，维护了美利坚联邦及其领土上不分人种、人人生而平等的权利。

2006年，亚伯拉罕·林肯被美国的权威期刊《大西洋月刊》评为影响美国的100位人物第1名。2008年，英国《泰晤士报》对43位美国总统分别以不同的标准进行了排名，亚伯拉罕·林肯位列第一。

95. 李开复，1961年生于中国台湾新北市中和区，毕业于卡内基梅隆大学，获计算机科学博士学位，后担任副教授。2009年9月，李开复从谷歌离职后创办创新工场，并任董事长兼首席执行官。

96. 马克·艾略特·扎克伯格（Mark Elliot Zuckerberg），1984年生于美国纽约州白原市，社交网站Facebook（脸书）的创始人兼首席执行官，被人们冠以"第二盖茨"的美誉。2002年毕业于艾克塞特学校；2004年创办社交网站Facebook；2017年5月获哈佛大学荣誉法学博士学位。2019年3月，扎克伯格以623亿美元财富在2019年福布斯全球亿万富豪榜中居第8位。在2020年胡润全球少壮派白手起家富豪榜中居第1位。

97. 亚历山大·汉密尔顿（Alexander Hamilton，1755—1804年），美国政治家、军人、经济学家，美国开国元勋（美国国父）之一，美国制宪会议代表及《美国宪法》起草人和签署人之一，美国第一任财政部长，美国政党制度创建者。

98. 乔治·华盛顿（George Washington，1732—1799年），美国政治家、军事家、革命家，首任总统，美国开国元勋之一。

99. 王永庆（1917—2008年），中国台湾著名的企业家，台塑集团创办人，被誉为中国台湾的"经营之神"。1954年筹资创办台塑公司，1957年建成投产。依靠"坚持两权彻底分离"的管理制度，台塑集团发展成为台湾企业的"王中之王"。

100. 维多利亚女王（Alexandrina Victoria，1819—1901年）是大不列颠及爱尔兰联合王国女王。她于1837年6月20日继位，1838年6月28日在威斯敏斯特教堂加冕，1876年5月1日加冕为印度女皇。维多利亚女王的在位时间长达64年。她也是第一个以"大不列颠及爱尔兰联合王国女王和印度女皇"的名号称呼的英国女王。她在位时（1837—1901年）是英国最强的"日不落帝国"时期，英国历史上称为"维多利亚时代"。此时，英国加大殖民扩张，在一定范围内建立和占领了很多殖民地。她在位的几十年正值英国自由资本主义由方兴未艾到顶尖、进而过渡到垄断资本主义的转变时期，经济、文化空前繁荣，君主立宪制得到充分发展，维多利亚女王因而被视为英国和平与繁荣的象征。

101. 苏轼（1037—1101年），字子瞻，号东坡，眉州眉山人，北宋文学家、书法家、美食家、画家，历史治水名人。

102. 杰夫·贝索斯（Jeff Bezos），生于1964年，毕业于美国普林斯顿大学。创办了全球最大的网上书店Amazon（亚马逊），1999年当选为《时代》周刊年度人物。2013年8月，贝索斯以个人名义花费2.5亿美元收购《华盛顿邮报》。

2015年9月29日，《福布斯》发布美国富豪400强榜单，杰夫·贝索斯以470亿美元净资产排名第四。

103. 蒂姆·库克（Timothy Donald Cook），1960年生于美国阿拉巴马州，现任苹果公司首席执行官，清华大学经济管理学院顾问委员会主席。

104. 袁伟民，1939年生于江苏苏州，毕业于南京体育学院，前中国排球运动员，中国女排前主教练，国家体育总局前局长。1974年宣布退役后，袁伟民出任国家女子排球队主教练，使中国女排在世界排坛上首次取得"三连冠"的历史性突破。在第三届世界杯女子排球赛上，袁伟民获最佳教练员奖。

105. 郎平，1960年生于中国天津市武清区，前中国女子排球运动员，奥运冠军，中国排球学院院长，中国排球协会副主席，中国女排原总教练。

106. 李光耀（Lee Kuan Yew，1923—2015年），新加坡人民行动党创始

人之一。曾任新加坡总理（开国元首）、新加坡最高领导人、国务资政以及内阁资政。李光耀为新加坡的独立及崛起做出了卓越贡献，被誉为"新加坡国父"。

107. 弗里德里希·恩格斯（Friedrich Engels，1820—1895年），德国思想家、哲学家、革命家、教育家、军事理论家，是全世界无产阶级和劳动人民的伟大导师和领袖、马克思主义创始人之一。

108. 夏尔·安德烈·约瑟夫·马里·戴高乐（Charles André Joseph Marie de Gaulle，1890—1970年），法国军事家、政治家、外交家、作家，法兰西第五共和国的创建者。法国人民尊称他为"戴高乐将军"。第二次世界大战期间，创建并领导自由法国政府抗击德国的侵略；在战后成立法兰西第五共和国并担任第一任共和国总统。在他任总统期间，提倡东西方"缓和与合作"。

109. 亚伯拉罕·沃尔德（Abraham Wald，1902—1950年），生于奥匈帝国，统计学家。1938年，纳粹德国吞并了奥地利，为了避难，沃尔德离开欧洲，前往美国。沃尔德在哥伦比亚大学做统计推断理论方面的研究工作，写出了一些有开创性的学术论文，对统计理论的发展有重大的影响。

110. 张艺谋，1950年生于陕西西安，中国电影导演，"第五代导演"代表人物之一，执导的商业片多次夺得年度华语片票房冠军。曾任第18届东京国际电影节评委会主席和第64届威尼斯国际电影节评委会主席。2008年担任北京奥运会开幕式和闭幕式总导演，并提名美国《时代》周刊年度人物。2016年担任中国G20杭州峰会文艺演出总导演。2017年执导动作电影《影》，获得第55届金马奖最佳导演奖。2019年担任庆祝中华人民共和国成立70周年联欢活动总导演。2022年担任北京冬奥会和冬残奥会开幕式和闭幕式总导演。

111. 马丁·路德·金（Martin Luther King, Jr, 1929—1968 年），非裔美国人，生于美国佐治亚州亚特兰大，美国牧师、社会活动家、黑人民权运动领袖。著名演讲为《我有一个梦想》。

112. 孟德斯鸠（Charles de Secondat Montesquieu, 1689—1755 年），法国启蒙思想家、法学家。孟德斯鸠不仅是 18 世纪法国启蒙时代的著名思想家，也是近代欧洲国家比较早的系统研究古代东方社会与法律文化的学者之一。孟德斯鸠的著述虽然不多，但影响广泛，代表作有《论法的精神》《波斯人信札》《罗马盛衰原因论》，尤其是《论法的精神》这部集大成的著作，奠定了近代西方政治与法律理论发展的基础，也在很大程度上影响了欧洲人对东方政治与法律文化的看法。

113. 马静芬，生于 1932 年，褚时健夫人，褚橙庄园董事长，云南褚马昱辉农业发展有限公司董事长。2013 年春，马静芬和老伴褚时健正式启动"褚橙庄园"项目。

114. 吕坤（1536—1618 年），字叔简，号新吾，明代归德府宁陵（今河南省商丘市宁陵县）人。万历二年进士，曾任山西巡抚，留意风教，举措公明，擢刑部侍郎。立朝持正，以是为小人所不悦，欲中以奇祸，遂致仕，年八十三卒。著有《呻吟语》《去伪斋文集》等。

115. 谢安（320—385 年），字安石，东晋时期政治家，名士。在淝水之战中，谢安作为东晋一方的总指挥，以八万兵力打败了号称百万的前秦军队，使晋室得以存续。战后因功名太盛而被孝武帝猜忌，被迫前往广陵避祸。太元十年（385 年），谢安病逝，获赠太傅、庐陵郡公，谥号"文靖"。

116. 司马懿（179—251 年），字仲达，三国时期曹魏政治家、军事谋略家、权臣，西晋王朝的奠基人之一。

117. 张英（1638—1708 年），字敦复，又字梦敦，安徽桐城人。清朝大臣，深得康熙帝器重。每逢康熙帝出行，张英必从，一时制诰多出其手。康熙三十八年（1699年），拜文华殿大学士，兼礼部尚书。张英性情温和，不图虚名。任讲筵官时，民生利病，四方水旱，知无不言。康熙帝曾称赞道："张英始终敬慎，有古大臣风。"

118. 张廷玉（1672—1755年），字衡臣，安徽桐城人。清朝杰出的政治家，保和殿大学士，领班军机大臣。谥号"文和"，配享太庙，是整个清朝唯一配享太庙的文臣，也是唯一配享太庙的汉臣。

119. 谷爱凌（Gu Ailing Eileen），2003年生于美国加利福尼亚州旧金山，中国女子自由式滑雪运动员。她是国际雪联第一位自由式滑雪女子U型场地大满贯，也是中国首位在世界极限运动会夺金的运动员。

120. 曹操（155—220年），字孟德，沛国谯县（今安徽省亳州市）人。中国古代杰出的政治家、军事家、文学家、书法家。东汉末年权相，曹魏的奠基者。